新・臨床心理学事典

― 心の諸問題・治療と修養法・霊性 ―

石川勇一
Yuichi Ishikawa

コスモス・ライブラリー

はじめに

　この本は、とても欲張りで、贅沢な本です。さまざまな心の問題、治療法（とその時代背景や思想）、修行法、霊性（スピリチュアリティ）の基礎知識、仏教心理学に関して、最重要な基礎知識136テーマを選び、初学者でも分かりやすく一冊で学ぶことができるからです。しかも、単純化しすぎて質を落とさないように、学問的な水準は維持するよう心がけました。通読して学ぶこともできますし、事典として活用することもできるようになっています。本書の特徴は、次の五つです。

１．臨床心理学と霊性の重要な知識を一冊で読める

　心の癒やしや成長に関心のある人には、アカデミックな臨床心理学を学ぼうとする人と、霊性（スピリチュアリティ）の領域に関心をもつ人がいます。どちらも同じ心の世界に関心を抱いていますが、これまではほとんど交流がありませんでした。しかも、スピリチュアルと呼ばれる世界が、日本では他国に比べてかなり特異な理解のされ方をしています。

　アカデミックな心理学は、学問的な方法で知識を積み重ねる信頼感はありますが、数字にこだわりすぎたり、霊性を頭ごなしに否定する傾向がありました。一方、精神世界とよばれるいわゆるスピリチュアルな領域では、根拠がなく怪しげなものや、超‐合理的というよりは前‐合理的で幼稚なものも少なくありません。合理的知性を基礎としなければ、どんな探求も砂上の楼閣で実を結ぶことはありません。

　そこで本書は、アカデミックな心理学の確実性と、世界で浸透しつつある良質な霊性の知識を統合して紹介することにしたのです。新しい臨床心理学の在り方を提案する書であるといってもよ

i

いでしょう。心と霊性のどちらの領域に関心のある人にとっても、本書によって必ず新しい視野を切り開くような発見があるでしょう。

2．初学者でも楽しく読め、なおかつ質の良い知識を提供する

はじめて学ぶ人は、新しいことを知って感動できると興味が湧いて楽しくなりますね。そのために、初学者でも理解できるように、具体例を挙げながら、わかりやすい表現を心がけました。すでに心理学や霊性の知識がある人も、本書によって新しい着想やインスピレーションを受け取ることがあるのではないかと思います。

ただし、理解できる喜びを味わうのは素晴らしいことですが、それですべてわかったとは思い込まないでいただきたいと思います。本書の言葉は、サラッと書いてあっても、その内容には奥行きがあります。先人の積み重ねてきた心の知恵が数十倍の濃縮液のようにぎっしり詰まっているのです。そこをじっくりと味わい、深めていただきたいと思います。

3．心に関する幅広い知識を学ぶことができること

本書の内容は、比較する書物がないほど、幅広い知識領域をカバーしています。読み進めると、互いに矛盾する考え方にも出会います。一生懸命読めば読むほど、途中で混乱するかもしれません。しかし、この混乱が重要なのです。心はそんなに単純ではありません。本書に登場する理論は、どれも部分的に正しいといえます。ただ、見る視点や、焦点を当てている心の領域が異なるのです。

幅広く学ぶことは、生きた知識を得るために欠かせません。一面的な情報や狭い知識からは、よいものは生まれにくいのです。

はじめに

一つの見方に凝り固まってしまうと、わかったような気分にはなれますが、実際の心の現実とはかえって離れてしまいます。心を的確に理解するには、ものの見方を柔軟にすることが大切です。そのためには、さまざまな視点の知識を学び、必要に応じて知識を活用できるように整理しておくとよいのです。本書はそのための良質な知識を提供しています。

4．伝統を理解すること

臨床心理学は、単なる客観的な科学ではありません。創始者がどんな人物だったのか、どんな人たちの相談に乗っていたのか、どのような思想的・文化的・時代的背景のなかで生まれた理論なのかを知らないと、正確に理解できないのです。臨床心理学の発見は、多くの先人による歴史的蓄積の上に成り立っています。成立の背景を知らずに、理論や技法だけを学んでしまうと、宙に浮いた表面的な理解しかできません。優秀なセラピストは、必ず創始者の人物や背景について深い理解と共感（あるいは批判）をもち、よいところを継承しています。本書では、特に重要な人物に関してはその生い立ちや文化的背景についても紹介しています。

5．仏陀の直説のエッセンスを学べる

筆者は四半世紀余り、心や霊性の世界を探求してきましたが、その結果、もっとも信頼できもっとも奥が深いと感じたのは、仏陀の教えでした。「お釈迦様の掌の上で右往左往していた」とはまさに筆者のこれまでの人生のことだと思うのです。

日本は仏教国なのですが、案外、仏陀の教えをきちんと知っている人は少ないのです。あまたある仏教書さえ、ほとんどが仏陀の死後数百年経って考え出された大乗仏教の教えで、お釈迦様が

説いたことは十分に伝えられていないことが多いのです。本書の最終章では、仏陀自身が説いたと考えられる法（真理Dhamma）を中心に、その要点をまとめて紹介しました。仏陀の教えに触れると、それはそのまま、本格的な心理学であり、実践的な霊性の学であるということがわかるでしょう。

　尚、筆者はどの宗教教団にも所属していませんので、特定の宗派の宣伝をするつもりは微塵もなく、仏陀の本来の教えをできるだけ忠実に伝えようとしたものであることをご理解ください。

　以上のような意味で、本書は読みやすい入門的な事典でありながら、同時に、心と霊性に関する本物の知識を得てもらうための本格派志向の本です。心の世界に関心のある人はもちろん、悩みを解決する糸口を探している人、自己探求の道にある人、心理学を大学や大学院で学んでいる人や学んだ人、セラピスト／カウンセラー／ヒーラー／研究者など、専門家の方が読まれても、必ず新しい発見があると自負しています。

　読者が本書から心や霊性に関する知識を吸収し、より深く充実した生き方をするヒントを得られれば、筆者としてこれ以上の喜びはありません。

　尚、本書は、拙著『スピリチュアル心理学入門』（春風社、2009年）を全面的に加筆・修正した増補改訂版です。DSM-5改訂にともなう修正や、仏教心理学の加筆（第12章）が最大の変更点です。

　新たに出版してくださったコスモス・ライブラリーの大野純一社長と、表紙などに素敵なイラストを描いてくれた永野真理香さんにこの場を借りて感謝申し上げます。

著者　石川勇一

目次

はじめに……i

第1章　臨床心理学概論

1. 臨床心理学とは？……2　　2. 臨床心理学が期待される背景……4

3. 臨床心理学のフィールド……6　　4. 臨床心理学関連の資格……8

5. さまざまな心理療法……10

第2章　こころのさまざまな問題

6. ストレスについて……14　　7. ストレス・コーピング……16

8. 外的適応と内的適応……20　　9. 心の悩みの成り立ち……22

10. 健康と病……24　　11. 精神医学的診断……26

12. 精神障害のDSM-5の大項目……28

13. 嗜癖～貪欲の心～……30　　14. 物質関連の問題……32

15. うつ病……34　　16. パニック障害（不安障害Ⅰ）……37

17. 対人恐怖症（不安障害Ⅱ）……38

18. 分離不安症・緘黙・恐怖症（不安障害Ⅲ）……40

19. 強迫性障害……41　　20. 統合失調症……42

21. 心身症……44　　22. 摂食障害……46

コラム❶ 食の現実～摂食障害以前～……48

23. 身体症状関連障害……50　　24. 解離性障害……52

25. パーソナリティ障害……54　　26. 性の問題……56

27. 神経発達障害群……58

28. PTSD（心的外傷後ストレス障害）……61

29. 認知症……62　　30. 自殺……64　　31. 中絶……66

32. エゴイズムから利他主義、自他不二へ……68

第3章　こころのアセスメント

33. 心理アセスメント……72　　34. 初期面接の進め方……74

35. 非言語的な表現……76　　36. 心理テスト……78

37. エゴグラム……80　　38. 風景構成法……82

第4章　深層心理学

39. 心理療法の源流：催眠……86　　40. 催眠療法とその影響……88

41. フロイト……90　　　42. 精神分析の誕生…92

43. 無意識の発見？……94　　44. 心の構造論……96

45. 夢分析……97　　46. フロイトの古典的発達論……100

47. 防衛機制……102　　48. フロイトの治療観……104

49. フロイト以後の精神分析……107

第5章　ユング心理学

50. カール・グスタフ・ユング……112

51. フロイトとユング……114　　52. 無意識との対決……116

53. 性格のタイプ論……118　　54. コンプレックス……120

55. 集合的無意識と元型……122　　56. ペルソナと影……124

57. 太母……126　　58. アニマとアニムス……128

59. 自己と個性化の過程……130

60. 共時性と「一なる世界」…… 132

61. ユングの晩年と治療観……134

第6章　認知行動療法

62. 行動主義と行動療法……138　　**63.** 学習理論……140

64. 行動療法の実際と展開……142　　**65.** 認知療法……144

66. 論理療法……146

第7章　人間性心理学

67. 人間性心理学……150　　**68.** アブラハム・マズロー……152

69. 自己実現論……154　　**70.** 自己実現的人間と至高体験……156

71. カール・ロジャース……158

72. クライエント中心療法……160

73. セラピストの3条件……162

74. エンカウンター・グループ……164

75. ロジャースの晩年と人間観……166

76. フォーカシング……168　　**77.** ゲシュタルト療法……170

78. ヴィクトール・フランクル……172

79.『夜と霧：ある心理学者の強制収容所体験』……174

80. ロゴセラピーとフランクルの思想……176

81. 自己実現の過程……180

第8章　日本の心理療法

82. 森田正馬……184　　**83.** 森田神経質ととらわれ……186

84. 森田療法の神髄……188　　**85.** 内観療法……192

86. 臨床動作法……194　　**87.** 臨床動作法の理論と実際……196

第9章　スピリチュアリティの心理学

88. スピリチュアリティとは……204

89. トランスパーソナル心理学……208

90. スピリチュアルケア……212

91. スピリチュアルエマージェンシー……214

92. スピリチュアリズム……218

93. ケン・ウィルバーの三つの眼……222

94. 存在の大いなる入れ子……224　　95. 前個−個−超個……226

96. ウィルバーの発達論……228　　97. 偽りの霊性……230

コラム **2** 心は脳にあるか？……233

98. カルト問題……234　　99. 輪廻転生……238　　100. 臨死体験……240

コラム **3** 地球環境問題と原発事故にみる人類の危機と病理……242

コラム **4** 地球環境を救う道：ウィルバーの4象限から……244

コラム **5** 心の学問は統合的な方法論へ……246

第10章　セラピーの未来と統合へ向けて

101. サイコシンセシス……250　　102. 前世療法……254

103. トランスパーソナル心理療法Ⅰ……256

104. トランスパーソナル心理療法Ⅱ……258

105. 相補・代替医学から統合医学へ……260

106. アニマルセラピー……262

107. 身体とサトルエネルギー……264　　108. 中医学……266

109. ＴＦＴ（思考場療法）……268　　110. TFTの基本手順……270

111. アーユルヴェーダ……272　　112. ヒーリング……274

コラム **6** タイ・マッサージ（Thai Traditional Massage）……277

113. リラクセーションおよび心理療法としての瞑想……278

114. なにが人の心を癒やすのか？……280

115. スピリット・センタード・セラピー……282

116. セラピストの選び方……284

117. 心理療法家のための覚え書き……286

第11章　偉大な魂の足跡

118. エリザベス・キューブラー・ロス……292

119. 生と死の真実……294　　120. ライフレッスン……296

121. マザー・テレサ……298

122. ダライ・ラマ法王14世……303

123. アンマ……306　　124. 死……312　　125. 愛……314

第12章　仏教心理学

126. 仏教と心理学……318

127. ゴータマ・ブッダの生涯……320

128. 日本への仏教の伝来：南伝仏教と北伝仏教……322

129. 最高のよりどころ：四聖諦と八正道……324

130. 三十七菩提分法……326

131. 業と業果、縁起の法……328

132. 誰もがすべきではないこと：悪業と煩悩……330

133. 誰もがなすべきこと：善業と波羅蜜……332

134. 無上の幸せと四無量心……334

135. 修行としての瞑想：禅定……336

136. 呼吸の気づきの瞑想：出入息随念……338

第1章

臨床心理学概論

1. 臨床心理学とは？

2．臨床心理学が期待される背景

3．臨床心理学のフィールド

4．臨床心理学関連の資格

5．さまざまな心理療法

1. 臨床心理学とは？
What is Clinical Psychology?

　今日の日本は「心の時代」「ストレス社会」などと呼ばれることがあります。マスコミでも、虐待、いじめ、不登校、ひきこもり、自殺、薬物依存、ネット依存、うつ病、貧困、暴力、孤独死など、深刻な心の問題が日々話題にされていますが、一向に解決の兆しが見えてきません。このようなよく知られた心の問題以外にも、実際にはさまざまな心の悩みをもっている方々がいます。

　こうした背景の中で精神科医療は広く普及してきました。特に都市部では、かつての偏見もなくなり、気軽に診察を受けられるようになったため、混雑してる病院も多く、三分診療どころか一分診療となり、医療というよりは薬局の窓口のようになっているところさえあります。

　時代とともに心の病のあり方も多様に変化し、新しい診断名が増加し、効果的と謳われる新薬も次々と開発されているにもかかわらず、なぜか心の病は増えているのです。どの病院にも、何十年も治療を受け続けておられる患者さんを抱えています。

　そこで、心の問題を、物質科学に還元するのではなく、心の問題そのものとしてとらえ、対話によって、あるいは身体の感覚をとおして、心を立て直そうとするのがカウンセリングや心理療法です。臨床心理学は、心の問題をさまざまな角度から理解し、カウンセリングや心理療法によって援助するための実践的な学問なのです。

　今日多くの人は、臨床心理学に、なにかを切実に期待しているように思えます。では、このように期待を集めている心理学とは、そもそもなにを目的とする学問なのでしょうか？

　まず、心理学とは、Psychology の翻訳語です。Psychology とは、語源をさかのぼってみると、ギリシア語の Psyche（プシュケー；「霊、

魂、心」などの意味をもつ）と、Logos（ロゴス：「論理、法則、言語」などの意味をもつ）という言葉にたどり着きます。つまり、語源的にいうと心理学とは「霊、魂、心の法則や論理を探求する学問」なのです。21世紀になると、欧米を中心として、プシュケーの本義である**霊性**（spirituality）を学問的に問い直そうという動きが活発になってきました (→88)。

　次に、臨床を意味する"Clinical"ですが、この言葉はギリシア語の kline（クリネー「死の床、寝椅子」の意味）から来ています。そこから転じて、「魂の癒し」という意味に発展してきました。

　近代になって宗教と医学が明確に分離されるまでは、心身の癒しはもっぱら僧侶やシャーマンの仕事でした。それが、17, 18世紀頃になると、医学が宗教から独立し、クリネーは主に医療現場で用いられる言葉になりました。19世紀後半から20世紀になると、心理学的な方法で心身の治癒をもたらす方法が現れ、心理療法の分野でも「臨床」という言葉がつけられるようになったのです。

　以上を総合して、臨床心理学とは以下のことを目的とする学問であるといえます。

・心にさまざまな悩みや問題を抱える人をよりよく理解すること。
・心の癒やしと成長をもたらすよりよい実践的方法や援助法を探求すること。
・身体（Body）・心（Mind）・魂（Spirit）の全体を癒やし成長させる実践的方法や援助法を探求する。

2．臨床心理学が期待される背景
The Background of Clinical Psychology

　2000 年頃の日本では、臨床心理学や臨床心理士がとても注目され、各地で講座が開かれ、大学には臨床心理学科は乱立し、書店には臨床心理関連の本がたくさんおかれ、**「臨床心理バブル」**と呼ばれる状態でした。現在はそのような盛り上がりは沈静化してきましたが、それでも心理学に関心を抱く人は少なくありません。

　江戸時代までは、深い悩み事を抱えていて、周囲の人への相談ではどうにも解決できなかったときには、家族に相談したり、それでも解決しないときにはお寺に行ったかもしれません。当時は寺子屋制度がしかれるなど、仏教が生きた宗教として機能していました。

　仏教伝来以前から日本の地に根づいていた神道も、仏教とうまく折り合いをつけ、人々の世界観に自然と浸透していました（神仏習合）。昔の日本の子どもたちは、「そんなことをするとお天道様にしかられるよ」とか、「嘘をつく子は閻魔様に舌を抜かれるよ」などと親に教えられ、自然に倫理観を身につけていったのかもしれません。神々や仏、そして日本の豊かな自然に感謝と畏敬の念をいだきながら、当時の日本人は心の平安を保っていたものと推測されます。

　しかしその後、仏教は形骸化し、神道も国家神道の過ちによって大幅に力を失いました。それにとって替わり、20 世紀の人々の多くが信じて期待したのは、科学とテクノロジーでした。科学技術の進歩が生活を大きく変えるのを目の当たりにして、科学によって人類は皆幸せになれると信じたのです。

　「近代合理主義」（効率的・実用的・合理的な知性を至上とする考え方）、**「物質還元主義」**（心も物質の働きであるという思想、唯物論）という考えが世界に広く浸透し、技術開発にしのぎを削ったのが 20 世紀

4

だったといっても過言ではありません。近代合理主義や物質還元主義は、モノが豊かでない時代にはとても説得力があり、人々を魅了してきました。日本でも、戦後から高度成長期においては、みな米国のようにモノの豊かな社会になることを夢見て、希望を胸に抱きながら、活気に満ちて働いていました。そんなときは、「心の癒し」などということはあまり問題にならなかったのです。人間は、明確な目標があってそれを追いかけているときには、比較的心のバランスも取りやすいのです。

しかし、今日はそれとは違うモノ余りの時代です。冷蔵庫、洗濯機、カラーテレビがあるのは常識で、高機能な自動車や電化製品等に囲まれ、スマートホンでどこでも世界中の情報をすぐに手に入れられるまでになりました。さて、これほどまでにモノが豊かになった今、私たちの心は満たされたのでしょうか。

2011年に東日本で起きた大震災の一部は、大地震の起こる可能性が0.0%と予測されている地域で発生しました。その時破壊された福島の原子力発電所は、科学者達が口をそろえて「絶対に安全である」といっていました。しかし、実際には、大地震が起き、絶対に安全であるはずの原発が破壊され、その後数年経ってもコントロールできていないのが現実です。科学やテクノロジーへの絶対的信頼は崩壊し、モノの豊かさが心を満たすという幻想も打ち砕かれたのです。

便利さゆえに、かえって心の渇きが明瞭になってきてるともいえます。伝統宗教に替わるべく登場した近代合理主義や物質還元主義も信頼できなくなった今、それに替わる心の支えとして、臨床心理学が一つの可能性として期待されているということかもしれません。

3．臨床心理学のフィールド
The Fields of Clinical Psychology

　臨床心理学を学んだひとは、社会のどのような領域で活躍しているのでしょうか。臨床心理学は、机上の学問ではないので、理論を暗記したり、細部の議論ばかり繰り返していてもまったく意味がありません。実践で活かされてこそ意義が認められるのです。

　今日では、次のような幅広いフィールドで、すでに多くの臨床心理学の専門家が、日々切磋琢磨しながら活躍しています。

１．教育関連分野
　小学校・中学校・高等学校内の相談室や、大学の学生相談室、さまざまな教育相談機関（教育研究所、青少年相談センターなど）等です。多くの学校には、心の専門家としてスクールカウンセラーが配置されるようになりました。

　臨床家は、心の問題をもつ子ども（児童・生徒・学生）への相談や助言だけではなく、保護者や教師への相談や研修（コンサルテーション）、医療機関や児童相談所等との調整も行います。

２．医療・保健関連分野
　病院や診療所（精神科、心療内科など）、精神保健センター、保健所、リハビリテーションセンターなどです。

　病院では、医師と共同して、心理アセスメント（評価）を行ったり、心理療法を実施したりします。日常生活の自立を助けるために、心理リハビリテーションも行っています（デイケアなど）。保健センターでは、保健婦とともに発達相談などをする場合もあります。

３．福祉関連分野

児童相談所、療育施設、心身障害者福祉センター、障害者作業所、ホスピス、女性相談センター、老人福祉施設などです。子どもの発達や非行の問題、虐待児、障害者、暴力に曝されている女性、子育てする母親、死にゆく人などへのケアを行っています。

４．労働・産業関連分野

企業内相談室などです。職場内の個人や集団のメンタルヘルス向上のために援助したり、キャリア開発や人間関係能力の開発等を行ったりします。最近では、外部団体が従業員を支援するプログラム (Employee Assistance Program：EAP) を提供するケースも増えてきました。そのほか、ハローワークや障害者職業センターなどで、職業への適正などを調査して、就業相談にのる仕事もあります。

５．司法・矯正関連分野

家庭裁判所、少年鑑別所、刑務所、拘置所、少年院、警察関係の相談室などです。たとえば調査官は、犯罪をおかしてしまった者の社会的処遇を決定する際の資料を作成するために、心理的テストや面接を行います。この領域では、矯正教育も重要な仕事の一つです。

６．開業領域

心理療法家が個人またはグループで独立して開業する場合です。都市部で多く見られるようになりました。通常は、上記の分野で十分に臨床経験を積んだ心理療法家が開業しています。利用する場合には、経験豊富で評判のよいところを選ぶと安心でしょう。

4．臨床心理学関連の資格
Related Qualification

　臨床心理学関連の資格は本当に沢山あります。ネットで検索をすると 100 以上ヒットしますが、取得が就職につながる資格はほとんどないため、資格ビジネスとの批判もなされています。

　無数の資格の中で、これまでにもっともよく知られ、実績と社会的認知を得ている資格は「**臨床心理士**」でしょう。しかし、知名度と高い専門性を備えた臨床心理士であっても、待遇の安定した職場は限られており、高学歴ワーキングプアともいわれていました。米国の臨床心理士（国家資格）は、日本の臨床心理士に比べるとずっと難易度が高いですが（知識＋実践的能力が問われる）、取得すれば安定した待遇が保証されています。

　こうしたなかで、2015 年 9 月に長く望まれていた国家資格として**公認心理師**法案が可決し、2017 年に施行される見通しとなりました。公認心理師は、臨床心理士よりも難易度（つまり専門性）が下がる見通しで、どれほど社会の中で活躍し、認められ、待遇が改善されるかは未知数ですが、今後の展開を見守りたいと思います。

　そして、資格には、以下のようなメリットとデメリットがあります。プロになろうと志す人は、資格はゴールではなく、プロの職業人としてのスタートラインであることを常に覚えておいてください。

資格のメリット

○ 学習者の目標になる。

○ 相談者（クライエント）から見て、どのくらいの専門知識を勉強してきたカウンセラーかどうかを知る目安になる。

資格のデメリット

× コストがかかる（受験料、認定料、更新料、指定講座の履修など）。

× 就職につながる資格は非常に限られている。

× 基礎知識習得の目安にはなるが、実践力を証明するか疑わしい。

第1章　臨床心理学概論

表 4-1. 臨床心理学関連の主要な資格（2015 年 10 月現在）

資格	認定または運営団体	備考
公認心理師 (国家資格)	文部科学省・厚生労働省共管	2015 年 9 月 9 日公認心理師法案可決成立。2017 年施行。養成学部卒＋実務経験＋国家試験 or 養成大学院＋国家試験で取得可能。
臨床心理士	文部科学省認定 (財) 日本臨床心理士資格認定協会	指定大学院 (第 1 種 152 校、第 2 種 11 校、専門職大学院 6 校、合計 169 校) 卒業が受験の条件。現在臨床心理士認定者は 29690 名。
産業カウンセラー	(社) 日本産業カウンセラー協会	
学校心理士	(社) 学校心理士認定運営機構	
臨床発達心理士	(社) 臨床発達心理士認定運営機構	
認定心理士	(社) 日本心理学会	心理学全般の基礎力を示す資格。

表 4-2. 臨床心理学関連のその他の資格

EMDR 臨床家資格 (日本 EMDR 学会)、医療心理士 (日本心身医学会)、応用心理士 (日本応用心理学会)、音楽療法士 (日本音楽療法学会)、家族心理士・家族相談士 (日本家族心理学会)、学校カウンセラー (日本学校教育相談学会)、芸術療法士 (日本芸術療法学会)、健康心理士 (日本健康心理学会)、行動療法士 (日本行動療法学会)、交流分析士 (日本交流分析学会)、催眠技能士 (日本催眠医学心理学会)、自律訓練法認定士 (日本自律訓練学会)、心理リハビリテイショントレーナー (日本リハビリテイション心理学会)、スポーツメンタルトレーニング指導士 (日本スポーツ心理学会)、大学カウンセラー (日本学生相談学会)、認定カウンセラー (日本カウンセリング学会)、認定バイオフィードバック技能士 (日本バイオフィードバック学会)、福祉心理士 (日本福祉心理学会)、ヘルスカウンセラー (ヘルスカウンセリング学会)、メンタルケア心理士・メンタルケアカウンセラー (メンタルケア学術学会)、臨床催眠資格 (日本臨床催眠学会)、臨床動作士 (日本臨床動作学会)、ほか
ガイダンスカウンセラー (一般社団法人 日本スクールカウンセリング推進協議会)、キャリアカウンセラー (NPO キャリアカウンセリング協会)、教育カウンセラー (NPO 日本教育カウンセラー協会)、交流分析士 (NPO 日本交流分析協会)、ピアヘルパー (NPO 日本教育カウンセラー協会)、メンタルケア心理専門士 (NPO 医療福祉情報実務能力協会)、ほか多数

5．さまざまな心理療法
Various Psychotherapies

　人の心の癒しは、近代にはじまったものではありません。おそらく文献の存在しない 古（いにしえ）より存在したことでしょう。さまざまな聖職者、ヒーラー（Healer）、シャーマン（Shaman）が脈々とその伝統を受け継ぎ、今日でも彼らは心身の癒しを行っています。

　一方、心理療法（Psychotherapy）とよばれる専門的な営みは、近代西洋が生み出した新しいスタイルの心の癒しです。フロイトという人物が精神分析療法という心理療法を生み出して以来、今日まで実に多くの心理療法が生み出されてきました。

　丁寧に○○療法という名称を数えはじめると、軽く数百種類に上ります。それぞれの療法は、共通点もありますが、異なった独自の癒しの技法や心理的問題についての考え方があるのです。

　ここでは、ひとつひとつを見るわけにはいきませんので、ざっと全体像を眺めたいと思います（右図参照）。

　とりわけ、フロイト創始の**精神分析**や深層心理学の流れ、**行動主義**から認知行動主義へ発展した流れ、そして**人間性心理学、トランスパーソナル心理学**の４つの流れが非常に重要です。

　さらに、日本独自の心理療法や、エネルギーセラピーと呼ばれる流れも、非常に興味深いものがあります。

　本書では、これらについて、代表的な人物、時代背景、基礎理論、治療技法、などについて取り上げてゆきます。身体・心・霊性（Body-Mind-Spirit）が、いかに奥深いものであるか、感じ取ってもらえれば幸いです。

第1章 臨床心理学概論

表5. 代表的な心理療法

①深層心理学系	精神分析療法（各派あり）、ユング派心理療法、夢分析、催眠療法、自律訓練法、交流分析、遊戯療法、等
②行動主義系	行動療法（各技法あり）、論理療法、認知療法、認知行動療法、系統的脱感作法、バイオフィードバック、等
③人間性心理学系	クライエント中心療法、エンカウンターグループ、フォーカシング、ロゴセラピー、ゲシュタルト療法、等
④トランスパーソナル系	サイコシンセシス、POP、ハコミセラピー、システミック・ファミリー・コンステレーション、瞑想、等
⑤日本の心理療法	森田療法、内観療法、臨床動作法、コスモスセラピー、等
⑥エネルギーセラピー系	TFT、EMDR、セラピューティックタッチ、気功治療、各種ヒーリング、各種ボディーワーク、民間療法、等
⑦芸術療法系	描画療法、箱庭療法、コラージュ療法、イメージ療法、音楽療法、心理劇、園芸療法、等
⑧相補・代替療法、その他	家族療法、ブリーフセラピー、グループワーク、アサーショントレーニング、動物介在療法、森林療法、等

(注) 上記の分類は目安です。ほとんどの心理療法家は、実際にはいくつか組み合わせて、折衷的なセラピーを実践しています。

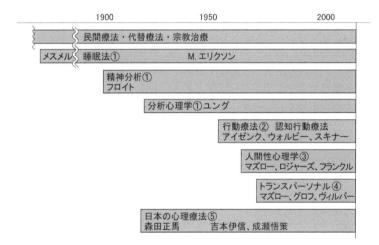

図5. 代表的な心理療法の歴史的展望

第1章　臨床心理学概論の主な参考文献

◎　丹野義彦ほか『**臨床心理学**』有斐閣、2015 年
◎　恩田彰、伊藤隆二編『**臨床心理学辞典**』八千代出版、1999 年
◎　氏原寛ほか編『**心理臨床大事典**』培風館、2004 年
◎　コーチン『**現代臨床心理学**』(村瀬孝雄訳）弘文堂、1980 年（絶版）

第2章
こころのさまざまな問題

6. ストレスについて　　7. ストレス・コーピング

8. 外的適応と内的適応　　9. 心の悩みの成り立ち

10. 健康と病　　11. 精神医学的診断

12. 精神障害の DSM-5 の大項目

13. 嗜癖〜貪欲の心〜　　14. 物質関連の問題

15. うつ病

16. パニック障害（不安障害Ⅰ）

17. 対人恐怖症（不安障害Ⅱ）

18. 分離不安症・緘黙・恐怖症（不安障害Ⅲ）

19. 強迫性障害　　20. 統合失調症

21. 心身症　　22. 摂食障害

コラム❶ 食の現実〜摂食障害以前〜

23. 身体症状関連障害　　24. 解離性障害

25. パーソナリティ障害　　26. 性の問題

27. 神経発達障害群

28. PTSD（心的外傷後ストレス障害）

29. 認知症　　30. 自殺　　31. 中絶

32. エゴイズムから利他主義、自他不二へ

6. ストレスについて
Stress and Stressor

ストレスとは、カナダの生理学者であるセリエ，H. が 1936 年に「ストレス学説」を発表したことから、この言葉が使われ始めました。

ストレスとは、「外的刺激によって引き起こされる心身の緊張状態」のことを指し、ストレスの原因になる刺激をストレッサー stressor と呼びます。一般的には、両者をあわせてストレスといっていることが多くなっています。

ストレッサーには大きく分けると 5 種類あります。暑い、寒い、まぶしい、うるさい、などの**物理的ストレッサー**。タバコの煙、アルコール、排気ガス、ダイオキシンなどの**化学的ストレッサー**。細菌、カビ、ウィルス、花粉などの**生物学的ストレッサー**。対人関係で生じる不安、怒り、憎しみ、劣等感、優越感、嫉妬、罪悪感などの**心理的ストレッサー**、転勤、転居、結婚、貧困、差別などの**社会的ストレッサー**があります。

どのような社会的出来事が強いストレスを引き起こすかについては、アメリカの社会学者ホームズと内科医レイの調査によって作られた有名なストレス度ランキング (1967 年) がありますので、右の表を参考にしてください。

ただし、ストレスの強さはストレッサーによってただちに決定されるわけではありません。個人差があるのです。ある人は、離婚することよってうちひしがれるかもしれませんが、別の人にとっては離婚によって人生が開けたと感じる人もいるでしょう。また、ひとりのなかでも、暑さ寒さには強くても、騒音には過敏に反応してしまうなど、ストレッサーの種類によって、ストレス反応がかわってきます。また、同一のストレッサーでも、そのときの個人の心理的・生理的状態によってストレスの度合いは変わってく

るでしょう。

　ストレスの問題は、個人の素質によって大きく異なるので、科学的データをもって一般的に言えないことが多いのです。

表6. ホームズとレイのストレス度表 (Holmes & Rahe, 1967)

生活上の出来事	ストレス度	生活上の出来事	ストレス度
配偶者の死亡	100	子供が家を離れる	29
離婚	73	親戚とのトラブル	29
別居	65	特別な業績	28
留置所拘留	63	妻が仕事を始める、あるいは中止する	26
親密な家族の死亡	63	学校が始まる	26
自分の病気あるいは傷害	53	生活状況の変化	25
結婚	50	習慣を改める	24
失業	47	上司とのトラブル	23
夫婦の和解	45	仕事上の条件が変わる	20
退職	45	住居が変わること	20
家族の一員が健康を害する	44	学校が変わること	20
妊娠	40	レクリエーションの変化	19
性の問題	39	教会活動の変化	19
家族に新しいメンバーが加わる	39	社会活動の変化	18
新しい仕事への再適応	39	1万ドル以下の抵当か借金	17
経済状態の変化	38	睡眠習慣の変化	16
親友の死亡	37	家族が団らんする回数の変化	15
異なった仕事への配置換え	36	食習慣の変化	15
配偶者との論争の回数の変化	35	休暇	13
1万ドル以上の抵当か借金	31	クリスマス	12
担保物件の受戻し権喪失	30	ちょっとした違反行為	11
仕事上の責任変化	29		

7. ストレス・コーピング
Stress Coping

　ストレスがその個人にとって強すぎたり、蓄積されてくると、心身にさまざまな影響が出てきます。

　身体的な感覚では、たとえば肩や首がこったり、おなかが痛くなったり、めまいがしたり、喉が渇いたり、手足が痺れたり、胸や喉が苦しくなったり、全身がだるくなったりと、実にさまざまな不快感が表れます。神経系、循環器系、消化器系、産婦人科系と、あらゆる身体領域にストレスの影響は及びます。

　心理的にも、イライラして落ち着かなくなったり、消極的になったり、自信を失ったり、根気がなくなったり、人に会うのが苦痛になったりと、さまざまな状態を引き起こします。

　ストレス状態が持続すると、さらに悪化し、心身の疾患になる場合があります。そうなったら、病院での治療や、心理療法による専門的治療が必要になってきます。

　そこまで行かないために、早めになんらかの手を打たなければなりません。肉体をもって生きている限り、ストレスは避けられないからです。**生きるということはストレスそのものなの**です。

　しかし、ストレスがつねに悪者なのではありません。刺激がまったくなくなると、ストレスがないことがストレスになったりします。むしろ、適度なストレスと解放のリズムはあった方がよいのです。問題になるのは、その度合いや緩急なのです。

　たとえば、試験がストレッサーになる場合、試験が終わればホッとして気分は良くなります。ところが、何年も浪人して受験のことばかり考えていると、心身は疲弊してきます。そうなると、試験が終わっても、緊張状態が抜けなくなり（慢性的緊張状態）、いつもなんらかの症状が出たままになったりします。つねに緊張したままの状態になってしまった人は、自分が緊張していること自体

に気づかなくなります。肩に触らせてもらうとガチガチに硬いのに、肩がこっていることが当たり前なので、もうこっていることを自覚できなくなるのです。こうなると、まず気づくことからはじめて、ゆっくりとほぐしていかないといけません。心理相談にくるクライエントさん（相談しに来る人）には、このように自分が緊張しているということがわからなくなってしまっている人が少なくありません。

　たいていの人は自分なりのストレス解消法をいくつかもっているものです。これをストレス・コーピング（対処法）といいます。心身の健康を保つためには、適切にストレスに対処しなければなりません。ストレス・コーピングもまた、個人的なもので、あるひとには効果的でも、別の人にとってはむしろストレスを増加させる場合があります。自分にとって、なにが一番気持ちよく、リラックスさせてくれるかを自分自身で発見しなければなりません。

　ストレスのリセット、心身の快適さ、安らぎをとことん探求していくと、気功・太極拳・ヨーガなどの**身体技法** somatics や、**瞑想**にたどり着く人も多いと思われます。

　次ページの表7は、相模女子大学と早稲田大学での心理学の講義で、学生に自分が普段行っているストレス対処法を書いてもらったものを分類して集計したものです。非常にバラエティーに富んだコーピングがあることに驚かされます。男女でずいぶん差のある方法も目につきます。若い人の意見に偏ってはいますが、自分にも使えそうなものはないか、参考にしてみてください。

表7. 私のストレス対処法ランキング

順位	カテゴリー	回答数	男	女	回答例
1	寝る	172	75	97	寝ると何もかも忘れてリセットする／1日中寝る／眠ることは素晴らしい／眠ると嫌なことを考えずに済むし、起きたときに気持ちがスッキリする／目覚ましをかけず、目覚めるまで寝ます。疲れを回復させ頭もスッキリします／干したばかりの布団は効果的／昼寝をする
2	話す	150	35	115	話を聞いてもらうとホッとする／友達にグチる／信頼できる友達に一方的にしゃべる／悩みを全部両親に話して解決法のアドバイスをきく／落ち込んでいることについて話をすると気分が落ち着いてすっきりする／つまってる気持ちや思ってることをとりあえず全部話す／長電話をする
3	食べる／飲む	133	43	90	甘いものやおいしいものを食べると幸せな気分になれる／酒を飲む／暖かい飲みものを飲む／満腹すると機嫌がよくなる／食べ放題に行く／自分にごほうびで好きなものを食べる／悩んでると過食気味になる／イライラしているときにかなり食べるとほっとする／お菓子を集めてテレビを見ながら食べまくる／ジャンクフードを食べると効果的
4	音楽を聴く	132	42	90	明るい音楽を爆音で聴く／アップテンポの曲がいい／悲しい歌を聴いて明日もがんばろうと思う／歌声のないCDなどをかけてみる／ポイントは歌詞が癒し系だと本当によい／ライブでストレス発散／コンサートに行って踊ることでパワーがみなぎる
5	運動する	92	66	26	スポーツをして汗を流せばリフレッシュして元気が出てくる／バスケやバドミントンなどハードなスポーツをやる／走る／筋トレをする／テニスや縄跳びをする／バッティングセンターで打つ／思いっきり運動した後に爆睡する／真剣に卓球をする／玉撞き／竹刀の素振り
6	大声を出す／歌う	75	24	51	思いっきり声を出すとなにか楽しくなってくる／カラオケが一番有力／ひとりで好きな歌を大声で歌う／空に両手を広げて笑顔で叫ぶ
7	ショッピング	61	15	46	お金を一気に使うと気分が楽しくなる／いっぱい服を買う／ウィンドーショッピングでも良し／1人で買い物／通販のカタログを見る
8	TV/VTR/映画を見る	55	13	42	お笑いのライブビデオを見る／ライブビデオを観て1人で盛り上がる／毎週楽しみにしているTVドラマを見る／映画を見ている間は他のことを忘れられる／泣ける映画を見る／アニメを見る
8	散歩する／外出する	55	20	35	好きな格好をして街を歩く／知らないところを歩く／普段と違う風景を見ていると気分が回復してくる／むしゃくしゃしたことをふきとばすように早歩きする／バイクで風を切って走る／ひとりで遠くに行く
10	本を読む	44	15	29	本の世界に逃避して気分転換をする／元気が出る本や勇気が出る本を何度も読む／絵本を読むと童心に帰って落ち着く／本屋で立ち読みする／ファッション誌を読む／マンガを読む
11	友人と遊ぶ／騒ぐ	41	20	21	気力がないときに友人といると忘れられるし元気100%になる／他の人やものからパワーをもらう／飲んで騒いで愚痴を言う
11	入浴する	41	17	24	お風呂の中で歌を歌う／お風呂に入って暖かくなるとホッとして元気になる／長風呂すると落ち着く／熱い風呂に入って早く寝る
13	なにもしない／落ち込む	39	15	24	無理にテンションを上げることはしないで自然と上がるまで待つ／ぼーっとする／嫌というほど暗さを満喫して、それに疲れて、元気になる／その日はとことん沈む／落ちるところまで落ちる／ごろごろする

第2章　こころのさまざまな問題

順位	カテゴリー	回答数	男	女	回答例
14	自然に触れる	29	9	20	海や山や空や自然をただ黙って1日中ながめる／ボーっと空を見上げる／植物を育てる／海でのんびり釣りをする／山ごもりする／森の中を歩く／星を見る／雪を観察してしみじみする／緑のパワーをもらう
15	書く／描く	26	7	19	絵にあらわすことで自分が何を言いたかったのかを知る／Web上の日記に思いをぶちまける／トランス状態でノートに落書きする
16	模様替え／掃除する	18	6	12	部屋の模様替えをする／身のまわりをきれいにすることで気分もさっぱりする／トイレ掃除をする／床を磨いてぴかぴかにする
17	動物と触れあう	17	3	14	飼っている3匹の猫と庭で走り回る。かなり癒されます／飼っている犬と散歩をしたり遊んだりする／犬に話しかけたり撫でたりする
18	泣く	16	1	15	とにかく泣いて涙を流す／涙が出なくなる頃にはスッキリする／強引に泣く／感動する映画を見て泣く／お風呂で泣くと声が響いて効果的
19	楽器を弾く	15	12	3	バンドででかい音を出す／ピアノを弾いて全部忘れる／ギターを大音量でかき鳴らす／ドラムを叩く／楽譜を見ずに自由に演奏する
20	TVゲーム	13	9	4	簡単にできてしかも自分が負けないものをやる
21	考える／内省する	11	6	5	原因などを考えられるだけ深く考え、分かってくると対策も見つかって気持ちが楽になる／自分で何ができるのか1人で考える
22	笑う	9	5	4	とことん笑う／鏡に向かって笑顔になる
22	1人になる／引きこもる	9	6	3	1人で部屋にいる／他人と関わりを断つととても落ち着く／1人の時間を大事にする
22	料理する／菓子づくり	9	0	9	カー杯こねて混ぜてやっていると気分爽快。人呼んで「呪いのケーキ」／タマネギを切る／好きな人のためにお菓子をつくる
25	スポーツ観戦	8	5	3	大声で叫んでいると嫌なことも忘れる。特にサッカー
26	好きな人	7	1	6	デートする／かっこいい人を見つける／彼氏と会う
27	バイトする	6	0	6	落ち込んでいられないし働いているうちに忘れてしまうので効果大
27	タバコを吸う	6	6	0	タバコを吸ってボーっとする
29	オシャレする	5	0	5	気に入った服とかオシャレをすると気分もスッキリして元気になれる
29	想像する／思い出す	5	1	4	アルバムを見る／今より辛い頃を思い出して頑張ろうと思う／あこがれの人の写真や好きな写真や絵を見る／京都の寺の写真を見る
29	ものにあたる	5	3	2	壁を殴る／物を殴る・蹴る／何かを壊す／紙をビリビリって破く
29	運転する	5	5	0	1人でドライブする／バイクで飛ばす
33	マッサージ	4	1	3	マッサージをしてもらう／母の手は気持ちよい。なにか秘めている。
33	忙しくする	4	2	2	考えるスキのないくらい遊ぶ／暇な時間を作らない
35	開き直る	3	0	3	きっぱりとあきらめる／過ぎたことだからしょーがないっと開き直る
35	ギャンブル	3	3	0	パチンコをする／麻雀をする／競馬をする
37	忘れる	2	2	0	基本的にストレスが溜まった経験がない。あったとしてもすぐ忘れる
38	パソコン	2	2	0	インターネットを開いて見る／メールやチャットをする

その他の少数意見

恋をする／世界情勢について考える／約束をやぶる／自信過剰なことを口走る／ナルシストになる／祖父母に会いに行く／鶴を折る／あくびする／深夜までなんとなく起きている／ジェットコースターに乗る／思考を止める／時間を止める／バカになる／ロマンチストになる／ものまねする／宇宙の神秘について考える／その場から脱出する／逆立ちする／洗濯物を干す／ピンサロに行く／自慰行為をする／もっと疲れることをするとたまに限界を越えて元気になる／抱き心地のよいぬいぐるみやクッションを抱く／外で深く大きく呼吸する／髪型を変えてイメチェンする／ゲーセンに行く／ヨーガのレッスン（瞑想・呼吸法含む）／踊る／アロマセラピー（お香、ロウソク）他

[調査の概要] 実施時期：2002年11月（相模女子大学）、2005年5月（早稲田大学）、総回答者数＝300名（男118名、女182名）

8. 外的適応と内的適応
External and Internal Adjustment

　周りの環境が新しくなった時、私たちはよく「適応する」という言葉を使います。

　たとえば、「学校に適応できた？」「新しい土地に適応してる？」などです。このとき、適応できているとよかったと安心し、適応できていないと困ったですねと反応するのが一般的です。こういうときの「適応」という言葉は、外側の環境に順応しているという意味ですので、**「外的適応」**（external adjustment）と呼ぶことができます。

　心理相談をたくさんおこなっていると、外的適応しているからといって、必ずしも喜べないということが分かってきます。

　たとえば、ある女子学生は、とてもよく周囲に適応していました。明るく思いやりもあるので友人も多く、勉強の成績も優秀です。演劇のクラブでも活躍し、さらに喫茶店でアルバイトまでして、すべてうまくこなしていたのです。ところが、彼女は大変な悩みを抱えていました。自分の部屋にもどってひとりになると、どっと疲れが出て、真っ暗な気持ちになるのです。そして、しばしば自分の手首を傷つけていました（リストカット）。彼女の左手は、手首から肩の方まで、無数の傷跡が残っていました。「死ぬつもりはないんですよ」と明るく笑います。

　よく外適応している彼女に、なにが起きているのでしょうか？

　彼女は、まわりの期待に自分をあわせることばかりに集中し、自分の内側の声をきかないで行動ばかりしていたのです。特に彼女の場合、お母さんとケンカすると、リストカットがひどくなりました。彼女は優しい性格なので、お母さんを傷つけることを恐れて、本当にいいたい気持ちを口に出すことができません。彼女は、他の人間関係でも、人を傷つける恐れのあることをいうことが出

来ませんでした。いつも、明るく優しい自分を必死につくっていたのです。

　彼女の内側にある、不満、怒り、もっと甘えたい、などの気持ちは表現されることなく、満たされない思いが毒のように自分のなかで充満し、自分を傷つけることになってしまいました。

　もっといえば、自分の本当の気持ちを表現したら、自分は愛されなくなるのではないか、という深い恐怖感が彼女のなかにはあったのです。

　彼女は、自分の内的欲求（内なる声）に耳を傾け、その声と行動とを調和させること、すなわち「**内的適応**」(internal adjustment) が必要だったのです。つまり、傷ついた時に、その気持ちを相手にはっきり伝えられるようになることが課題なのです。

　彼女は決して特殊な事例ではなく、社会的に成功していたり、華々しい活躍をしているにもかかわらず、さまざまな心身相関的な症状を抱えて悩んでいる人は少なくありません。彼らは、外側に合わせることは成功していても、内面的な充足感がなく、心は枯渇してしまっているのです。

　このように、適応＝善、不適応＝悪、という図式は、ちょっと単純すぎるわけです。自立した人や、心に正直な人は、悪い環境へは不適応になります。自分の内なる声を信頼しているからです。私たちは、自分の内面を大切にして、**ときには外的不適応になる勇気も必要**なのです。内外のさまざまな要素と折り合いを付け、バランス良く調整することが重要です。そうなってはじめて、私たちは心と体が一致し、満足や安らぎを得ることができるのです。

9. 心の悩みの成り立ち
Formation of Psychological Problem

　私たちは、さまざまな心の悩みや、葛藤を抱えることがあります。これらとまったく無縁という人間はいないでしょう。

　心の悩みといっても、その深浅、強弱、複雑さ、根深さ、歴史の長さなど、実にさまざまです。数分前に友人と口論をしてイライラしているのと、子どもの時にいじめられた心の傷を十年以上引きずっているというのとでは、重さも質もまったく違っています。

　そして、心の悩みの内容は、客観的出来事の積み重ね（外的生活史）の影響を受けますが、それだけは決定しません。出来事をその人がどのように受け取ったのか、という主観的体験の積み重ね（**内的生活史**）が重要なのです。

　小さい時に、両親が離婚して、片親が自殺してしまい、一人の親も時々家出するので、孤児院で育った人がいました。彼はその境遇を不満に思わずに、起きたことをあるがままに受容することができました。思春期まではいろいろに悩むこともありましたが、大人になってからは、人一倍人生をパワフルに楽しんでいます。

　同じように、幼少期に両親が離婚した別の人は、父親への強烈な不信と怒りにとらわれて、その感情を手放すことが出来ません。彼は長年、強迫症状に苦しめられ、仕事をすることができなくなってしまいました。

　このように、離婚、虐待、事故、失恋、差別、戦争、など、人生にはさまざまな辛い出来事が起きますが、それだけで心の状態が決定されるのではないのです。出来事を肯定的に受けとめたり、引きずらずに成長できる人と、否定的に受け取って、それにこだわり続け、長年苦しみにとらわれてしまう人がいるのです。

　心の悩みの原因は、簡単に特定できる場合もあれば（たとえば数

分前の友人との口論)、なかなか特定できない場合も少なくありません。多くの場合は、さまざまな要因が、複雑に絡み合って成立しています(図参照)。そして、これをすべて理解するのは、ほとんど不可能と思われます。

でも、心配はいりません。悩みを解決するためには、必ずしも原因をすべて知る必要はないからです。今起きている問題をよく観察し、そこから洞察や教訓を得て、反省すべきは反省し、執着や葛藤を手放していけばよいのです。

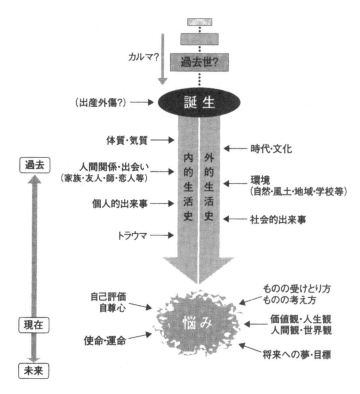

図9. 悩みの成り立ち

10. 健康と病
Health and Disease

　学生や相談に来た人に、「私は病気でしょうか？」ときかれることがあります。「おかしい人の相談ばかりして、あなたは大丈夫ですか？」ときかれることもあります。世の中には、病者と健常者の二種類の人間が存在していると考えているのでしょうか。実際は、健康／病気、異常／正常、強い／弱いなどの単純な**二分法では人間は分けられない**ものです。

　筆者の観察するところによれば、誰もが多少は心を病んでいる、あるいは未熟だったり、どうにもならない欠点をもっているというのが現実だと思います。これを**万人障害者論**と筆者は呼んでいます。自称健常者の方でも、自己認識が浅く、自分の問題や欠点を良く理解できていないところもあり、多くの改善すべき心の課題や、より成長させられる心の資質はたくさん見いだせるのです。特に、慈悲の心、智慧の心などは、無限に成長できるのであって、これで十分ということは永遠にないのです。

　一方で、多くの心の問題を抱えている人や、重篤な精神病者や極悪な犯罪者であってさえも、必ず優れた部分をもっています。彼らの心に丁寧に関わって観察するならば、他者への思いやり、哀れみの心、幸せを願う心、冷静さ、実直さ、正直さ、優しさ、律儀、まじめさ、正義感、思いやり、謙虚さなどのよい資質を必ず見つけることができるでしょう。この資質ゆえに、かえっていろんな問題を引き受けて、症状を呈している場合もあるのです。

　人間の心には複雑な要素があるので、それらに良く気づいて、優れた心の資質をより成長させ、悪い資質を改善できるように努力することが万人の課題なのです。

　「医学的な視点」に限定すれば、病と健康はある程度の線引きは可能ですが、それは時代と共に変化する相対的な境界線に過ぎ

ません。医師によって診断が分かれる心の病める方々もたくさんいます。医学は心の一面を理解しているに過ぎません。

医学的な視点でも、以下のような WHO（世界保険機構）の健康の定義に関する議論に見られるように、二分法ではなく、**健康と疾病は連続体上にある**という考え方に向かっています。

WHO の議論によれば、健康とは、

「完全な肉体的（physical）、精神的（mental）、spiritual（霊的）及び社会的（social）福祉の <u>dynamic（流動的な）</u>状態であり、単に疾病又は病弱の存在しないことではない。」
"Health is a dynamic state of complete physical, mental, spiritual and social well-being and not merely the absence of disease or infirmity."

とされています。下線部は、現在審議中ですが、提案の背景には、

・Spirituality（霊性）は、人間の尊厳の確保や QOL（Quality of Life；生活の質）を考えるために必要な、本質的なものである。
・Dynamic（流動的）：健康と疾病は別個のものではなく連続したものである。

という考えがあるのです。

11. 精神医学的診断
Psychiatric Diagnosis

　精神医学では、心の病を特定するための診断基準があります。わが国でもっとも広く用いられているのは、**DSM-5**（Diagnostic and Statistical Manual of Mental Disorders：米国精神医学会作成の精神科診断統計マニュアル）と呼ばれるものです。

　DSMは心の病の変遷と精神医学の発展に伴って、DSM-Ⅰ（1952年）、DSM-Ⅱ（1968年）、DSM-Ⅲ（1980年）、DSM-Ⅳ（1994年）、DSM-5（2013年）と何度もバージョンアップされ、毎回さまざまな議論が起きています。なかには、人間的な悩みをすべて医学化してよいのかという根本的な指摘もあります。

　今日のDSMの大きな特徴は、できるだけ客観的な診断基準を設定するために、病気の原因は問わずに、表面にあらわれた症状だけで分類していることです。かつては、表11のような病気の原因による大きな分類がなされていました。

表11. 病因によるかつての精神障害の3分類

外因性精神障害	別名身体因性精神障害とも呼ばれ、身体の疾病や、外部から摂取した薬物等の影響によるもの。
内因性精神障害	原因不明とされていた精神障害。精神分裂病（在の統合失調症）や躁鬱病など。
心因性精神障害	純粋に心の葛藤による精神障害。心身症や神症（不安神経症、強迫神経症、恐怖症、ヒステリー、抑うつ神経症、心気症、離人症）。

第 2 章　こころのさまざまな問題

　原因による分類が行われなくなった理由は、新たに精神障害の原因の一部が解明されたり、反対に特定されたと考えられていた病因の根拠が覆されたり、諸説が乱立するなど、さまざまな複雑な事情があったためです。

　そして、精神科の診断においては、診断が特定しても、必ずしもそれが特定の治療法に結びつかないという問題があります。ある治療法が功を奏したからといって、同じ診断の下された患者さんであっても、同じ方法で必ずうまくいくとは限らず、しばしば試行錯誤が必要になってくるのです。

　これは心の問題が、ひとつの原因に基づくのではなく、個人の体質や性格、おかれている環境など、さまざまな要因が複雑にからまって形成されているからだと考えられます。したがって、心の癒しにおいては、治療者は経験、知識、技術、直観力などを統合的に実践できる、幅広い実力が求められるのです。

　このように、DSM-5 は、病気の原因を示すものでもなく、治療法を特定するマニュアルでもなく、表面の現象を分類しているに過ぎません。DSM-5 の存在意義は、専門家同士の共通言語を提供する枠組みといってもよいでしょう。臨床現場で得た知見を学会で発表したり、論文等を書いて、専門的な知見を積み重ねるために、共通言語としての DSM-5 のような診断の枠組みは必要なのです。

　厚生労働省の統計や、裁判における精神鑑定などの公的な場面においては、 DSM-5 ではなく、世界保健機構（WHO）による国際疾患分類である、**ICD-10** (International Classification of Diseases, World Health Organization, 10th Revision) という診断基準が用いられます。ICD-10 は身体疾患を含むあらゆる病気を分類したもので、このなかの第 5 章が、「精神および行動の障害」と題され、精神障害を扱っています。

27

12. 精神障害の DSM-5 の大項目
The Categorical Classification System of the DSM-IV

　DSM-5 では 300 以上の診断項目がありますが、ここでは紹介しきれないので、より大きなカテゴリーである 22 の大項目を提示します（表 12-1）。次項以降では、精神医学の視点だけではなく、臨床心理学、仏教、臨床実践の視点を絡めて、臨床的に頻度の高いものを取り上げてより詳しく紹介していきます。

　DSM-5 には診断名として採用されていなくても、将来の改定に向けた診断基準として議論されているものがいくつかあります。そのなかには、インターネットゲーム障害 (Internet Gaming Disorder) があり、SNS も含めて、ネット中毒は日本でも重大な問題になりつつあり、注目に値します。

　ICD-10 の第 5 章が「精神および行動の障害」では、大きく 11 のカテゴリーに分類されていますので、こちらも大項目のみ紹介します（表 12-2）。

　DSM と ICD は似ているところも多いですが、異なっているところもあり、相互に影響を与えながらバージョンアップされています。ICD は 2017 年頃に ICD-11 に改定される予定ですので、そのときには DSM-5 に近づくかもしれません。

　精神医学の診断は、表面に現れてる症状から判断していますので、いってみれば名前を付かただけのことです。同じ疾病であれば、症状には共通性がありますが、その成り立ちや細部においては、ひとりひとり皆異なっています。ですので、病名がつけられただけでその問題を理解できたとか、解決法がはっきりしたと考えるのは間違いです。標準的な治療法が十分に確立されていない障害も多いのです。

第2章　こころのさまざまな問題

表 12-1.　DSM-5 の大項目

1　神経発達症群 / 神経発達障害群　→２７
2　統合失調症スペクトラム障害および他の精神病性障害群　→２０
3　双極性障害および関連障害群　→１５
4　抑うつ障害群　→１５
5　不安症群 / 不安障害群　→１６〜１８
6　強迫症および関連症群 / 強迫性障害および関連障害群　→１９
7　心的外傷およびストレス因関連障害群　→２８
8　解離症群 / 解離性障害群　→２４
9　身体症状症および関連症群　→２３
10　食行動障害および摂食障害群　→２２
11　排泄症群
12　睡眠 - 覚醒障害群
13　性機能不全群　→２６
14　性別違和　→２６
15　秩序破壊的・衝動制御・素行症群
16　物質関連障害および嗜癖性障害群　→１３，１４
17　神経認知障害群
18　パーソナリティ障害群　→２５
19　パラフィリア障害群　→２６
20　他の精神疾患群
21　医薬品誘発生運動症群および他の医薬品有害作用
22　臨床的関与の対象となることのある他の状態

表 12-2.　ICD-10 第 5 章「精神と行動の障害」の大項目

1　症状性を含む器質性精神障害
2　精神作用物質の使用による精神および行動の障害
3　統合失調症、統合失調症型障害および妄想性障害
4　気分（感情）障害
5　神経症性障害，ストレス関連障害および身体表現性障害
6　生理的障害および身体的要因に関連した行動症候群
7　成人のパーソナリティおよび行動の障害
8　精神遅滞
9　心理的発達の障害
10　小児期および青年期に通常発症する行動および情緒の障害
11　特定不能の精神障害

29

13. 嗜癖～貪欲の心～
Addiction : greed

　嗜癖とは、一般に～依存症とか、～中毒と呼ばれる状態を指します。嗜癖になると、それなしではいられなくなり、やめようと思っても、自分の意志でコントロールできなくなっているのが特徴です。

　嗜癖が軽度の場合には、ほとんど問題として自覚されない場合も少なくありませんが、重度になると、生活を崩壊させたり、死に至らせるケースさえあります。実際は、程度はまちまちですが、ほとんどの人がなんらかの嗜癖をかかえています。嗜癖は診断名ではありませんが、臨床心理の現場や一般社会でよく使われる言葉です。

　仏教的にいえば、嗜癖は強い欲、すなわち貪りの心（**貪欲**）です。貪欲は三大煩悩（三毒）(→132) の一つであり悪業になります。資本主義社会は、人々の欲を刺激して利益を上げようとするので、煩悩に基づく社会を形成する宿命を背負っているようにも思えます。

　嗜癖は、中毒の対象によって、次の三つに分けられます。

①**物質嗜癖**：アルコール、たばこ、さまざまな薬物
　物質への嗜癖は、非常によく見られ、場合によっては深刻な結果になります。これについては次項 (→14) でさらに解説します。

②**過程嗜癖**：買い物、賭博、ゲーム、仕事、食行動、性行動、等
　物事のプロセスに依存する場合です。誰にでも、ストレスを感じた時に、いつもより多く買い物をしたり、甘いものをたくさん食べてしまった経験はあるでしょう。これも過度になり、抑制がきかないほどになると、買い物依存症や**摂食障害** (→20) にまで発展します。

また、休日にすることがなく、仕事以外にはなにも関心が持てないという生真面目な仕事中毒（workaholic）も日本人にはよくみられる嗜癖です。

③関係嗜癖：SNS依存、恋愛、暴力や支配（虐待など）、等
　特定の関係性に耽るものです。最近はスマホを手放せずに、つねに連絡を取り合っていないと不安になる人が多くなりました。

　嗜癖の対象となりえるものは、「快」または「不快」な刺激をもたらすすべてのモノとコトです。慣れてくると、「もっと強い刺激が欲しい」という状態になり、そうなるとどこまでいっても満たされることはありません。依存行動によって体調を崩したり、やるべきこと（学業、仕事、対人関係など）がおろそかになると、心が荒んできて、危険な状態になっているといえます。
　不思議なことに、自己破壊的な習慣を抱える人や、病気から立ち直ることにひそかに抵抗する人が多いのですが、それは「不快」への嗜癖があるためなのです。
　嗜癖行動は目先の欲望は満たせますが、刺激がなくなればすぐに欲求不満に陥り、安定した充足にはつながりません。嗜癖行動の背後には、自己評価の低さ、空虚感、淋しさ、人生の無意味感、目を背けている問題など、より根本的な問題があるのです。
　嗜癖は、一時的な刺激による満足を求める**代償行動**か、問題から目を逸らせるための**回避行動**にすぎません。表面的に「やめよう」と何度思っても、なかなかコントロールするのが難しいのです。
　嗜癖を卒業するためには、**貪る心は結局は苦しみしか生まない**ことを自ら観察して深く理解し、問題に正面から解決することや、納得のいく生き方を見いだすことがとても重要になります。

14. 物質関連の問題
Substance-Related Problem

　薬物依存というと、多くの人は恐ろしいイメージがあると思います。近年は、危険ドラッグが広がり、多くの事故が起きています。

　はじめは一回だけ、という軽い気持ちではじめても、薬物には「**依存性**」というものがあることを知る必要があります。何度か摂取するうちに、その薬物なしではいられない心と身体になるのです。依存性が活性化すると、たとえ違法だとわかっていても、手段を選ばず薬物を入手しようと考えるようになります。その結果、購入資金が底をつくと、強盗や売春などの犯罪に手を出す場合が多いのです。

　薬物を常用するようになると、内臓や神経系がダメージを受け、心身が機能不全になり、社会生活からもドロップアウトし、地獄のような日々を送ることになり、復帰も容易ではありません。

　薬物に対する「**耐性**」を知ることも重要です。薬物による快感や幻覚など、望む効果を得るためには、はじめは少量で十分だったものが、回数を重ねるうちに、より多くの量の物質が必要になることがあるのです。

　一定期間常用していた薬物を、ある時に突然摂取を中止することにも危険が伴います。薬物の種類や体質にもよりますが、急な断薬によって、イライラ、頭痛、不眠、極度の不安や恐怖、筋肉痛や振戦（震え）、感覚過敏や鈍麻、現実感の消失、ひどい時には錯乱状態になる場合があります。このような症状を薬物による「**離脱症状**」と呼びます。

　また、今日では、睡眠薬、抗不安薬（いわゆる精神安定剤）、抗うつ剤など、病院で処方される薬への依存症も多発しています。

　このように、薬物依存はさまざまな深刻な問題を引き起こすの

ですが、物質そのものは善でも悪でもなく、依存する弱い心が悪いのです。正しい動機と使い方をすれば、私たちの心身や霊性にとってプラスに作用する物質も多いのです。

　たとえば、お酒は適量ならばリラックス効果をもちますし、モルヒネは安全な鎮痛薬として医療現場で重宝がられています。

　南米のシャーマンは、古代からアヤワスカなどの非常に強力なサイケデリクスを儀式で定期的に服用しますが、健康を害することがないどころかむしろ増進させ、超人的な**霊的知恵**を得て、人々の癒しや成長のために役立てているのです。

表 14. 快楽をもたらす物質の作用による分類と、関連する神経伝達物質（蛭川、1999 年）

作用による分類	関連する神経伝達物質	物質名・その物質を含む植物名
興奮剤 （アッパーズ）	アセチルコリン（＋）	アレコリン（ビンロウジュ） ニコチン（タバコ）
	アデノシン	カフェイン（コーヒー、茶、コーラ、カカオ）
メジャー・ サイケデリックス （狭義の幻覚剤）	アドレナリン ノルアドレナリン ドーパミン	アンフェタミン類（覚醒剤＝スピード） コカイン（コカ）
		MDMA（エクスタシー） メスカリン（ペヨーテ）
	セロトニン（5-HT）	シロシン・シロシビン（シビレタケ） DMT（アヤワスカ、ヨポ、エペナ） リセルグ酸アミド（アサガオ） ＬＳＤ（リセルグ酸ジエチルアミド）
マイナー・ サイケデリックス （広義の幻覚剤）	グルタミン酸	ケタミン、ＰＣＰ（フェンシクリジン）
	アナンダミド	THC（大麻＝マリファナ＝ガンジャ）
	アセチルコリン（−）	スコポラミン（チョウセンアサガオ）
抑制剤 （ダウナーズ）	γ - アミノ酪酸（GABA）	イボテン酸・ムッシモール（ベニテングタケ） ベンゾジアゼピン類（抗不安剤・催眠剤） バルビツール酸塩（催眠剤） エチルアルコール（酒）
	エンドルフィン類	モルヒネ・コデイン（ケシ＝アヘン） ヘロイン

15. うつ病
Depression

　私たちは誰でも感情が揺れ動きますが、その揺れ幅が極端になり、制御できなくなると**気分障害**（Mood Disorders：ICD-10）という病になります。

　気分が著しい落ち込みに陥る場合はうつ病（鬱病、Depression）、気分が極端に高揚するそう状態とうつ状態をくり返す場合は双極性障害（Bipolar Disorder：そううつ病、躁鬱病）と呼びます。

　そう状態（mania）になると、自尊心が肥大化・誇大化する（目上の人や上役に強く指示するなど）、睡眠欲求が減少する（時間睡眠で十分と感じるなど）、多弁になる（長々と話し続ける）、観念奔逸や注意散漫（脈絡のない考えが次から次へと浮かぶなど）、目標指向性の活動の増加（会社で無謀なプロジェクトを提案するなど）、困った結果につながる可能性が高い活動への熱中（買いあさり、性的無分別、愚かな投資など）などの症状を呈します。

　一方、**うつ状態**（Depression）では、以下のような症状が現れます。

①気分が沈んで憂うつである。
②興味や喜びが著しく減退した。
③食欲の減退または増加がある。［食事療法をしていないのに1ヶ月で体重の5％以上の変化］
④不眠または過眠である。
⑤心に焦燥感（あせり）や制止（動きがない）がある。
⑥疲労感や気力の減退がある。
⑦無価値感や不適切な罪責感がある。
⑧思考力や集中力の減退、または決断困難がある。
⑨死について繰り返し考えたり、自殺を企てたりする。

このなかで、①か②のどちらかに当てはまり、9つの症状のうち 5つ以上が 2週間にわたってほとんど毎日あり、苦痛によって生活に支障を来しており、他の疾患によるうつ状態でない場合は、DSM-5 ではうつ病と診断されることになっています。

厚生労働省の「患者調査」によると、わが国のうつ病・そううつ病の患者数は、1996 年には約 43 万人でしたが、2008 年には約104 万人にまで激増し、2011 年には約 96 万人と微減しています。それでも国民の 0.75 ％（133 人にひとりの割合）が気分障害で通院しているということであり、すべての精神疾患の中でもっとも多い病です。激増の背景には、抗うつ薬の宣伝キャンペーンが浸透し、軽い抑うつでも病院に行く人が増加したという指摘がありますが、それだけでこの激増を説明できるかどうかは疑問が残るところです。

うつ病・そううつ病の男女比は、女性の方が男性の約 1.6 倍多く受診しています。年代的には、男性は 40 代がもっとも多く、中年期をピークとして全年代に発症がみられます。女性は 30 代から70 代までの年代でもっとも多く見られますが、若年層や高齢者でも発症がみられます。

うつ病になるきっかけは、人間関係のストレス、過酷な労働、出産、生理、季節の変化、結婚、子どもの自立、リストラ、昇進など実にさまざまですが、きっかけが無い、あるいは不明の場合も少なくありません。

うつ病になると、実際に自殺するケースがあるので、本人だけでなく、家族や周囲の人も細心の注意が必要になります（→30）。

気分の障害で病院にいくと、ほとんどの場合は薬物療法が行われています。SSRI（選択的セロトニン再取り込み阻害薬）と呼ばれる一群の抗うつ薬は、60 ～ 70％の有効性があるとされています。しかし薬物療法では 50％程度の高い頻度で再発するので、心理療法の併用もしばしば必要になります。

うつ病になりやすい**病前性格**というものがあります。その特徴は、まじめ、几帳面、勤勉、律儀、責任感が強い、秩序を重んじる、などです。この特徴から分かるように、うつ病になる人はしばしば、仕事場などでは評価が高く、周囲から信頼されている人が少なくありません。しかし、あまりに生真面目すぎて、本人がダウンしてしまうのです。

最近では、仕事などのストレスの強い場面ではうつ状態になると、病院でうつ病の診断書をもらい、休職や休学をすると、レジャーや趣味などには元気に参加し、罪悪感ももたないような人々が若者を中心に多くみられ、これらを「**新型うつ病**」「非定型うつ病」と呼ばれることがあります。ただし、彼らが本当にうつ病なのか、単なるわがままなのか、他の疾患なのか、議論がなされています。

本当のうつ病者の周囲にいる人は、原則として本人を「励まさない」ことが重要です。なぜなら、うつの人はすでに自分で自分を限界まで追い込んでいたり、自責の念に駆られている場合が多いからです。励ましてさらに頑張らせると、逆に追いつめることになりかねません。

心理療法では、ストレスの強い環境を改善すること、性格傾向を改善すること（「いい加減」を覚える）、歪んだ否定的な認知を改善すること（適切なものの受け取り方を学ぶ）、生きがいを発見することなどが主題となる場合が多くなります。

薬物療法だけでは、生き方や生きがいの発見という根本治療にはなりません。うつの苦しい暗闇体験をきっかけに、じっくりと自分と向き合って、より豊かな人生に目覚めるということもあるのです。

第2章　こころのさまざまな問題

16. パニック障害（不安障害Ⅰ）
Panic Disorder (Anxiety Disorders Ⅰ)

　パニック障害は、突然の発作（**パニック発作**）からはじまります。たとえば、疲れている時に満員電車のなかで、動悸、胸の痛み、呼吸困難、発汗、震え、吐き気、眩暈、非現実感、自分を制御できない感覚などに襲われ、パニックになるのです。

　呼吸を必要以上にしすぎて手足がしびれて倒れてしまう**過換気症候群**（過呼吸発作を繰り返す）も、パニック発作と同様の事態と考えられています。

　発作を一度経験すると、同じ状況におかれると、また発作が起こるのではないかという「予期不安」に圧倒されることが苦悩を深めます。はじめに電車で発作を起こした人は、電車に乗ろうとするだけで「予期不安」で頭がいっぱいになり、冷や汗をかくのです。治療によって発作がほとんど治まっても、予期不安だけがなかなか消えないというケースも少なくありません。

　パニック障害は、女性に多く、年齢的には20代から40代前半に多く発症します。性格的には、人当たりがよく、やわらかな雰囲気の方が多いという印象があります。

　パニック障害は、抗不安薬や、ＳＳＲＩなどの抗うつ薬による薬物療法が比較的有効です。また、心理療法やリラクセーションも治癒効果があるとされています。

　心理療法では、不安にとらわれるのではなく、不安を観察できるようになることや、自立心を養うことが主題になる傾向があります。

　筆者の臨床経験では、**TFT** (→109) というエネルギーセラピーによって、1回〜数回のセッションで、完治または大幅な改善をする例もあります。

37

17. 対人恐怖症（不安障害Ⅱ）
Taijin-Kyofu (Anxiety Disorders Ⅱ)

　対人恐怖は、とても日本人的な心の問題です。DSM-5 の**社交不安障害**（Social Anxiety Disorder）にほぼ該当します。

　場の雰囲気や、他人の顔色を細やかに察し、恥の感覚が鋭敏で、協調的な和を尊重しながら他人とお付き合いをするという日本独特の文化が、対人恐怖と深く関連しているのでしょう。このような特質から、対人恐怖は**文化結合症候群**であるという指摘もあります。

　対人恐怖の症状は、文字通り「人が恐ろしい」ことです。多くの場合、すべての人間が恐ろしいのではなく、中間的な距離の人間関係において恐怖が生じやすい傾向があります。

　たとえば挨拶を交わす程度の近所の人や、あまり話したことのない級友や同僚などは、**中間状況の恐怖**が起こりやすいでしょう。そこでどのように振る舞い、どのような話をすればよいのか分からず、「間」がもたなくなり、ギクシャクした緊張感を恐れるのです。

　だから、対人恐怖の人は、道や廊下で人と遭遇しそうになると、くるっと踵を返してどこかに逃げ込んだり、級友や同僚がいる部屋にはいるのに冷や汗をかいたり、入室できなかったりします。間がもたない状況が恐ろしいという他にも、人前で赤面してしまうのが恐ろしい（赤面恐怖）、人と視線が合うのが恐ろしい（視線恐怖）、自分の表情がぎこちなく変になるのが恐ろしい（表情恐怖）、注目されることが恐ろしい、否定的な評価を受けるのではないかとひどく恐れる、などさまざまな症状があります。

　対人恐怖症者の典型的な性格傾向は、見栄っぱり、敏感り、そして自分をよく思われたいという欲求が人一倍強いのが特徴です。この欲望が強すぎるがゆえに、欲望が満たされないことが恐

ろしくなり、対人恐怖が起こるといってもよいでしょう。

　また、彼らはしばしば外見的には仏頂面をしていますが、心のなかはそれと裏腹で、他人と深く腹を割ってうち解けたいという気持ちがとても強く、純粋で繊細な心の持ち主が多いのです。だから、相談に乗って心の機微を的確に理解されると、心を開いて安堵と歓びを表現したりします。

　しかし対人恐怖症者は、しばしば依存的だったり、親密で一体的な人間関係を早急に望みすぎたり、他人の立場に立ってものを考えられなかったり、未成熟な側面が目立つことも少なくありません。自分の恐怖ばかりに心がとらわれ、自己中心的になるのです。人が怖いので、人づきあいの経験も不足し、本当は心優しい人なのですが、不適切な態度をとってしまうことも多いのです。

　対人恐怖症者は、幼少時から過保護に育てられ、栄光の子ども時代を過ごしている場合も少なくありません。しかし、依存的で人間関係における自発性に欠けるため、思春期になると友人関係や異性関係で傷つき、挫折しがちです。

　人一倍仲良くなりたい、愛されたい、認められたいと思っているのに、対人関係がぎこちなくなってうまくいかず、深い孤独感と苦悩に苛まれているのです。愛されたい、認められたい、特別扱いされたいという欲望が強いがゆえに、苦しんでいるのです。対人恐怖は思春期・青年期に多い神経症です。重度の人でも、30代くらいになると過敏さが薄れ、楽になります。

　対人恐怖を乗り越えるには、仕事や学業などに没頭して、地に足のついた**日常生活をしっかり送り続けること**が重要です。対人恐怖者の心性をよく理解できる心理療法家の援助を受けられると効果的です。気質によっては**森田療法** (→ 82 ~ 84) が効果的な場合もあります。

39

18. 分離不安症・緘黙・恐怖症（不安障害Ⅲ）
Separation Anxiety Disorder, Mutism, Phobia
（Anxiety Disorders Ⅲ）

パニック障害 (→16) 対人恐怖症 (→17) やほかにも、過剰な不安や恐怖に苦しめられる場合があります。

ひとりで旅行や出張が恐ろしくてできないなど、親、家族、家、その他の親密な人やものから離れることが、ひどく苦痛で耐えがたく感じたり、離れなければならない状況を心配して強い不安に陥るときには、**分離不安症**と呼ばれます。愛着する対象への執着が強く、それが身近にないと安心できないのです。

家では普通に話ができるのに、学校に行くと話ができなくなるなど、特定の場面に限って口を開けずに黙り込んでしまうような状態は、**選択性緘黙**（Selective Mutism）と呼ばれます。

高いところが怖い（高所恐怖）、狭い場所が怖い（閉所恐怖）、犬、猫、蛇などが怖い（動物恐怖）、蝶、毛虫、蜘蛛などが怖い（虫恐怖）、尖ったものが怖い（尖端恐怖）、揺れるものが怖い（振り子恐怖）、暗いところが怖い（暗闇恐怖）、水が怖い（水恐怖）など、特定の対象や状況に対する恐怖感が、実際の危険性とは不釣り合いに高い場合には、**限局性恐怖症**（Specific Phobia）と呼ばれます。

不安障害の不安や恐怖の程度が強くなると、学業、仕事、人づきあいなどの社会生活を送ることが困難になる場合があります。発達のつまづきやトラウマが引き金になっていることもありますが、原因が不明の場合も少なくありません。

心理療法を試行錯誤することで回復する場合もあります。恐怖症の場合、**TFT** (→109) というエネルギーセラピーによって完治または大幅な改善をするケースがあります（筆者の臨床経験による）。

19. 強迫性障害
Obsessive-Compulsive Disorder

　強迫性障害は、**強迫観念**と**強迫行為**から成り立っています。

　強迫観念とは、「意識から振り払おうとしても消すことの出来ない不合理な考え、衝動、イメージ」です。たとえば、埃で汚れた手を石けんで十分に洗っても、まだ汚れていると感じたりします。本人もそれが不合理と分かっているので、妄想とは区別されます。

　強迫行為とは、「強迫観念を打ち消すための儀式的・反復的行為」です。30分も手を洗い続けてしまったりします。100回戸締まりの確認を繰り返したり、などという強迫行為がよくみられます。

　強迫性障害になると、日常生活や人間関係に支障が出てきます。強迫性障害の人は、我が強い、几帳面、堅苦しい、規則へのとらわれ、過度の潔癖、完全主義、などの強迫性格の持ち主が少なくありません。とらわれや偏りが強いために、仕事の生産性はむしろ低かったり、潔癖なのに部屋は不潔だったりします。

　強迫症の関連障害に、**身体醜形障害**（Body Dysmorphic Disorder）があります。自分の顔や容姿が醜いと信じ、想像上の欠陥へ過剰にとらわれ、繰り返し整形をしたり、人前に出られなかったりします。

　ものを捨てられずに際限なく増えてしまい、ごみ屋敷をつくってしまうなどの**ためこみ症**（Hoarding Disorder）も関連障害です。治療としては、抗うつ剤や抗精神病薬による薬物療法や、さまざまな心理療法が行われ、効果的な場合もあります。

　強迫傾向のある人は、考え方を柔軟にして、とらわれや執着をなくし、曖昧なものや不完全なもの、自分の感情などをあるがままに受け入れることが大切です。かたくなに拒絶することをやめられると、世界が広がって自分も楽になり、解決の糸口になるでしょう。

41

20. 統合失調症
Schizophrenia

　統合失調症は、精神障害の王様です。専門家が「**精神病**」というときには、たいていはこの統合失調症のことを指しています。

　統合失調症は、どこの国でも全人口の 0.7 ～ 0.9% 程度の有病率で、とてもポピュラーな病です。諸説ありますが原因はいまだに特定できず、治療法も決定的なものがなく、症状も常識的な理解からはかけ離れています。

　統合失調症の代表的な症状は表 20-4 にまとめてあります。妄想や幻覚があるからといって、必ずしも統合失調症であるとは限りませんので、総合的で慎重な判断が必要です。DSM-5 では、各症状の有無、強さ、持続期間に応じて、**統合失調症スペクトラム**（連続帯）のなかから診断されます（表20-3）。

　典型的な経過としては、初期に心身の不調、ひきこもり、清潔さへの無頓着などが出現し、中期には華々しい**陽性症状**によって周囲を困惑させ（急性期）、後期には**陰性症状**にいたるというものです。

　最近では、軽症で診断の微妙な統合失調症者が増加しています。もっとも発症しやすい好発期は青年期です。

　今日でも、統合失調症者は危険だ、恐ろしいという偏見が残念ながら完全には払拭されていません。しかし、統合失調症者の犯罪率は0.5% 程度であり、有病率と比較すれば、むしろ統合失調症者以外の人の方がはるかに犯罪を犯す危険性が高いといえます。ただし、幻聴に操られている状態の時は、容易に殺人を犯す場合もあるので、病院で保護しながら治療を行うことが重要です。

　治療法としては、まず精神科にいって、一定期間しっかりと抗精神病薬を中心とした薬物療法を受けることです。心理療法が有効であることは少ないでしょう。社会復帰のために、デイケア、心理教育、社会技能訓練（SST）などのリハビリテーションを受け

るのもよいでしょう。

　統合失調症者の予後は、おおよそ 25％が回復し、50％が回復と再発を繰り返し、残りの 25％は慢性化します。なお、10％程度が自殺にいたるという報告もあるので注意が必要です。

　華々しい陽性症状に目を奪われがちですが、症状の背後にあるもののほうが、実は統合失調症にとって本質的です。それは、多くは発症以前から見られる特徴で、**傷つきやすさ、敏感さ、正直さ**（嘘がつけない）、**自己主張性の弱さ、対人関係の不自然さ**、などです。

　彼らが悩んでいるのは、具体的な出来事と言うよりは、**世界そのものとの不調和感**であり、存在することそのものの苦痛です。

　患者さんにお会いすると、痛々しいほどに透明繊細で、実直で、心を打たれることがあります。対話を重ねると、その繊細さゆえに、妄想や幻覚が必要なのだろうと思えることがあります。

表 20-1. 名称の変遷

早発性痴呆（クレペリン，1899）
精神分裂病（ブロイラー，1911）
統合失調症（日本語改称、2002 年）

表 20-2. 統合失調症の要因

家族要因（遺伝、二重拘束）
ドーパミン過剰分泌仮説
胎児期、周産期脳損傷説
ライフイベンツ（失恋、いじめなど）

表 20-3. 統合失調症スペクトラム（DSM-5）

統合失調型パーソナリティ障害	軽症
妄想性障害	
短期精神病性障害	
統合失調症様障害	
統合失調症	重症

表 20-4. 統合失調症の症状

陽性症状	妄想：合理的根拠のない修正不能の考え （例：「私は天皇だ」、「私は秘密警察に狙われている」）
	幻覚：対象なき知覚。五感の幻覚のうち幻聴が最多 （例：「死ね」「火をつけろ」等の声がきこえる）
	まとまりのない発語：支離滅裂、観念連合の弛緩、思考途絶、思考奪取など （例：「今日はお茶がまずかったので、電車が止まったのです」）
	緊張病性の行動：逸脱した衝動的行動の頻発。
陰性症状	感情鈍麻（平板化）、思考の貧困、意欲の欠如 （例：無気力・無関心で、喜怒哀楽もなくなる）

43

21. 心身症
Psychosomatic Disease

　だれでも心理的ストレスが蓄積されてくると、頭がボーッとしたり、肩や首がこったり、全身が重く感じたり、さまざまなかたちで身体にその影響が現れてきます。若い人がよく使う「むかつく」という言葉も、心理的に呑み込めない状態にある時に、胸がむかついていることからきた身体的な表現です。

　このように、私たちの心と体は、車の両輪のように、密接に関連しあっています。心理的ストレスが強すぎたり、慢性的に持続したりすると、ついには身体も病気になってしまいます。このような状態を心身症と呼びます。現在のICD-10やDSM-5にはない用語なので病名ではありません。日本心身医学会によると、心身症とは、

　　「身体疾患のなかでその発症や経過に心理社会的因子が密接に関与
　　し、器質的ないし機能的障害のみとめられる病態をいう。ただし神
　　経症やうつ病など他の精神障害に伴う身体症状は除外する」(1991年)

と定義されています。

　あらゆる身体疾患は心身症であり得ますが、代表的な症状としては、胃潰瘍、十二指腸潰瘍、過敏性腸症候群、高血圧、狭心症、気管支喘息、肥満、糖尿病、慢性じんましん、頭痛、頸肩腕症候群、円形脱毛症、自律神経失調症、などがあげられます。
心身症になる人には、いくつかの共通した特徴がみられます。

　第一は、**過剰適応傾向**です。いつも周囲の期待を敏感に察知し、それにあわせた自分をつくっています。性格的には、いわゆるよい子、頑張り屋、嫌といえない、よく気を遣う、自己犠牲的、模範的、などが特徴です。本人はたいてい気づいていませんが、い

つもどこか無理をしているので、身体が悲鳴を上げて警告しているのです。

第二は、**アレキシサイミア**（alexithymia）傾向です。アレキシサイミアとは、語源的には情動を表す言葉が欠けているという意味で、失感情症と訳される場合もあります。つまり、自分の内的な感情に気づきがなく、言語化することができないのです。失感情傾向の人と面接をしていると、客観的な事実関係や、抽象的・概念的・観念的な話に終始することが多く、あなたが、今、なにをどう感じているか、という情感が欠落していることに気づきます。感情から切り離され、頭だけで自分をコントロールしようとするので、心理的な問題に気づかず、結果として身体症状となってあらわれるのです。

第三は、**タイプＡ性格**（M. フリードマン、R. ローゼンマン，1959）です。Ａは、aggressive、activeをあらわし、野心的、競争的、せっかち、仕事中毒、強い目標達成衝動、時間に追われている感じ、過敏で警戒的な性質、早口、多動、一度に多くのことをやろうとする、いら立ちを態度に表す、挑戦的な言動が多い、などの特徴が見られる性格です。タイプＡ性格は、ストレスを招きやすい性格であり、心臓血管系の心身症に罹りやすいのです。

心身症の人は、外側ばかりを見ているので、自分不在の生き方になっていることが多いのです。自分の身体の感覚や内側のさまざまな欲求や感情などに、感覚を開いてよく気づくこと（mindfulness）が重要です。外側の出来事や外部からの評価や価値観にしがみついている自分に気づき、それを手放しましょう。**臨床動作法**（→86～87）など身体を用いた心理療法や**ソマティックス**（身体技法→107）も有効です。自分のなかで、快適に安らぐ感覚を丁寧に発見し、それをつねに大切にできるとよいでしょう。

22. 摂食障害
Eating Disorder

　食べるということは、単なる栄養の摂取だけではなく、心のエネルギー補給でもあります。心が歪むと、食行動も異常になります。摂食障害は、95％以上が女性で、思春期・青年期の発症が大半です。

　摂食障害には、実際には低すぎる体重にもかかわらず肥満へのおそれが強く食べることを拒否しがちな**神経性無食欲症**（Anorexia Nervosa；**拒食症**）、明らかに多い量を食べてしまい後に嘔吐・下剤・過剰な運動などで痩せようとする**神経性大食症**（Bulimia Nervosa；**過食症**）、ひたすら多い量を食べることを抑制できない**過食性障害**（Binge-Eating Disorder；**むちゃ食い**）があります。

　摂食障害は、気軽なダイエットからはじまることも少なくありませんが、行き過ぎると深刻です。以下のような特徴があります。

□正常体重の最低限を維持することを拒否し、肥満を極度に恐れる。
　（BMI＜17.5、標準体重の85％以下；表21参照）
□自分の体重や体形について歪んだ認識をする（ボディイメージ）。
□若い女性の場合無月経になり（3回以上連続）、性的関心を失う。
□やせ細っても活動的で、過度の運動をしたりする。
□食行動が異常である（拒食、不食、大食、隠れ食いなど）。
□自己誘発性の嘔吐、下剤の乱用等の習慣があり、それをひた隠す。
□皮膚が乾燥して黄色くなり、体毛（うぶ毛）が密生化する。
□飢餓状態になり、全身の機能が低下し、衰弱する。
□うつ状態、不安、イライラ、怒り、情緒不安定、ひきこもりになる。
□体重や体形によって、自己評価が大きく左右される。
□自傷行為や自殺企図を繰り返したり、アルコール依存がみられる。

神経性無食欲症の人は、しばしば自分が病気であることを認めたがらないので、治療の導入が困難です。しかし、神経性無食欲症者のおよそ1割は、飢餓、心不全、自殺などによって死亡するので、はじめは強制的にでも病院に連れて行き、まずは体重を回復させて、命を救うための治療的介入をすることが必要です。

その後、治療への動機づけを促し、心理的な問題を改善するために、腰を据えて心理療法的な関わりをはじめます。

摂食障害の発症には、しばしば複雑な要因が絡まって存在しています。人格が未成熟で、感情を抑え込みやすく、自立と依存の葛藤もしばしば見られます。多くの女性がもつ**痩身願望**（それをサポートする社会的土壌）、**禁欲にともなう快感**、ふくよかな女性らしい身体＝**女性性の拒否、成熟の拒否**、母親との不和などの**家族との葛藤、低い自己評価、嗜癖**する心 (→13) などです。無食欲症者はしばしば、**過剰適応傾向やアレキシサイミア傾向があります** (→20。

人によって発症の要因は違いますが、心理的課題をひとつずつ乗り越えて成長することで、摂食障害を克服できます。

食べること、身体・体型、他者の評価への過剰なこだわりや執着を手放し、怒りやこだわりを手放し、不自然な細身ではなく、健康で自分らしい自然な体形がもっとも美しいということに気づくとよいのです（自己受容）。

表22. BMI 値と標準体重と拒食症の重症度

BMI(Body mass index) ＝体重 kg ／（身長 m)^2
重症度：BMI ＝ 17 以上：軽度　　16 〜 16.9：中等度 15 〜 15.9：重度　　15 未満：最重度
女性：標準体重（ｋｇ）＝身長（m）2× 21（理想のＢＭＩ値） 男性：標準体重（ｋｇ）＝身長（m）2× 22（理想のＢＭＩ値）

コラム ❶
食の現実〜摂食障害以前〜

　世界の死亡原因の第一位は何かご存知でしょうか？　癌？　心疾患？　エイズ？　戦争？　いいえ、どれも違います。一位は未だに**飢餓**なのです。

　飢餓とは、長期間にわたり必要な食べ物が得られずに栄養不足となり、生存と生活が困難になっている状態です。国連食糧農業機関（FAO）によると、現在、世界で約7億9500万人が飢餓状態にあります (2015年)。人類のおよそ**8人に1人が飢餓**状態なのです。

　飢餓やそれに関連する病気によって、**毎日25000人以上が死亡**しています。1年間に1000万人以上、1時間あたりに1000人以上が飢餓で亡くなっています。このうち7割以上は子どもです。約10秒に1人、飢餓で子どもが亡くなっています。

　これほど多くの人が飢餓で亡くなるのは、人口が多すぎて食糧が足りないからでしょうか？

　いいえ、現在のところ、世界全体で見れば、食糧不足ではありません。現在、穀物は世界の必要量のおよそ2倍生産されています。このまま人口増加が続けば全世界は深刻な食糧危機に見舞われますが、今日ではまだ人類が満足に食べるのに十分な量の食糧が生産されているのです。

　それでは、なぜ飢餓が生じるのでしょう？　複雑な要因がいろいろありますが、単純にいうと、食糧を皆でうまく分かち合えていないからです。

　日本は現在、食糧の溢れた大変恵まれた国ですが、6割は輸入に頼っています。そし

世界の栄養不足人口 (2011-2013)
8億4千万人

8人に1人が栄養不足

第2章　こころのさまざまな問題

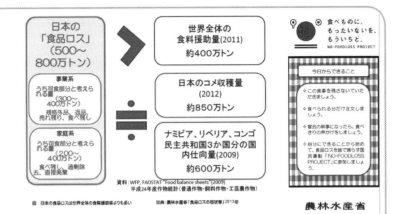

図　日本の食品ロスは世界全体の食糧援助量よりも多い　　出典：農林水産省「食品ロスの現状等」2013年

て大量に輸入しながら、まだ食べられる食糧を大量に廃棄しています（**食品ロス**と呼びます）。机上の計算では、日本の食品ロス分を世界に配るだけでも、飢餓による死亡者を0人にできるのです。毎日、お腹をすかせて亡くなっている人が25000人以上いるにもかかわらず、大量に食べ残しをしたり、腐らせたり、果ては大食い選手権などで食べ物を娯楽の道具にしてしまうというのは、人間として愚劣な行為ではないでしょうか。

食べ物は動物や植物の生命です。できる限り殺生を避け、無駄にすることなく、感謝をして、人々と分かち合うことが必要です。飢餓をなくすことは、さしせまった人類の優先課題です。ひとりひとりが、どうすべきか、真剣に考え、実行する必要があるのです。

23. 身体症状関連障害
Somatic Symptom and Related Disorders

　私たちは、はっきりした原因が分からないけれども、体が重い、痛い、だるい（倦怠感）、凝る、のぼせる、震える、眠れない、頭がボーッとするなどの不快な身体症状を体験することがあるでしょう。日によって変化する症状もあれば、何日も長引くものもあります。このような自覚症状を**不定愁訴**といいます。不定愁訴は、心理的ストレスが要因となっている場合も多いでしょう。

　DSM-5 では、さまざまな身体症状にまつわる心の病を身体症状症と関連症群としてまとめています。

①身体症状症と病気不安症
　身体に不快な症状があり、その症状を実際以上に深刻に考え、強い不安を感じ、その恐れのために過度の時間と労力を費やしてしまうものを**身体症状症**（Somatic Symptom Disorder）と呼びます。

　身体の症状がないか、わずかしかないにもかかわらず、同様に過剰に心配してとらわれる場合は**病気不安症**（Illness Anxiety Disorder）と呼びます。

　癌の検診を受けて陰性であっても、誤診ではないかと不安になり、病院巡り（ドクターショッピング）をしたり、いくつもの民間療法や健康法に過剰にのめり込んだりするケースがありあます。かつては心気症（Hypochondoriasis）と呼ばれていました。

②転換性障害
　転換性障害（Conversion Disorder）とは、以前はヒステリー（hysteria）と呼ばれていた神経症の一部で、**転換ヒステリー**ともいわれます。

　ヒステリーとは、子宮（hysteron）というギリシア語から生まれ

50

た言葉です。女性に圧倒的に多い障害なので、古代では「体内で子宮が動き回る婦人病」とされ、中世では、奇異な身体症状から、魔女狩りの対象になったこともあると伝えられています。

転換性障害の主な症状は、意識を失う、身体の一部がマヒして動けなくなる（失立失歩など）、声が出なくなる（失声）、視野が狭くなる（視野狭窄）など、知覚・運動機能に障害があらわれることです。医学的に調べても身体的原因が発見されないことが特徴です。

このような症状の背後には、隠された心の意図味があるのです。たとえば、声が出ない人には「誰とも話したくない」、歩けない人には「私を注目して助けて欲しい」、目が見えない人には「嫌なものを見たくない」という無意識の願望があったりするのです。これらの願望や葛藤を、本人は不快なために自覚せず、抑圧する（意識から締め出すこと）ために、不可解な身体症状となってあらわれると考えられます。

ヒステリーには次のような性格傾向が見られます。コケティシュで、かわいらしい雰囲気を醸しだし、他者迎合的に外面を取り繕う能力に長けています。外向的、顕示的、誇張的で、虚栄的、演劇的で、時には勢い余って虚言（うそつき）にもなります。多弁ですが、しばしば内容は深くありません。被暗示性も高く、依存的、退行的で、催眠暗示に容易にかかります。

ヒステリー性格の人は、いつも太陽の光に照らされて輝く月のような在り方をしています。自分自身のなかに輝く光を見いだし、内なる光を信頼して生きられるようになると、深みが出て、大きく成長することが出来るでしょう。

24. 解離性障害
Dissociative Disorders

人は、あまりにもつらく耐え難い出来事に出会うと、さまざまな方法でその記憶や感情に直面するのを回避しようとします。見たくないものを意識から閉め出して見ないようにするのが「**抑圧**」（Repression）ですが、もう一つのほうほうが「**解離**」（Dissociation）なのです。解離は、心そのものがパリンと割れて、マヒさせることによって自分を守る方法だといえます。解離とは、「統合されていた心がバラバラになる」と理解するとわかりやすいかもしれません。

抑圧にしても解離にしても、自分の心の安定を保つために無意識的にとった自己防衛的な措置なのですが、これが固定化されてしまうと、後にさまざまな問題を引き起こすのです。

①解離性同一性障害（Dissociative Identity Disorder）

いわゆる**多重人格**のことです。かつては**解離ヒステリー**と呼ばれていました。

ひとりの人間の中に、2つ以上の異なった人格状態（あるいは同一性）が存在する状態です。それぞれの人格状態は、ほとんど断片的な状態に過ぎないものから、かなり同一性の確立された個性ある人格にまで発展している場合があります。各人格状態は、独自の個性、行動パターン、性別、記憶、名前、声、人種、好み、利き手、筆跡、脳波などをもっています。

各人格状態相互の関係も複雑です。ある人格状態の時の言動は、主要な人格にとって記憶がなかったりしますが、別の人格状態の時は、干渉できたりするのです。

多重人格の状態は、奇異で不思議な印象を受けますが、私たちの心のなかにも善人や悪人、勤勉な人や怠惰な人、寂しがり屋の

人や孤独を愛する人など、さまざまな人格が同居しているものです。それがある程度統合されているので人格の交代は起こらないのですが、過大なトラウマによって統合が崩壊し、無政府状態のようになってしまったら、個々の人格が独立を宣言して多重人格状態になると考えると、理解しやすいのではないでしょうか。

　尚、多重人格者の大多数が、幼児期に**虐待**（その多くは性的虐待）を受けているという報告が多数あります。また北米に突出して多いことから、沖縄のカミダーリ（カミなどに憑依されて心身が不調になること）のように、地域文化に根ざした**文化結合症候群**だとの指摘もあります。心理療法では、腰を据えてトラウマを癒やし、主人格を中心に統合を試みていくことになります。長期戦になるのが一般的です。

②解離性健忘（Dissociative Amnesia）

　通常のもの忘れの程度を越えて、記憶がすっぽりと消失し、想起できなくなる状態です。事故や殺人など、ショッキングな出来事に遭遇した時に、前後の記憶が失われるケースが典型です。自分の生い立ちすべての記憶がなくなり、自分の名前すら忘れてしまうということもまれに起こります（全生活史健忘）。突然、家や職場から遠くへ旅立ち、過去を思い出せないこともあります（**解離性とん走**）。

③離人感・現実感消失障害（Depersonalization Disorder）

　自分が心身から遊離して、外部から眺めているような、夢のような、霧がかかったような、生命をもたないような感覚になり、現実感が失われた状態です。苦痛をともっていますが、客観的な知性や現実検討力は保たれています。

53

25. パーソナリティ障害
Personality Disorders

　パーソナリティ障害とは、いわゆる精神症状とは区別されるもので、本人や周囲を苦しめるような、著しく偏ったパーソナリティについてなされる診断です。DSM-5ではパーソナリティ障害を3群10種類に分類しています（表25）。

　ここでは、すべてを紹介する余裕がないので、境界性パーソナリティ障害（以下BPD）を選んでその特徴や課題について紹介します。

　BPDの人が病院や心理療法家のもとにやってくると、はじめは、「本当に素晴らしい先生に出会えて光栄です」などと持ち上げることがあります。BPDの人は、しばしば自己評価が低く、「自分など愛されない」と思っているので、相手を過剰に**理想化**しなければ自分は信頼されないと思っているためです。しかも、本人にその自覚はなく、実際に理想的なセラピストだと思い込んでいる場合があります。セラピストは、理想化の背後にある気持ちや、彼らの**白黒二分法的な思考パターン**を見通している必要があります。

　目的通りにラポール（信頼関係）が形成され、関係が近くなればなるほど、BPDの人はだんだんと恐ろしくなってきます。過去のトラウマのように、「また私は裏切られるにちがいない」という不安が高まってくるからです（**見捨てられ不安**）。そこで、BPDの人は、相手に捨てられるより先に、自分から見捨てようとするのです。自分から見捨てた方が傷つかなくて済むからです。

　こうなると、今度は反対に、さまざまないいがかりをつけて、セラピストや相談機関をこき下ろします（**脱価値化**）。相手を激しくののしったり、権力をちらつかせて脅したり、暴力をふるったり、ものを壊したり、嫌がらせの電話を繰り返したり、手首を切るなどの自傷行為をしたり、人によっては訴訟を起こす場合もあります。

　そのため、BPDの相談に乗るためには、しばしば個人では困難

です。強く結束した治療チームをくんで、しっかりと「抱え込んで」治療することが重要です。

　BPDの人は、自分の心を省みる力（内省力）が欠けているので、自分がなにをやっているのか理解できていません。すぐに**行動化**（→48）してしまい、人間関係を破壊し、淋しさを再体験します。

　BPDの治療には、行動化の背後にある空虚感や淋しさを理解し、忍耐をもって、根気強く、どっしりと安定した態度で接することが重要です。ある意味で、BPDの人は、どんな場合でも、自分を裏切らず、愛してくれる人を探し続けているのです。空虚な心に、少しずつ、内省力と、他者への信頼感を育てることが課題です。

表25. パーソナリティ障害の分類（DSM-5）

クラスター	障害	主な特徴
A群：奇異で風変わりなパーソナリティ障害。対人関係が困難な場合が多い。	妄想性 Paranoid P.D.	他人の動機を悪意に解釈し、不信感と疑い深さが強い。
	シゾイド Schizoid P.D.	感情表現の幅が狭く、孤立して社会的にひきこもる。
	統合失調型 Schizotypal P.D.	奇異な思考・認知・感情・行動で、対人関係に欠陥がある。
B群：感情が移り気で情緒不安定なパーソナリティ障害。他人や社会に対して迷惑な場合が多い。	反社会性 Antisocial P.D.	他人の権利を無視し侵害する無責任な行動をする。
	境界性 Borderline P.D.	対人関係、自己像、感情が不安定で、衝動的な行動をする。
	演技性 Histrionic P.D.	演劇的、誇張的な情緒表現で人の注意を引こうとする。
	自己愛性 Narcissistic P.D.	誇大性、賞賛されたい欲求、共感能力が欠如が特徴。
C群：不安や恐怖感が強いパーソナリティ障害。本人がストレスに悩む場合が多い	回避性 Avoidant P.D.	他人に否定されることを極度に恐れ、引っ込み思案になる。
	依存性 Dependant P.D.	人に面倒を見てもらいたいと願い、従属的でしがみつく。
	強迫性 Obsessive-Compulsive P.D.	完全主義で几帳面のため、柔軟性、開放性、効率性が欠落。
他のパーソナリティ障害	Other Personality Disorders	そのほかのパーソナリティ障害

26. 性の問題
Sexual Problem

　性 sex は生物としての人間の根源的な営みです。約46億年前に地球が誕生し、その6億年後くらいに地球上にはじめての生命が誕生しました。その後、生物が雄と雌に分化し、**有性生殖**がはじまったのが12億年ほど前といわれています。有性生殖によって遺伝子の交換がなされるようになり、それによって、生き物は爆発的に**多様性**を増し、適応力と生命力を強めました。

　人間は、生命進化の最先端にある存在として、性を割り当てられ、身体的に異性へと差し向けられています。遺伝子の意志に突き動かされつつ、性行為を行うことによって、人類という**種の存続**をしてきたのです。

　私たちは性行為を生殖のためにだけ行うのではありません。**親密なコミュニケーション**や、**精神的な絆**の証として、心理的な体験をしているのです。性行為には、その人の心理的な傾向や、愛情のあり方、行為する人間同士の関係性が余すことなく表現されます。

　さらに人間の場合には、性に強力な**官能的快感**が伴うため、さまざまな**妄想**が膨らんだり、**倒錯的な性欲**に支配されたり、欲望が肥大化して暴走する危険性があります。反対に、性をひどく嫌悪したり、かたくなに拒絶する場合もあります。愛欲とうまくつきあうことは、人間にとって大きな課題なのです。

　表26に示しているとおり、性の問題は実に千差万別のものがありますが、症状は多様であっても、心身のあり方、人間関係のあり方が如実に反映されていることが多いのです。したがって、性の悩みは、特別なことをするよりも、心と身体を調え、成熟させ、相手をお互いに尊重して受け入れる関係性が育つと、案外すみやかに解決につながることも多いのです。

第2章　こころのさまざまな問題

　また、性別に違和感を抱く人々に多くみられる「**LGBT**」という言葉が近年広く知られるようになりました。LGBT とは、レズビアン（Lesbian：女性同性愛者）、ゲイ（Gay：男性同性愛者）、バイセクシュアル（Bisexual：両性愛者）、トランスジェンダー（Transgender：心と体の性が一致しない人）の頭文字を取った言葉です。2015 年の電通の調査によると、LGBT に該当すると回答した人は 7.6%（およそ 13 人に 1 人）にのぼりました。

　最近では、米国の小学校でトランスジェンダーの児童を配慮して男女別トイレを廃止したことが議論になっています。日本でも、同性カップルを結婚に相当する関係と認める「パートナーシップ証明書」を発行する条例が、東京都渋谷区議会で 2015 年に可決・成立・施行されるなど、社会的にも認知が進みつつあります。

　このような変化とともに、性的少数者への差別も減少し、LGBT を公言して生きる人も増えてきています。

表 26. 性に関する問題群（DSM-5）

性機能不全群 Sexual Dysfunctions	射精遅延、勃起障害、女性オルガズム障害、女性の性的関心・興奮障害、性器 - 骨盤痛・挿入障害、男性の性欲低下障害、早漏、物質・医薬品誘発性性機能不全、その他
性別違和 Gender Dysphoria	小児の性別違和、青年および成人の性別違和、その他
パラフィリア症候群 Paraphilic Disorders	窃視障害、露出障害、窃触障害、性的マゾヒズム障害、性的サディズム障害、小児性愛障害、フェティシズム障害、異性装障害、他の特定されるパラフィリア障害、特定不能のパラフィリア障害

57

27. 神経発達障害群
Neurodevelopmental Disorders

　神経発達障害群とは、中枢神経の諸機能の発達が阻害されたり、遅れたり、偏ることによって生じている、あるいはそう推定されているさまざまな障害のことです。したがって、これらの障害は親の育て方や生育環境とは無関係であるとされています。

　それぞれ軽度のものから重度のものまであり、健常者と連続体上にあります。他の神経発達障害やその他の精神障害と重なり合う部分も多く、症状が合併していることも少なくありません。

　薬物療法がしばしば行われますが、障害の治療というよりは、症状を一時的に緩和する対処療法です。

　障害をひとつの個性と考えて（**障害受容**）、障害への理解を深めながら、接し方を工夫したり、環境調整などによって、障害と共存しながら生きる方法を模索し、工夫することが建設的です。

　神経発達障害が理解されず、周囲が不適切な対応を重ねると、自尊心の低下や、心身の不調など、本来の障害とは別の二次的な問題が生じやすくなります。このような**二次的障害**を受けないように細やかに配慮することも非常に大切です。

①知的能力障害 (Intellectual Disabilities)

　知能テストなどで測定される「**知的能力**」(論理的思考、問題解決、計画、抽象的思考、判断、学校での学習、経験からの学習など) と、社会生活を営むために必要な行動をとる力「**適応能力**」(コミュニケーション、社会参加、自立した生活など) の両面に欠陥があり、おおむね 18 歳までの発達期に発症するものです。

　理解・判断・思考・記憶・知覚などの能力が全般的に乏しいため、わかりやすい表現で伝えることや、自信をつけさせるような接し方、生活の支援などを必要とします。

第2章　こころのさまざまな問題

②コミュニケーション障害（Communication Disorders）

　どのような状況においても一貫して、言語能力が劣っているためにコミュニケーションに困難を覚えることが特徴です。

　具体的には、言語の習得、理解、表現に困難を伴う（言語障害）、うまく発音できない（語音障害）、流暢に話せずつっかえたりどもってしまう（小児期発症流暢障害；吃音）、状況や文脈に合わせた言葉を使えない（社会的［語用論的］コミュニケーション障害）などです。

　言語聴覚士の指導による訓練によって改善できる場合があります。

③自閉症スペクトラム障害（Autism Spectrum Disorder：ASD）

　状況に応じた会話や他人との距離の取り方がわからない、一方通行のコミュニケーション、他人と興味や感情を共有できない、表情や身振りでの意思の疎通が困難、視線を合わせない、人間関係を発展させたり維持することができないなど、**社会的コミュニケーションの持続的な障害**が第一の特徴です。

　第二の特徴は、特定の動作や物、言葉への独特なこだわりをもつ、融通をきかせられずにいつも同じ物や同じやり方に頑なにこだわる、過剰に繰り返す、興味あるものに強く執着し、それ以外にはまったく興味を示さない、特定の感覚への過敏性とそれ以外への鈍感性があるなど、**特定の行動や興味への強いこだわり**があることです。

　これらが発達早期からみられ、学業、職業、対人的コミュニケーションを妨害しているという特徴があります。言語療法、作業療法、理学療法、行動療法 (62〜64) などによって、症状が改善される場合があります。

④注意欠如・多動性障害（Attention-Deficit / Hyperactivity Disorder：AD/HD）

　注意が散漫である、ケアレスミスが多い、話をきいているときにうわの空である、指示に従えない、努力の持続ができない、必

59

要なものやことを忘れがち、などを**注意欠如**といいます。

　着席が続かない、手足をそわそわ動かす、不適切な状況で走ったりよじ登ったりする、静かに遊べない、しゃべりすぎる、質問が終わる前に答えてしまう、順番待ちが苦手、他の人の邪魔をしたり割り込んだりする、などを**多動性**といいます。

　これらが 12 歳までに、2 つ以上の環境（学校と家庭など）で現れ、学業や社会生活を損ねている場合に、AD/HD と診断されます。成人になっても症状が残ることが多いですが、社会適応できる場合もあります。

⑤限局性学習障害（Specific Learning Disorder：SLD）

　文字を正しく読むこと、文章の意味を理解すること、字を綴ること、適切な文章表現をすること、数字の概念を理解したり計算をすること、数学的な推論をすること、などのうち一つ以上が、著しく困難であることです。

⑥運動障害（Motor Disorders）

　ものを落とす、ものにぶつかる、はさみや刃物をうまく使えない、自転車に乗れないなど、協調運動がうまくできない（**発達性協調運動障害**）、身体を揺する、頭を打ちつける、自分に噛みつくなど、無目的にみえる運動を駆り立てられるように反復する（**常同運動障害**）、何度もまばたきをする、首をひねる、グッと発声するなど、突発的に不随意の運動や発声を繰り返す（**チック障害**）ことです。

第2章 こころのさまざまな問題

28. PTSD（心的外傷後ストレス障害）
Post-Traumatic Stress Disorder

　戦争、テロ、自然災害、凶悪事件、事故、暴力、レイプ、虐待、いじめなどによって、不幸にも大変に恐ろしい体験をして、瀕死あるいは重症を負うことがあります。当事者でなくても、そうなっている人を目撃したり、親しい人がそうなっているのを耳にしたり、繰り返し不快な出来事の細部に直面すると、単に時間が経過するだけでは癒されない心の傷（**心的外傷** trauma）になる場合があるのです。

　恐ろしい出来事の後に、不意に記憶がくり返しよみがえってきたり、悪夢にうなされたり、再び起こっているように感じられたり（**フラッシュバック**）することがあります（**侵入症状**）。

　その結果、トラウマを想起させるような場所、人物、活動、思考、感情、会話などを避けるようになります。トラウマの記憶を失ったり、ネガティブな感情や歪んだ否定的なものの見方にとらわれたり、孤立していると感じることもあります（**回避・否定的認知症状**）。

　激しい怒り、向こうみずな自己破壊的行動、過度の警戒心、集中困難、睡眠の障害などが現れる場合もあります（**過覚醒症状**）。

　古くはトラウマによるヒステリー症状 (→ 23)、帰還兵士のひどい後遺症（第一次、二次世界大戦、ベトナム戦争など）、性的・家庭内暴力の影響の研究や臨床などから、PTSD が注目されるようになりました。日本では、1995 年の阪神・淡路大震災や地下鉄サリン事件で PTSD が話題となり、広く知られるようになりました。

　PTSD の心理療法は、トラウマの記憶と恐怖を、安心して冷静に受け入れられるように、焦らず慎重に取り組むことが大切です。認知行動療法 (持続エクスポージャー療法など)、EMDR、ソマティック・エクスペリエンスなどの心理療法がよく行われます。

61

29. 認知症
Neurocognitive disorders, *Dementia*

わが国の認知症患者は現在約462万人、その予備軍ともいえる軽度認知障害（Mild Cognitive Impairment：MCI）も約400万人と推計されています（厚生労働省、2012年）。実に65歳以上の4人に1人が認知症と予備軍です。2025年には700万人を超えるとの推計値も発表され、社会問題にもなっています。

認知症とは、脳細胞が死んだり機能が低下したために、記憶や判断力の障害などが起こり、社会生活や対人関係に支障が出ている状態（およそ6か月以上継続）をいいます。

アルツハイマー病、レビー小体型認知症、血管性認知症が、認知症の約85%を占め、三大認知症と呼ばれています。そのほかの認知症では、治療によって治るものもあります。

三大認知症の場合は、現時点では完治する方法はありませんが、薬物療法やリハビリテーション、適切なケアによって、進行を遅らせ、症状を軽減し、苦痛を緩和することができます。

認知症に共通する**中核症状**としては、水を出しっ放しにする、食事をしたことを忘れる、捜し物が多くなる（**記憶障害**）、名前、時間、季節、場所が分からなくなる、迷子になる（**見当識障害**）、自動改札に入れなくなる（**理解・行動力の障害**）、同じものをたくさん買ってしまう、手順に従って料理ができない（**実行機能障害**）、暴言を吐く、暴力をふるう（**感情表現の変化**）などがあります。

中核症状の結果として、不安、焦燥、うつ状態、徘徊、幻覚、妄想などの「**行動・心理症状**」が現れることがあります。これらは、本人の性格、環境、人間関係などに大きく影響されるので、適切なサポートによって軽減や解決ができる可能性があります。

「認知症」の人のために家族が出来る 10 ヵ条

1. 見逃すな「あれ、何かおかしい？」は、大事なサイン。
認知症の始まりは、ちょっとしたもの忘れであることが多いもの。単なる老化現象とまぎらわしく、周囲の人にはわかりにくいものです。あれっ、もしかして？と気づくことができるのは、身近な家族だからこそです。

2. 早めに受診を。治る認知症もある。
認知症が疑われたら、まず専門医に受診すること。認知症に似た病気や、早く治療すれば治る認知症もあるのです。また、適切な治療や介護を受けるには、アルツハイマー型認知症や脳血管性認知症などをきちんと診断してもらうのは不可欠です。

3. 知は力。認知症の正しい知識を身につけよう。
アルツハイマー型認知症と脳血管性認知症では、症状の出方や進行、対応が違います。特徴をよく知って、快適に生活できるよう、その後の家族の生活や介護計画づくりに役立てましょう。

4. 介護保険など、サービスを積極的に利用しよう。
介護保険など、サービスを利用するのは当然のこと。家族だけで認知症の人を介護することはできません。サービスは「家族の息抜き」だけでなく、本人がプロの介護を受けたり社会に接したりする大事な機会です。

5. サービスの質を見分ける目を持とう。
介護保険サービスは、利用者や家族が選択できるのが利点。質の高いサービスを選択する目が必要です。また、トラブルがあったときは、泣き寝入りせず、冷静に訴える姿勢を持ちましょう。

6. 経験者は知恵の宝庫。いつでも気軽に相談を。
介護経験者が培ってきた知識や経験は、社会資源の一つ。一人で抱え込まずに経験者に相談し、共感し合い、情報を交換することが、大きな支えとなります。

7. 今できることを知り、それを大切に。
知的機能が低下し、進行していくのが多くの認知症です。しかし、すべてが失われたわけではありません。失われた能力の回復を求めるより、残された能力を大切にしましょう。

8. 恥じず、隠さず、ネットワークを広げよう。
認知症の人の実態をオープンにすれば、どこかで理解者、協力者が手をあげてくれるはず。
公的な相談機関や私的なつながり、地域社会、インターネットなどのさまざまな情報を上手に使い、介護家族の思いを訴えていきましょう。

9. 自分も大切に、介護以外の時間を持とう。
介護者にも自分の生活や生甲斐があるはず、「介護で自分の人生を犠牲にされた」と思わないように自分自身の時間を大切にしてください。介護者の気持ちの安定は、認知症の人にも伝わるのです。

10. 往年のその人らしい日々を。
認知症になっても、その人の人生が否定されるわけではありません。やがて来る人生の幕引きも考えながら、その人らしい生活を続けられるよう、家族で話し合いましょう。

出典：公益社団法人認知症の人と家族の会

30. 自殺
Suicide

　日本の自殺者数は、1998年（平成10年）に急増し、2011年（平成21年）まで14年連続で3万人を越える多さでした。2012年からようやく3万人を下回り、2014年（平成26年）は25,427人でした。減少したとはいえ、毎日平均およそ70名が自殺している計算になります。自殺と確定できない死者も多く、自殺未遂は数倍の件数があるといわれています。自殺者は男性が多く、女性の2倍以上です。

　自殺は、生きることの苦しさが死の恐怖以上に増大し、生き甲斐を完全に失なったときに実行されます。人生の中で耐え難い苦しみに直面し、死んでしまいたいと思ったことのある人は決して少なくないでしょう。失意のどん底で、孤独のうちにひきこもる時期があっていいと思います。

　しかし、すべてのことは必ず変化します（**諸行無常**）ので、どんな苦しみもやがて変化して、終わりが来ます。

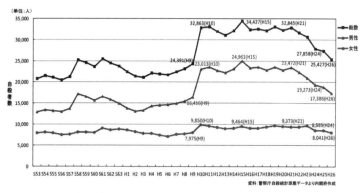

図30. 日本の自殺者数年次推移

フランクル (→ 78) はいかなる状況でも私たちは生きる意味を見い
だすことができる存在である、したがって人間には自殺する権利
はないと力説しました。

　そもそも私たちは自力で生きているのではありません。

　身体を考えてみれば、呼吸をするのも、心臓が動いているのも、
食べたものを消化しているのも、あらゆる命の働きは自力ではな
く、それぞれの器官・細胞が懸命に奉仕して活動してくれている
のです。

　身体だけではなく、私たちは親、家族、友人、さまざまな先生
方など、実に多くの人々や、社会、生態系、宇宙に「生かされて
いる」というのが否定できない事実なのです。

　このような、生命の現実に目を開くならば、原則として**自分を
殺す権利はない**と考えられます。命は自分の所有物ではないから
です。

　もちろん、あまりにも苦痛の大きな病の場合などは、延命措置
を諦め、自然な死を選ぶというような権利はあると思われます。
しかし基本的に、**自殺とは自分という人間を殺す殺人**でもあるの
です。ましてや、他人を巻き込む心中など、甘えに満ちた大量殺
人であり、決して許されるものではありません。

　自殺によって、残された人たちに対して、多大な苦しみを長年
にわたって与え続けることになることも忘れてはなりません。

　自殺したいほど苦しくなったら、頼りになりそうな人に相談す
る、カウンセラーや精神科医などの専門家に相談する、「いのち
の電話」「こころの健康相談統一ダイヤル（内閣府）」(0570-064-556)
などに相談するとよいでしょう。

　誰にも相談できなければ、苦しみがおさまるまで、ひとりでや
り過ごしてもよいのです。今どれほど辛く絶望していても、踏み
とどまる勇気があれば、いずれ前向きに考えられるときが来るで
しょう。

31. 中絶
Abortion

　人工妊娠中絶は、できれば触れたくないデリケートな話題です。しかし重要な問題なので、じっくり考える必要があります。

　中絶を選択する理由は、社会的・経済的に子どもを育てる自信がない、親になる心の準備ができていない、パートナーや家族が出産を認めず堕胎を薦める、人生プランが狂うことへの恐れなどが大半です。中絶の手術をすると、親やパートナーは、「早く忘れなさい」「なかったことにしよう」などと励ますかもしれません。医師もアドバイスを与えますが、実際には、中絶体験者が心身の**後遺症**に悩んでいることは少なくないのです。

　身体的後遺症には、不妊症、感染症、子宮外妊娠、子宮頸部裂傷、早産、流産、性的機能障害などがあります。

　心理的後遺症としては、罪悪感、不安感、深い悲しみ、良心の呵責、情緒不安定、自尊心の低下、妊娠を連想させる物事を避ける、代わりの子どもを欲しがる、悪夢、睡眠の障害、食行動の乱れ、薬物の濫用、自虐的行為、人間関係の破綻、ひきこもり、虐待、自殺を考える、その他不可思議な症状など、非常に多岐にわたっています。中絶とは関係ないと思っている問題について相談に来ても、後に中絶の苦悩が原因であったことが判明するケースが多いのです。

　日本の人工妊娠中絶の件数は、図31が示すとおり、年々減ってきています。1955年には117万件以上の中絶が行われましたので、2012年の約19万6千件というのは、6分の1にまで減少しています。しかし、それでも一日平均およそ550件の中絶手術が行われているのです。中絶とは、具体的にいうと、**薬物で強制的に流産**させるか、子宮から**胎児を搔き出す**か、**吸引器で取り出して殺す**ことです。

第 2 章　こころのさまざまな問題

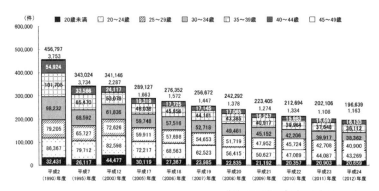

資料：厚生労働省「平成 24 年衛生行政報告例」

図 31. 日本の人工妊娠中絶件数の年次推移

マザー・テレサ (→ 121) は 1982 年に東京で次のように語りました。いろいろな受け取り方がありえますが、傾聴に値する言葉です。

「ある胎児が母親の胎内にいます。母親はその子がほしくありません。（中略）ですから、その子を殺さなければならないのです。堕胎は殺人です。誰によって？　母親によって。医者によって。なんと恐ろしいことでしょう。あの小さい罪のない子ども。あの望まれない子ども。あの堕胎された子ども。ひどい貧しさ。ひどい貧しさではありませんか。それも、あなたのご家族のなかで。」

「どうか、その胎児を助け、その親を助けて、子どもを殺さず受け入れるために助けてください。過ちは誰でも犯すことで、許されることです。しかし、罪のない子どもを殺すことは大きな罪なのです。（中略）でも、彼女たち（母親たち）を助けなければなりません。彼女たちが受け入れられるよう、助けてください。」

32. エゴイズムから利他主義、自他不二へ
From Egoism to Altruism and
Nonduality of Self and Others

　これまで多くの心の諸問題について紹介してきました。しかし、人類にもっとも広くはびこる深刻な心の問題は、統合失調症やうつ病ではなく、エゴイズム（自己中心主義、利己主義）ではないでしょうか。エゴイズムとは、他者の利益よりも自己の利益を優先し、自分に必要なものに執着し、奪い取ろうとしたり、独占しようとする心です。自己の欲望が強ければ強いほど、執着が強ければ強いほど、それが満たされないとき、阻害されたときに、失望や怒りが強くなります。欲がなければ、不満も怒りもないのです。

　エゴイズムは欲望と不安に突き動かされている人間の宿命であり、ほとんどの人間が多少とも罹患しているといってもよいでしょう。

　エゴイズムには、図32のように、自己の利益と他者の利益を優先する割合によって、さまざまな強度があります。A地点の人は、自己の利益追求100％で、他者のことはまったく考えない強いエゴイズムです。B地点の人になると、80％くらいは自分のことを考えていますが、20％は他者のことも考えられるようになっています。

　左側にいるほど、自他が分離した世界のなかで、自己に強く執着しているので、不安や恐れが強く、心は穏やかではありません。

　C地点まで行くと、自分よりも他人の利益を優先することが多くなり、右端のD地点にまで到達すれば、もはや自己の利益のことは忘れています。D地点になったとき、自己の利益を失う不安から解放されているので、もっとも心は安定し、穏やかでいられます。

　右側に行くほど、自己と他者という区分けが薄れてきて、他者

68

の気持ちが自分のことのように感じることができるようになります。

心が成長するにつれて、自他の境界は仮のものであることに気づき、**自他不二の境地**に近づくのです。

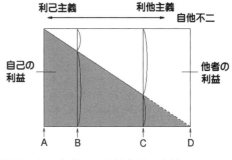

図 32. 利己主義から利他主義、自他不二へ

自他不二の境地とは、自己＝他者なので、他者の立場に立って助けることは、右手を怪我したときに左手で手当をするように、ごく自然のことになります。

自他不二になり、自己中心的な欲望への執着が少なくなると、それだけ恐れや不安も減るのです。**心の苦しみの根本解決法は、自分へのこだわりや執着を捨て**、自分と他者を同じように大切にする心（愛や慈悲）を育てることなのです。自分にこだわればこだわるほど、苦しみは強くなってしまうのです。

図における「他者」は、家族、パートナー、親友などの身近な人から、集団、民族・国家、人類、すべての生命、世界全体へと、心の成長とともに拡大していきます。他者が世界全体へと拡大したとき、すべては自己であり、もはや心を乱すものは何もない至福の状態になるのです。

もしも、私たちが皆、エゴイズムを乗り越え、自己と他者を同じように大切にすることができたなら、貧困と飢餓、地球環境問題、戦争、殺人、心の病などの今日の危機的状況は、一瞬にしてほとんどが解決されることでしょう。

第2章　心のさまざまな問題の主な参考文献

◎ American Psychiatric Association『**DSM-5：精神疾患の分類と診断の手引**』医学書院、2014 年

◎ WHO, 融道男ほか訳『**ICD-10：精神および行動の障害：臨床記述と診断ガイドライン**』医学書院、2005 年

◎ カトナ、ロバートソン『**図説精神医学入門（第2版)**』（島悟監訳）日本評論社、2001 年

第3章

こころのアセスメント

33. 心理アセスメント

34. 初期面接の進め方

35, 非言語的な表現

36. 心理テスト

37. エゴグラム

38. 風景構成法

33. 心理アセスメント
Psychological Assessment

　私たちは、人と会ったときに、この人はどんな人なのか、無意識のうちにさまざまな感覚や直観を使ってリサーチしています。はじめて会った人でも、この人は好感が持てるとか、優しそうとか、深みがありそうだとか、腹に一物ありそうだとか、気味が悪いとか、さまざまな情報を得ています。

　心理学の教科書では、たいてい客観的・科学的な方法で心を理解することが大切だと繰り返し説かれています。しかし私たちは、科学や心理学を学ばなくとも、人間の心を知るための潜在的な能力をすでにある程度備えています。特に日本人は、言葉にしなくても隣人の気持ちを察する繊細で奥深い感受性を文化的に継承しています。まずは、主観的ではありますが、この経験的、直感的な他者理解の能力を信頼し、育てていくことがもっとも大切なのではないでしょうか。なぜなら、ほとんどの人間関係は、心理学の理論を考えたり、心理テストを行ったりすることなく、それぞれの主観的感覚によって営まれているからです。心理学の研究者のように、いつも数値や文字のデータを通して人を見る癖がついてしまうと、かえって他者理解の感性が鈍くなってしまう危険性があります。現場で活躍している優れた心理療法家は、必ずといっていいほど隠された心を見抜くある種の直感力が備わっているものです。

　一方で、どんなに直観が優れていても、すべてを誤りなく知ることは不可能であり、過信は禁物です。他者の心の主観的な理解は、しばしば偏っていたり、誤解に基づいている場合も少なくありません。そこで、個人や集団の心理的特徴に関する客観的な情報が必要な場合には、心理学的な特定の技法を系統的に用いて心理アセスメント（査定）をするのです。心を読み取るには、主観性

72

第3章　こころのアセスメント

と客観性のバランスが何より大切です。そして、固定観念にとらわれず、自信過剰にならず、謙虚かつ柔軟に相手の心を理解しようとする姿勢が大切です。人間の心は、時々刻々変化する**無常なるもの**ですから、固定的なものではないし、すべて分かるなどということはあり得ないのです。心理アセスメントの代表的な方法には、観察法、面接法、生理学的検査法、心理テスト法があります。

①**観察法**：観察は誰でも日常的におこなっている行為なのですが、心理学における観察法とはもう少し狭い意味で使われています。自然観察法（観察者の意図的操作を加えず、被観察者の自然の状態を観察）、実験的観察法（観察目的に沿ってある統制を加える）、参加観察法（観察者が一緒に参加しながら観察する）などの方法です。

②**面接法**：主に対話を通して情報を得る方法で、研究目的に沿って質問を行う調査面接法と、心理的援助をおこなうための臨床面接法があります。臨床面接法については、次項で説明します。

③**生理学的検査法**：心と関連の深い身体部位を測定する方法です。脳波（ＥＥＧ）、事象関連電位（ＥＲＰ）、コンピュータ断層画像（ＣＴ）、磁気共鳴画像（ＭＲＩ）、皮膚電気反応（ＧＳＲ）などが代表的です。異常がある場合には、身体的治療が優先します。

④**心理テスト法**：心理学の調査や臨床場面で、ある特定の心理的特徴に関する客観的情報を得たいときに使用します。精神医学的な診断が困難なときに、心理テストが補助としても用いられることもあります。

73

34. 初期面接の進め方
Intake Interview

　心理的な相談を受けるときに、初期の段階で、クライエント（相談者）の問題の背景や、心理的特性を把握することが重要です。その理解に基づいて、心理相談がクライエントに役立つかどうか、役立つとしたら、どんな方法でどのくらい役立つ可能性があるのかについて見通しを立てることができるからです。このようなことを目的として行われる初期面接のことを**インテーク面接**と呼びます。その方法はさまざまあるのですが、一般的には次のようなポイントを押さえるとよいでしょう。

①問題点（Problems, Chief Complaint）
　いま困っていること、悩んでいることをたずねます。**主訴**ともいいます。人によっては、複数の問題が複雑に絡み合っている場合があります。問題をきちんと整理し、気持ちを共感的に受けとめるだけでも、一人で深く悩んでいる人には、大きなサポートになります。

②問題の経緯（Background of the Problems）
　①の主訴はいつ、どのような状況で始まり、どのように変化してきたかをたずねます。問題の背景、歴史、その後の経過についてききます。昨日の親子げんかでイライラしているだけの場合と、十数年前のトラウマからずっと尾を引いている問題とでは、その深さはかなり違います。

③対処法（Coping）
　問題が生じたときに、**クライエント**（client：相談する人のこと）がそれに対してどのように取り組み、改善の努力をしてきたのかを

たずねます。この情報は、クライエントの自発性、問題解決能力や、どのような領域に馴染んでいるのか（対話、読書、音楽、運動、文章、知性、表現など）ということを知る手がかりになり、治療戦略を立てるのに役立つ場合があります。

④家族（Family）

人間関係の基本的パターンは、多くは家族関係のなかで身につけてきたものです。したがって、家族の状態を知ることは、クライエントの心のルーツを知ることにつながります。そして、家族の客観的情報だけではなく、クライエントが**どのように家族のメンバーを見ているのか**ということがわかるのです。

⑤生育歴（Life History）

人間は誰もが個人的な歴史を背負って今ここに存在しています。十分に時間のある場合は、生まれてから現在までどのように過ごしてきたのか、印象に残った出来事などを中心に語ってもらいます。

初回面接の時には、言いたくないことを無理に詮索したり、興味本位に質問してはいけません。機械的に質問をぶつけたり、冷淡な態度で接するのではなく、相手が話しやすいように、自然な流れで、受容的な雰囲気で対話をすることが重要です。

心理相談における面接は、単に情報摂取のためにおこなうのではありません。軽々な判断を下さずに、クライエントの語りを受けとめ、気持ちを理解することが重要です。クライエントが自発的に話すこと以外は、必要最小限の情報だけをたずねればよいのです。

35, 非言語的な表現
Nonverbal Expression

　心理相談の面接をしていて、言葉による情報が大切なのはもちろんですが、実は、微妙な心を表現しようとすると、言葉というのはずいぶん不便で粗雑な手段でしかないと感じられることがあります。そして、言葉は意識的な表現なので、取り繕ったり、嘘をつくことが容易にできてしまいます。

　一方で、非言語的（ノンバーバル）な表現は、しばしば無意識的になされているので、正直であるのが特徴です。

　たとえば、おだやかに話しているのに、足をみると貧乏ゆすりをしているという場合があります。このようなときには、動いている足に本心が現れています。早く帰りたいと思っていたり、現在の会話が本当に話したいことから離れていると感じていたり、的確に自分の言いたいことが理解されていないと感じている不満足な気持ちが、無意識のうちに貧乏揺すりになっているかもしれません。頭が作り出す言葉よりも、身体の表現の方が率直なのです。ある程度の信頼関係が確立していたら、足の動きを指摘して、その意味をたずねてみるのも、本心を自覚するための援助になります。

　初期面接の場合は、言語的情報と非言語的情報を総合し、問題の背景やパーソナリティに関する仮説を立て、治療戦略を立てます（見立て）。その結果を、クライエントさんに伝えます（フィードバック）。

　そして、今後も面接を続けるかどうか話し合い、面接を行うことに合意が得られた場合には、治療契約を交わします。さらに時間があれば、心理面接の治療目標（ゴールセッティング）を設定します。

　以上が、一般的な心理療法の初期面接の流れになります。

第 3 章　こころのアセスメント

表 35. ノンバーバル行動のリスト（菅野純、1987 年）

1. 時間的行動	(1) 面接の予約時間（遅れて来る／早く来すぎる）
	(2) 面接の打ち切り時間（打ち切りたがらない／早く打ち切りたがる）
	(3) 肝心の話題に入るまでの時間
	(4) 話の総量・グループ面接の場合は話の独占量
	(5) 問いかけに対する反応時間（沈黙など）
2. 空間的行動	(1) 面接者や他のメンバーとの距離
	(2) 坐る位置
	(3) カバンなど、物を置く位置
3. 身体的行動	(1) 視線・アイコンタクト（凝視する／視線をそらすなど）
	(2) 目の表情（目をみひらく／涙ぐむなど）
	(3) 皮膚（顔面蒼白／発汗／赤面／鳥肌など）
	(4) 姿勢（頬づえをつく／肩が上がったままこわばる／うつむく／身をのり出す／腕をくむ／足をくむ／半身をそらすなど）
	(5) 表情（無表情／顔をしかめる／微笑む／笑う／唇をかむ／泣くなど）
	(6) 身振り（手まねで説明する／握りこぶし／肩をすくめるなど）
	(7) 自己接触行動（歯を噛む／体を掻く／髪をいじる／鼻をさわる／口をさわる／指を組み合わせるなど）
	(8) 反復行動（貧乏ゆすり／体をゆする／手による反復行動／ボタン・服・ハンカチなどをもてあそぶ／鼻をかむなど）
	(9) 意図的動作（指さす／〈同意〉のうなずき／〈否定〉の頭ふり／メモをとるなど）
	(10) 接触（注意をうながすために相手にさわる／握手するなど）
4. 外観	(1) 体型
	(2) 服装（派手／地味／慎み深い／きちんとした着こなし／だらしない着こなし／アンバランスな着こなしなど）
	(3) 髪型（よく変わる／変わらない／手入れが行きとどいている／手入れが行きとどいていないなど）
	(4) 化粧（有・無／濃い／薄い／若作り／セクシーなど）
	(5) 履物
	(6) 携行品
5. 音声	(1) 語調（明瞭／不明瞭・口ごもる／声をひそめる／よわよわしい／抑揚がない／子どもっぽい／吃るなど）
	(2) 音調（ハスキー／かん高い／低いなど）
	(3) 話し方の速さ
	(4) 声の大きさ
	(5) 言葉づかい（正確／不正確／かたい／やわらかい／ていねい／ぞんざい／ことばづかいの一貫性など）

36. 心理テスト
Psychological Test

　最近では、ＴＶ、雑誌、インターネットなどさまざまな場面で心理テストを目にするようになりました。占いの延長や、娯楽の対象として扱われていることも少なくありません。

　心理学においては、三つの条件（表36-1参照）を満たしたものを心理テストと認めるのが一般的です。さまざまな媒体に紹介されている心理テストは、ほとんどこの三つの条件を満たしていないので、学問的には根拠が乏しいのが実情です。

　娯楽としてではなく、心理援助のために心理テストを実施する場合には、次のような点を心得ておくことが必要です。

・被験者に役立てるために施行する（むやみに行わない）。
・観察や面接法だけではわからない、より詳しい性格や心的状態を知る必要があるときにのみ実施する。
・被験者の立場や気持ちを理解し、リラックスできるよう配慮する。
・結果は目安にすぎないので、絶対化しない。（ひとつの視点からみた結果に過ぎないし、心は変化する）
・被験者が、今後前向きになれるような形で結果を伝える。

　心理テストには、現在非常に多くの種類があります。

　検査の対象としては、パーソナリティ（性格）、心的状態、知能、発達、などがあります。

　方法によって分類すると、質問文に回答する方式の**質問紙法**と、一定の状況で一定の作業を行ってもらう**作業検査法**、そして、曖昧で多義的な刺激に反応してもらい、その内容を分析・解釈する**投影法**にわけられます（表36-2参照）。それぞれ長所と短所がある

第3章　こころのアセスメント

ので、場合によっては複数の心理テストを組み合わせて実施する場合もあります（**テスト・バッテリー**）。標準化された心理テストは、病院や教育相談所など、幅広い臨床現場で用いられています。

表 36-1. 心理テストの条件

標準化 standardization	心理テストの厳密な規格を設定する手続きを経ている
信頼性 reliability	テスト結果に安定性・一貫性がある
妥当性 validity	テストが測定しようとしている属性を測定している

表 36-2. 心理テストの分類（方法別）

方法	例	特徴
質問紙法	Y-G性格検査、エゴグラム、ミネソタ多面人格目録（MMPI）、顕在性不安検査（MAS）、EPPS性格検査、実存心理検査（PIL）、CMI、SDS、STAI、など	一度に多人数に実施でき、客観的な数値として結果が出るのでわかりやすいが、意識できる表層的な心理しか測れず、回答の操作も完全には防げない。
作業検査法	内田-クレペリン精神作業検査、ベンダー・ゲシュタルト検査、など	客観的な数値として結果が出されるが、被験者の負担が大きい。
投影法（投映法）	ロールシャッハテスト、文章完成テスト（SCT）、TAT、P-Fスタディ、風景構成法、バウムテスト（樹木画テスト）、HTP、（箱庭）、など	深層心理が測定でき、回答の操作も困難である。しかし、実施に手間と時間がかかる上、解釈の余地が大きく、検者の熟練が必要。

37. エゴグラム
Egogram

質問紙法心理テストのなかから、比較的簡単に実施でき、非常にポピュラーなものとして、ここではエゴグラムを紹介します。エゴグラムは、アメリカのエリック・バーンが創始した**交流分析**（Transactional Analysis）という心理療法論をもとに、弟子のデュセイが開発したパーソナリティテストです。

エゴグラムでは、表36のように、心を5つの領域に分類して考えます。心理テストを受けると、それぞれの心が自分のなかにどれくらいあるのかを数値化し、グラフ化することが出来るのです。

図37はその一例です。この例では、まずNPがとても高いことから、共感性があって面倒見がよく、かつCPが低いので、あまり人の批判をしないので、人間関係は比較的良好になりやすいでしょう。しかし、CPが低くACも低いので、自分なりの価値基準が不明瞭で、周囲の目もそれほど気にしないので、行動の方向性が定まらないところがあるかもしれません。また、NPの悪い面が出ると、お節介で押しつけがましくなる可能性もあります。しかし、全般的には、円満に過ごせる献身的な性格であると、このプロフィールからは推測できます。

このように、エゴグラムによって自分のパーソナリティの一側面を客観的に見ることができます。大切なことは、結果に一喜一憂することではなく、プロフィールをもとに自己認識を深め、自分を高めるための課題を発見することです。テスト結果そのものよりも、それをどう受けとめ、今後にどう生かしていくかが重要なのです。

表37. エゴグラムによる心の分類

CP 批判的な親 (Critical Parent)	理想、良心、正義、責任感が強く、厳格な父親のような心です。善悪をわきまえ、理想を追求し、自分なりの価値観をもつことはいいのですが、悪い面が出ると、「当然〜すべき」を押しつけ、命令的、支配的になり、他人を見下したり、過度の責任追求に走ったり、攻撃的、権威的、排他的になったりします。
NP 養育的な親 (Nurturing Parent)	思いやり、寛容さ、受容、共感、許しなど、優しい母親のような心です。柔らかい態度はひとを安心させますが、度が過ぎると、過保護、おせっかい、甘やかしにつながります。
A 大人の心 (Adult)	客観的事実を直視し、知性や論理を用いて冷静に対処する心です。現実的判断に優れ、計算や工夫が出来るので、社会生活を営むためには必要不可欠ですが、この心だけでは人情味にかけ、無味乾燥な人生に陥る危険性があります。
FC 自由な子ども (Free Child)	天真爛漫にふるまい、自由に感情を表現し、自由な発想で創造的・直感的・積極的に行動することができます。この心は自己を解放し、人生を楽しむためには非常に重要ですが、過度になるとわがまま、自己中心的、軽率、衝動的、お調子者になり、大失敗や周囲への迷惑につながりかねないので注意が必要です。
AC 従順な子ども (Adapted Child)	自分の本当の感情や欲求を抑えて、親などの期待に添おうとする「よい子」の心です。協調性があり、周囲に順応しますが、主体性に欠け、自信がなく、依存的、消極的になりやすい傾向があります。Noと言えず、自分を表現できないことによる恨みや敵意が心の底に巣くい、反抗的になることもあります。

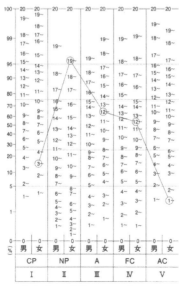

図37. 東大式エゴグラム・プロフィール例

38. 風景構成法
Landscape Montage Technique ; LMT

　投影法心理テストのなかからは、1969 年に精神科医の中井久夫が考案した**風景構成法**を紹介します。とても日本的で、楽しく実施でき、なおかつさまざまな情報が読み取ることが出来るという特徴があります。一対一で行うのが基本ですが、集団での実施も可能です。やり方は次の通りです。

①画用紙に目の前でマジックで枠を書いてを渡します（枠づけ法）。
②マジックを渡し（鉛筆は不可）、次のように言います。
　「これから、この枠の中に風景を描いてもらいます。ただし、これから私が描くものを言いますので、その順番に描いていってください。全体でひとつの風景になるようにしてください。」
③次の順序で描くアイテムを指示します。ただし、ひとつのものが描けてから、つぎのアイテムを言うようにします。
　「川、山、田、道、家、木、人、花、動物、石あるいは岩」
④すべてのアイテムが描けたら、次のように言います。
　「この風景を完成させるために、何か付け加えたいものがあったら自由に描いてください。」
⑤全部描けたら、クレヨン等で色を塗ってもらいます（彩色）。
⑥完成したら、一緒に絵を観賞し、絵の世界を味わいます。描いてみた感想や、どんな風景なのかを質問します。

　風景構成法は、投影法心理テストですが、同時に**描画療法**という芸術療法を兼ねています。表現に没頭することは、自己治癒の営みでもあるのです。ですから、詮索するような目でにらみつけるのではなく、楽しく自由に表現できるような雰囲気を作ることが重要です。感受性豊かなセラピストのもとでは、豊かな描画表

現が引き出されやすい傾向があります。「これは絵のうまい下手をみるものではありません」とはじめに断っておくのもよいでしょう。

彩色され、完成された風景画は、簡単に描かれているように見えても、描いた人の心の表現ですから、大切に、丁寧に見ることが重要です。そして、作品が語りかけてくるメッセージに心を開きましょう。的確な解釈をするためには、多くの経験による熟練と、感受性と直観の力が必要です。そのときには意味が分からなくても、長い時間がたってから分かることもあるので、早急で乱暴な解釈はしないようにしましょう。描画を見るポイントは、表38 を参照してください。

表 38. 描画を見るポイント

A．全体の印象	ぱっとみてなにが伝わってくるか（元気がある、陽気、繊細、など）、第一印象、作品の空気、雰囲気が大切
B．空間の使い方	構成、空・山・大地の比率、空白はあるか、枠との関係、傾斜、遠近、上下、左右、高さ、深さ、広さなど
C．エネルギーの流れ	川の流れ（水量、水質、深浅、流れの速さなど）、道、風、木、山、町並み、筆圧、色の塗り方、濃淡、など
D．個々のアイテムの象徴性	非常にこだわって描いているアイテムや、反対に描かれていないか非常に小さく描かれているアイテム等に注目 （Ex.稲が一本一本描かれた田んぼ→勤勉さ、完全に護岸された川→防衛的・強迫的、道を塞いでいる大きな岩→人生に障害がある、雄雌のつがい→恋愛のテーマ、等）

第3章　心のアセスメントの主要参考文献

◎　下山晴彦『**臨床心理アセスメント入門：臨床心理学は、どのように問題を把握するのか**』金剛出版、2008 年

◎　堀洋道、松井豊ほか『**心理測定尺度集**』<1> ～ <6>、サイエンス社、2001 ～ 2011 年

第4章

深層心理学

39. 心理療法の源流：催眠

40. 催眠療法とその影響

41. フロイト

42. 精神分析の誕生

43. 無意識の発見？

44. 心の構造論

45. 夢分析

46. フロイトの古典的発達論

47. 防衛機制

48. フロイトの治療観

49. フロイト以後の精神分析

39. 心理療法の源流：催眠
Hypnotism as major source of Psychotherapies

　「催眠」は心理療法のルーツのひとつです。催眠現象は世界各地で有史以前から、宗教儀礼、修行、シャーマニズム、預言、占い、などに利用されていました。

　はじめに催眠を本格的に治療に用いたのは、ウィーンの医師**メスメル**（Franz Anton Mesmer 1734-1815）といわれています。メスメルは、「全ての生物は体の中に色も匂いもない磁気流体をもっていて、その流体の運動は生物の健康と成長に深い関係を持っている。そしてその流体は太陽と月と惑星の運動の影響を受けている」という**動物磁気説**を唱えました。

　メスメルの診療所は薄暗く、部屋の中央には鉄粉や瓶を詰めた満水の磁気桶があり、そこから出ている多数の鉄棒に患者たちの患部を当てさせました。そこに穏やかな音楽とともに、長い絹の礼服をまとったメスメルが杖を片手に登場し、患者に触れて治療を行いました。触れられた患者は、しびれたり、けいれんを起こしたり、激しく感情を表現したりして、病気が治ったといわれています。こうしてメスメルは、パリの上流社会で大評判になりました。しかし、後にルイ16世が科学者の委員会を送って調査を行い、動物磁気の存在を否定したために、メスメルの名声は失墜したのです。

　委員会の報告では、動物磁気説は否定されたものの、治療効果は「**暗示**」「**ラポール**（信頼関係）」「**イマジネーション**（想像力）」によるものであると記されています。動物磁気は今日で言う**サトルエネルギー**（→107）（日本語でいう「気」）の可能性が高いですし、「暗示」「ラポール」「イマジネーション」は催眠療法の中核をなす要素と今日では考えられていますから、メスメルは当時は否定されましたが、実際には現代心理療法の先駆けであるといっても間

86

違いではありません。

　では、催眠とは何でしょうか。手品やショーを思い浮かべたり、人の心を自由に操れると思っている人もいるでしょう。しかし、これらは娯楽としての催眠術のイメージで、的確とはいえません。

　臨床心理学的には、催眠は科学的に確認可能な現象であり、リラクセーション法として有効であること、催眠に**特殊能力は不要**であること、催眠にかかっても望まないことには反応しないこと、催眠中でも原則として意識や理性はなくならないことなどが確認されています。

　催眠とは、「選択的な注意集中のもとで、一連の言語およびその他の暗示によって惹起された意識の変容した状態、現象、関係など。」(斉藤稔正, 1999) と定義することができます。

　「選択的な注意集中」とは、たとえばセラピストの指示する内容など、ひとつのことだけに意識が集中し、外の騒音やその他の考えなどがまったく気にならなくなる状態のことです。

　「一連の言語およびその他の暗示」にはさまざまな方法があります。たとえば誘導法として、言語による暗示法、筋弛緩法 (深呼吸やジェイコブソン法など)、数唱法、一点凝視法、後倒法、手移動法などがあります。催眠誘導を行うときには、催眠者と被催眠者の信頼関係、催眠者の声色やリズム、被催眠者の動機や心身の状態、部屋の明るさや温度などの環境、その場の雰囲気などが催眠暗示の効果に影響を与えます。

　「意識の変容した状態」のことを**変性意識状態** (Altered States of Consciousness：**ASC**) といいます。電車に揺られてウトウトしている時、好きなことに没頭して時間を忘れている時、お酒を飲んでボヤーッとしている時、我を忘れて没頭している時、瞑想状態の時などは、一種の変性意識状態です。**催眠性トランス** (Hypnotic Trance：催眠状態) とは、催眠法によって誘導された、ひとつの変性意識状態のことです。

40. 催眠療法とその影響
Hypnotherapy and Its Influences

　メスメル失墜後も、彼の技法は欧州に広がり、さまざまな治療家が実践的な研究を進めていきました。1843年に英国のブレイドが睡眠を意味するhypno-（ギリシア語）から、「**催眠**」（Hypnotism）という呼称をはじめて命名しました。

　催眠はその後、フロイトの**精神分析**（→41〜49）を生み出す母胎となり、1960年代にはエリクソン（Milton Erickson 1901-80）が変幻自在な**近代催眠**に進化させ、日本の成瀬悟策は**臨床動作法**（→86）の着想を得ました。グリンダーとバンドラーは、エリクソンなどの優れたセラピストの技法を抽出して体系化した**NLP**（Neuro Linguistic Programming；神経言語プログラミング）と呼ばれる方法を確立し、シュルツは自己催眠による**自律訓練法**を生み出すなど、催眠は多くの心新たな理療法を創出したのです。こうして、今日では催眠療法はひとつの確立した心理療法として認知されるに至ったのです。

　催眠誘導によって**催眠状態**（Hypnotic Trance）に入ると、多くの人は心身がリラックスし、心地よい状態になります。理性的な統制力が弱まるため、普段は受け容れにくいような自分の不合理な感情と向き合いやすくなります。催眠状態では、暗示を受けやすくなり（**被暗示性**の亢進）、しばしばイメージ力も活性化します。意識しながら夢を見るような感覚で、過去の場面を鮮明に想起しやすくなります。催眠状態でイメージ療法の技法を用いると、トラウマの癒しや心の成長を促すような効果的な心理的体験をすることができます。

　催眠状態に入っても、通常は自分がなにをしているか、なにを体験しているかは、はっきりと意識できていますし、催眠後もその記憶は保たれます。催眠中でも、嫌なことには嫌と意思表示をすることもできるので、催眠者に勝手に操られてしまうなどということは、原則としてありません。

催眠状態のなかで、過去の年齢の時代にさかのぼっていくことを「**年齢退行**」といいます。年齢退行催眠を行うと、子ども時代、幼児期などに退行することが可能です。胎児期や過去生退行など催眠誘導すると、その時期のイメージや出来事をありありと体験する人もいます。

これを利用したのが、ワイスらの**前世療法**（Past Life Therapy）です。しかし、年齢退行に関しては、夢の体験と同様で、そこで体験した内容が客観的記憶である保証はありませんので、注意が必要です (→102)。ただし、年齢退行によって、過去のトラウマを解放し、現在の問題を改善するという変化が起こることは、臨床的に起こりえることです。

このように、催眠状態を利用すると、日常では意識することが難しい深層意識にアクセスできるので、埋もれていた記憶や感情を整理したり、掃除するためには適切な状態なのです。**催眠療法**とは、催眠状態を効果的に活用する心理療法の総称です。

当然のことですが、催眠療法を行うセラピストになるためには、臨床心理学や周辺学問を幅広く学び、心理療法に関する知識や技法を十分習得する必要があります。催眠技法だけを学んでも催眠療法家にはなれません。ところが、催眠療法の領域には、臨床心理学の基礎知識を学んでいない素人心理療法家（**レイセラピスト**）が多いという実情があります。

催眠は、正しい使い方をすればよい効果をもたらすことができますが、間違った使い方や悪意のある使い方をすれば、医原性・セラピー因性の心理的障害を新たに生み出すなど、悪影響を与える危険性があるのです。

催眠療法を受ける場合には、臨床全般に関わる信頼のおける資格 (→4) を目安にしたり、情報を各方面から集め、信頼できるセラピストを選ぶよう心がけるとよいでしょう。

41. フロイト
Sigmund Freud 1856-1939

　精神分析の創始者**ジークムント・フロイト**は、深層心理学の扉を開き、近代的な心理療法を確立した人物です。現代の思想にも強烈なインパクトを与え、アインシュタインやマルクスと並び称される知の巨人です。

　フロイトは、1856 年にフライブルクという町で、ユダヤ人として生まれました。4 歳の時、一家が破産してウィーンに移転し、狭いアパートで 8 人暮らしをしていました。経済的には逼迫ひっぱくしていましたが、長男のフロイトにだけは、特別に個室が与えられました。他の兄弟はローソクでしたが、フロイトだけ石油ランプで勉強ができたり、フロイトが勉強するときは妹はピアノを禁止されました。フロイトは、若い母親から一身に愛情を受けていたのです。後にフロイトは、「確実に母親のお気に入りになっていた人間は、一生征服者の感情と、自分は成功するのだという確信を持ち続け、それはしばしば本当の成功を引き起こす原因となる」と語っています。

　青年時代から学業成績は抜群で、「私は 7 年間クラスで一番だった。特別扱いされ、どんな試験にも合格するのが当然だとされた」といいます。

　しかし、当時の強烈な反ユダヤ感情は敏感に感じ取っていました。ユダヤ人以外の友人はほとんど作りませんでした。フロイトの父ヤコブが、新しい帽子を泥の中にたたき落とされ、「ユダヤ人、道をあけろ」と怒鳴りつけられたという出来事に、少年フロイトは怒りに震えたのです。

　しかし、晩年こう語っています。「私は若い頃から妨害にさらされ、『一枚岩的な多数派』の圧力に耐えるという運命に慣らされていた。そのおかげで、自主的判断力が相当養われた」。

第4章 深層心理学

　母の寵愛と、差別的な逆境こそが、新しい分野を切り開く強靱な精神力を植え付けたのでしょう。

　フロイトの創始した精神分析は、米国での講演をきっかけに世界中に広まりを見せましたが、やがて世界大戦の暗雲に呑み込まれていきます。1933年にベルリンで、ナチスがフロイトの著作を山と積んで焼き捨てました。このときフロイトは次のように言い放ったといいます。「わが文明は何たる進歩を遂げたことか。中世なら私を火刑に

表41. フロイト略年表

1856年	5月6日フライベルク（現チェコスロバキア）に生まれる
1860年	ウィーンに移住（4歳）
1873年	ウィーン大学医学部に入学（8年間在籍）
1876年	ブリュッケ教授の生物学研究室に入る
1882年	経済的理由によりウィーン総合病院に勤務、コカインの研究
1885年	ウィーン大学医学部私講師就任、パリ留学（シャルコーに師事；ヒステリー・催眠の研究）
1886年	ウィーンで開業、マルタ・ベルナイスと結婚
1895年	ブロイアーと共著『ヒステリー研究』
1896年	精神分析という言葉をはじめて使用
1900～05年	『夢判断』(1900)、『日常生活の精神病理』(1901)、フリースと絶交、「水曜会」発足(1902)、『性欲論三編』(1905)
1909年	米クラーク大学に招かれ、ユング、フェレンツイとともに渡米
1910年	「国際精神分析学協会」正式に発足。ユングが初代会長
1911～14年	弟子や仲間の離反が相次ぐ：アドラー離反(1911)、シュテーケル離反(1912)、ユング離反(1914)
1917年	『精神分析入門』
1920～30年	『快楽原則の彼岸』(1920)、『自我とエス』(1923)、『自己を語る』(1925)、『文化への不満』(1930)、など
1932年	フェレンツィ離反
1933年	『続精神分析入門』、精神分析関係書籍の焚書（ナチス）
1938年	ナチスがオーストリア侵入、フロイトはロンドンに亡命
1939年	9月23日　ロンドンにて死去（癌）享年83歳
1940年	『精神分析概説』（絶筆）

処したはずだが、現代では焚書で満足しているのだ」と。

　聡明な頭脳と頑強な精神力をもつフロイトは、最期は口と顎にできた悪性腫瘍に悩まされました。33回の手術を経て、1939年に亡命先のロンドンで、モルヒネによる安らかな眠りのなかでその生涯を閉じました。

42. 精神分析の誕生
Birth of Psychoanalysis

　フロイトは、もともと神経病理学などの研究をしていましたが、パリ留学中に出会ったシャルコーや、高名な家庭医ブロイアーの催眠を用いたヒステリー治療 (→23、24) に大きな影響を受けました。特に、ブロイアーによるアンナの事例にフロイトは深い感銘を受けたのです。

　〇. アンナの症例

　　アンナは聡明で意志の強い21歳の女性でした。不治の病にかかった父への献身的な看病をきっかけに、神経性の咳、奇妙な視覚障害、四肢の麻痺、二重人格状態など、さまざまな症状に悩まされるようになります。

　　あるとき、アンナは水がまったく飲めなくなってしまいました。ブロイアーが往診した時、彼女は自ら催眠状態に入り、この症状の原因となった出来事を語りました。アンナの家に住み込んでいる使用人が、犬にコップで水を飲ませているのを目撃したのです。アンナはこの使用人が嫌いでしたし、本当は「なんて汚い」と怒鳴りつけたかったのですが、それもはしたないと思ってできなかったのです。このことを話し終えて催眠状態から覚めると、おいしそうにコップの水を飲み干したといいます。アンナはこの方法を自ら「談話療法」「煙突掃除」と名づけました。

　ブロイアーはこの事例にヒントを得て、ヒステリー患者に人工的に催眠をかけてトラウマを想起させる方法を創始し、「催眠浄化法（カタルシス）」と名づけました。これをきいたフロイトは、早速催眠の技術を習得し、自らも患者に催眠治療を行いました。催眠状態で日頃自分でも気づかない思いを想い出し、表現することによってヒ

ステリー症状が消失することを目の当たりにしたのです。

しかし、やがて催眠を用いた浄化法には限界があることに気づきます。催眠による浄化法は、効果が一時的なものにとどまったり、催眠にかかりにくい人には無効でした。さらに、催眠後に抱きついてくる女性患者が現れるなど、他者催眠は依存性を助長することが多かったため、フロイトは催眠を放棄することに決めたのです。

そこでフロイトは試行錯誤を行い、その結果催眠を用いない新しい方法は、次のようなものでした。患者を寝椅子に横たえ、その後ろに治療者が座り、「頭に浮かんでくることをつつみ隠さず話してください」と教示します。すると、催眠をかけなくとも、しだいに症状の原因となっていた記憶や感情が表現されるようになることことを発見したのです。フロイトはこの方法を**自由連想法**（Free Association Method）と名づけました。

自由連想法を実施していると、「もうなにも浮かばない」「こんな治療は無意味だ」「今日は都合悪くて治療を休みます」などといって、治療に抵抗（Resistance）する患者にしばしば出会いました。フロイトはやがて、抵抗が起こるということは、患者が抑圧している内容に近づいているサインでもあると理解したのです。治療抵抗を分析することによって、問題の確信に直面化し、意識化するよう促したのです。

さらに、**転移**（Transference）と呼ばれる現象も発見しました。患者が父母などの過去の重要な他者に向けていた感情をセラピストに向けるようになることです。たとえば、父親を恐れていた人は、セラピストがしだいに恐ろしい人物に見えてくるのです。フロイトは、感情の転移を話題として慎重に扱い、それが幼児期の感情体験の繰り返しであることを気づかせるようにしたのです。

このように、フロイトは催眠を離れ、自由連想法、治療抵抗の分析、転移の分析などによる独自の心理療法を確立しました。これが**精神分析**（Psychoanalysis）の原型となったのす。

43. 無意識の発見？
Discovery of Unconscious ?

　フロイトの理論は、神経症患者に限定されたものではありません。治療経験をもとに、私たちの心は、図43のように、**意識**、**前意識**、**無意識**の三層から成り立っていると考えたのです（局所論）。

　無意識とは、通常では意識できない心の部分です。直面したくない願望や心的外傷などが意識から締め出され（**抑圧**）、その行き先が無意識です。簡単にいえば、フロイトのいう無意識とは心のゴミ箱のことです。

　しかし、抑圧された心のゴミは、消えるわけではなく、エネルギーは保存されていて、表出する出口を求めています。フロイトは、三つのルートを通じて、抑圧された内容が外に向かって表現されると考えました。

　第一のルートは**夢**です。夢は無意識の内容が表現されたものです。フロイトは「**夢は無意識に至る王道である**」といいました。しかし、夢は簡単には理解できない不可解な内容も少なくありません。そのため、夢の理解のためには「解釈」という作業が必要になるのです。夢の成り立ちと、夢分析の方法は後で説明することにします。(→ 45)

　第二のルートは、**失錯行為**です。失錯行為とは、「言い間違い」や、「うっかり〜した」ということです。失錯行為には無意識の願望が隠されている場合があるのです。例えば、うっかり約束の待ち合わせを忘れてしまった場合には、無意識では会いたくないと思っていたのかもしれません。結婚した女性をついつい旧姓で呼んでしまう場合には、本当は結婚を認めたくないという願望が隠されているのかもしれません。

　第三のルートは、**神経症症状**です。神経症症状は、夢と同様、しばしば意識にとっては奇怪で理解しがたいものですが、これは

無意識に抑圧された内容が、心身に症状として表出されたものなのです。このような理解から、精神分析では、自由連想法によって無意識に抑圧された願望や外傷体験を意識化し、浄化(カタルシス)することによって、神経症症状を根本から治療しようとするのです。

　尚、フロイトは無意識の発見者と称されることがあります。確かに、無意識を命名し、理論化した西洋人はフロイトが第一人者でしょう。しかし、無意識に相当する心の深層領域に関する言及は、仏教ではずっと以前からなされています。特に、4世紀に活躍したインドの僧呂**無著**(むじゃく)(アサンガ)とその弟の**世親**(せしん)(ヴァスバンドゥ)が構築した**唯識**(ゆいしき)思想においては、眼識(げんしき)、耳識(にしき)、鼻識(びしき)、舌識(ぜつしき)、身識(しんしき)、意識(六識)のさらに深層領域に、自我への執着を生み出す**末那識**(まなしき)(manas-vijñāna)と、あらゆる認識表象を生み出し蓄える**阿頼耶識**(あらやしき)(ālaya-vijñāna)があるとし、輪廻転生のメカニズムを説明するなど、精密に理論化されています(**八識説**)。

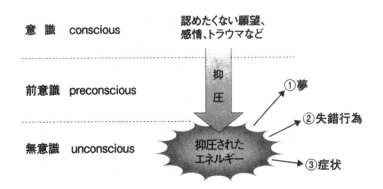

図 43. 局所論と抑圧・表出

44. 心の構造論
Structural Theory

フロイトは、局所論を唱えた後に、心の**構造論**を提案しました。初めにあった心は、**エス**と呼ばれます（ドイツ語で「それ」の意味）。フロイトはあらゆる精神活動の根源は性的な本能エネルギー（**リビドー** Libidoと名づけました）であると考えたのですが、エスはリビドーで満ちています。やがて、外界との接触によってエスが分化して、現実的な判断をする**自我**（エゴ）が誕生します。さらに自我が分化して、両親の道徳や理想を内に取り入れる（内在化）ことによって**超自我**が誕生するのです。

心はこの三つの機関からなり、互いに力動的にやりとりしながら外界に対処しているとフロイトは考えたのです。精神分析の治療では、自我の機能を強化することを特に重視しました。

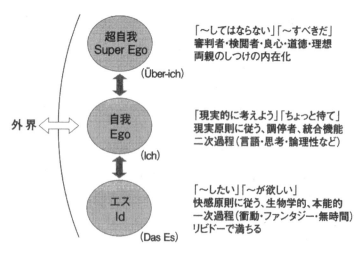

図44. 心の3つの機関

45. 夢分析
Dream Analysis

　人間は、毎晩夢を見ているといわれています。夢の内容は私たちの意識的な自我からすると不可解なものが多く、古代から夢占いの話などは世界各地にありました。フロイトが著した『**夢判断**』（1900年）は、これらとは立場が異なり、夢を心理学的に分析しようとした書物です。

　フロイトは、多くの夢分析の事例から、「夢は、ある（抑圧された）願望の（仮装した）充足である」という結論に達しました。つまり、神経症症状と同じように形成されているのです。こんな事例があります。

　ヘルマン坊やの夢
　　ヘルマン（22ヶ月の男児）は、両親に言われて、伯父さんの誕生日に籠に入ったサクランボウをプレゼントしました。ヘルマンは本当は自分が食べたかったのですが、少ししか分けてもらえませんでした。その晩、ヘルマンはサクランボウを平らげる夢を見たのです。

　このような願いごとがかなう夢は、**願望充足の夢**として、解釈の余地がありません。のどが渇いている時に、おいしい水を飲む夢を見るというのも、生理的欲求を満足させる夢として容易に理解できるでしょう。

　しかし、多くの夢はこれほど単純ではありません。なぜでしょうか？　目ざめてから想いだすことのできる夢（**顕在夢**）は、もともとの夢の内容（**潜在思想**）とは異なるからです。フロイトは、夢は「不快な願望の感情興奮」をもとに、日常生活で体験したことの名残りを利用して形成されると考えました。ただし潜在夢は、しばしば認めたくない幼児的な願望や感情が含まれているので、

そのまま顕在化できません。無意識的な自我が、潜在夢に**検閲**を加えて歪曲するのです。これを**夢作業**（dream work）といいます。フロイトはこれを「夢は抑圧された欲動興奮と自我における検閲の力の抵抗との妥協の産物である」と表現しています。

　夢の内容は、さらにさまざまに象徴化されています。表 45-1 にフロイトの象徴解釈の例を示しました。夢の象徴的意味は、夢を見た人のおかれた状況や生育歴などによって、まったく違ったものになる場合も多いのです。的確に象徴解釈を行うためには、夢に関する自由連想を行い、諸状況を総合的に考慮して慎重に考慮することが重要です。当時の欧州と今日の日本では、時代も文化も大きく異なりますので、フロイトの解釈をそのまま当てはめるだけでは、今日の日本人の夢は理解できないことが多いと思われます。

　夢分析とは、夢の作業や象徴化のプロセスを反対に遡り、顕在夢から夢の潜在思想を探り当てることです。それによって、抑圧された無意識の内容が明らかになるので、フロイトは「夢は無意識に至る王道である」といったのです。精神分析では、必要に応じて夢分析も行うことによって、抑圧された無意識を意識化し、症状を治療しようとするのです。

表 45-1. 心の３つの機関

両親	王と王妃
子ども	小動物、害虫
誕生	水中への墜落
死	旅立ち、鉄道旅行
男性	帽子、ネクタイ、蛇
女性	カタツムリ、貝、白い家、リンネル
ペニス	ステッキ、傘、メス、槍、鉛筆
勃起	気球、飛行機
女性器	空洞、瓶、缶、箱、ポケット、靴
子宮	棚、炉、部屋
乳房・尻	リンゴ、桃、くだもの
陰毛	森、繁み
性交	ダンス、乗馬、山登り、武器による脅迫、車にひかれる
オナニー	滑走、飛翔

第4章　深層心理学

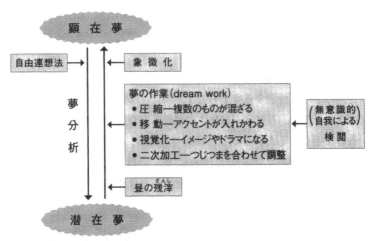

図 45. 夢の形成と夢分析

表 45-2. 定型夢（万人に共通した意味をもつ夢）（前田、1985 年）

	夢内容	その意味
定型夢	裸で困惑している	幼児期の露出欲
	近親者が死ぬ	幼児期に死ねばいいと願ったことのある兄弟や親への感情
	試験で苦しむ	してはならないことをして受けた罰、するべきことをしていないので、罰を受けるかもしれない不安
準定型夢	追われて逃げる	親への恐怖、性的衝動の活動による不安
	落下する	喪失する不安、見放される不安
	火事	一時的な情熱
	空を飛ぶ	圧力からの解放、足が地についていない不安定感、自分の能力への自信のなさ
	水に溺れる	とり残される不安、性的能力への不安
	歯が抜ける	去勢される不安
	泥棒が侵入する	幼児期の両親への不安と恐怖感
	馬・牛に追われる	
	刃物でおどされる	

99

46. フロイトの古典的発達論
Freud's Classic Development Theory

　精神分析は多数の理論から構成されていますが、そのなかでも発達論は中心に位置する重要な考え方です。

　フロイトは、リビドーは出生直後から存在し、「**幼児性欲**」があると主張しました。フロイトの発達論では、幼児期のリビドーは、性的欲動を満たす身体部位（性感帯）を、**口唇**、**肛門**、**男根**、（潜伏）、**性器**へと段階的に移動しながら発達すると考えるのです。各段階には、表46のように、特有の性的・心理的な課題があります。

　実際にこのような発達段階をすべて問題なく辿り終えることはむしろ稀だと考えられます。それぞれの発達段階で性欲動が十分に満たされなかったり、反対に過剰に満足が与えられたり、心理的葛藤を克服できなかったりすると、リビドーがある段階に**固着**（fixation）してしまうのです。すると、後になって、固着した未熟な段階に逆戻りして（退行 regression）、その段階に特徴的な行動や性格が現れるのです。

　たとえば、口唇期に固着のある人は、将来ヘビースモーカーになって、乳房の替わりにタバコをくわえます。固着が重度の場合には、精神病（統合失調症）が発症します。

　肛門期に固着のある人は、大便をため込むように、将来極端な倹約家や、ためこみ症、収集家になりします。重度の場合には、強迫症状を呈したり、自己愛的、境界例的なパーソナリティ障害になります。

　男根期に固着のある人は、父親への去勢不安が残っているので、父親的な権威のある男性を非常に恐れるようになります（**エディプス・コンプレックス**）。重度の場合には、ヒステリーなどの神経症に罹患します。

　今日では、精神分析学派の人でさえ、フロイトの発達論をすべ

てそのまま信じている人は少数です。

しかし、この古典的発達論の基本的な考え方である、**重い病ほどより早期の発達のつまずき**であるという発達論的な考え方は、現在でも多くの心理療法家が支持しています。どの発達段階で躓いたかによって、心の病の重さ（**病態水準**）が決まるという考え方です。

精神分析の発達論は、フロイト以後もさまざまな理論が提案されますが、いずれも幼児期のつまずきを大人になっても再現しているという考え方は共通しています。

表 46. 精神分析の古典的な発達論の概略

段階	口唇期 (Oral Phase)	肛門期 (Anal Phase)	男根期 (Phallic Phase)	潜伏期 (Latency Period)	性器期 (Genital Stage)
年齢	0～1.5歳	1.5～4歳頃	4～6歳頃	6～12歳頃	12歳頃以降
特徴および心理的課題	・母親の乳房を吸う／のみこむ ・吐き出す／かむ ・外界の取り入れ（合体） ・自己からの分離（原始的な自我）	・トイレットトレーニング ・大便を出す／ためる ・自己統制 ・能動的自我 ・従順と反抗	・性器への関心 ・男：男根の誇り　　去勢不安 ・女：ペニス羨望 ・異性の親への性的欲求と独占欲 ・同性の親への憎しみと、その解消のための同一視 ・エディプスコンプレックス	・性的成熟の延期 ・家族集団の外へ ・学業や友人関係	・部分欲動を性器性欲として統合 ・愛情性と官能性の統合 ・両親からの分離 ・近親相姦的願望や幼児性の反抗を手放す ・具体的な異性愛を実行して学ぶ
固着	指しゃぶり タバコ キス お喋り 依存的 際限ない愛情欲求	けち、神経質、几帳面、頑固、潔癖、収集癖、過剰な自己統制	・権威的なものへの恐れ ・三角関係の葛藤 ・自己顕示的／自己主張的／競争的		
水準	精神病的水準	強迫性障害 境界性PD 自己愛性PD	ヒステリーなどの 神経症的病理	―	―
参考	一者関係	二者関係	三者関係	―	―

101

47. 防衛機制
Defense Mechanism

　私たちは、自分の心が不安になったり脅かさたりすると、無意識のうちに自分の内面を操作して自己防衛をしています。自我による防衛は、そのときの心の安定を保つためのもので、必ずしも悪いわけではありません。しかし、過度に行われると、しだいに問題が生じます。防衛は無意識のうちになされているので、知らず知らずのうちに心に硬い鎧がこびりついたようになり、柔らかく純粋な心が窒息してしまうのです。これは、自己欺瞞に陥って自分を見失った状態です。だから、自らの防衛に気づいて、手放すことが必要なのです。

　表47. 主な防衛機制

置き換え	自分の願望の対象を代理のものにしたり、充足の方法をかえたりすること。 例：教師にしかられて腹が立ったので友人に八つ当たりする。
同一化	自分と相手の境界が曖昧になり、相手の行動、態度、持ち物などを取り入れたりすること。 例：尊敬する人や憧れの人になりきる。
退行	以前の未熟な発達段階に戻ること。 例：赤ちゃんがえりする。大きくなってからお漏らしをする。
反動形成	自分の思っていることと反対の言動をすること。 例：大嫌いな人に会った時に、相手をほめたり、過度に優しくなったりする。
昇華	満たされない欲求を、社会的・文化的に受け容れられる方向にして満たそうとすること。 例：異性の気を引くためにスポーツに打ち込む。
抑圧	不快な感情、願望、記憶を抑え込み、意識から無意識に締め出す。
反転	相手へ向かうはずの感情や欲望が自分へと戻ってくること。
合理化	自分の行動や考え方を理屈によって正当化しようとすること。 例：ブドウをとれないキツネが「あれはすっぱいブドウだ」という。
投影	自分の気持ちが自分のなかではなく、相手のなかにあると感じる。 例：自分が嫌っているのに、相手に自分が嫌われていると感じる。
否認	苦痛な現実を過小評価するなどして目をそむけ、認めないこと。 例：アル中のひとが「問題ないから病院には行かない」といいはる。
知性化	自分の感情や欲望を直接体験したり表現する代わりに、知識や論理を通して表現すること。 例：嫌いな人を理詰めで徹底的に論破する。

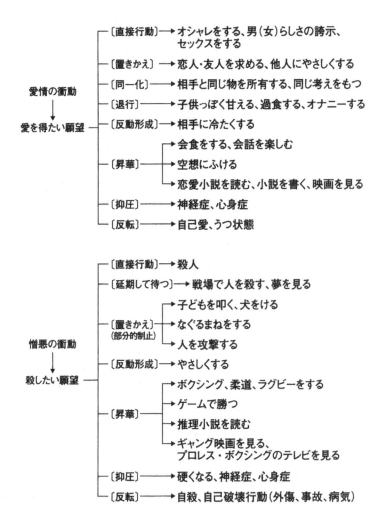

図 47. 防衛機制の具体例（前田、1985 年）

48. フロイトの治療観
Freud's View of Psychotherapy

　フロイトの精神分析は、心理療法の歴史的な源流として偉大な存在です。フロイトの本当の魅力は、その複雑な理論や抽象概念よりも、むしろ臨床家としての厳格な態度や治療観に現れているように思われます。

①禁欲原則

　フロイトは自由連想法において、心に浮かんだことを何でも自由に話すように促し、その語りについて決して批判することなく注意深く耳を傾けました。しかし一方で、「患者が行動化を起こしそうになったり、治療者との間で、甘えたい、愛されたいという転移性の要求をみたしてほしいと執拗にせがんでも、それを許容してはならない」とはっきり述べています。これを**禁欲原則**といいます。

　治療者が人を助けたいという気持ちから、患者の要求にこたえて満足を与えてしまえば、患者は実際の人生の困難からいつも逃げ出すようになるかもしれません。フロイトは、神経症者がしばしば誘惑に弱く、葛藤を保持する能力に欠けていることを見抜いていました。そのような患者の欲望を安易に満たしてしまと、「患者は人生に対してもっと強健に、彼ら自身に課せられた課題に対して、もっと行動力豊かにしてあげるという治療的な努力を放棄することになる」というのです。甘やかしを避け、葛藤を行動化させずに言語化するように促し、強力な自我を育てることこそが精神分析が目的なのです。「愛情さえあれば人助けができる」などという浅薄なヒューマニズムと比べて、思慮深いプロ意識と懐の深い愛情がここには感じられます。

②断念

　フロイトの有名な言葉に、「断念の術さえ心得れば人生も結構楽しい」というものがあります。私たちの現実生活では、欲望は満たされないことの方が多いかもしれません。権利意識が強く、過保護・過干渉の親に育てられた人などは、しばしば大人になっても幼児的万能感を持ちつづけているので、自分の願望を断念できません。結局、不満足感や被害者意識を長年抱えることになり、自分自身が不幸になるのです。

③強い自我

　フロイトは、無意識を意識化し、「**エスあるところに自我あらしめよ**」といいました。精神分析は、外界や、超自我やエスの欲求をうまく調整できる、強い自我を鍛えることを重視する思想なのです。

　強い自我とは、現実を客観的に眺める力（現実検討力）、現実的な思考力、不満や不安に耐える力（フラストレーション耐性）、適切に自分を守れる力（防衛機能）などによって成り立ちます。柔軟で安定した強い自我を育てることが、結局は健康と幸せにつながるのです。

④平等に漂う注意と中立性

　フロイトは、治療者は個人的な感情や価値観を治療の場にもちこむことを強く戒めました。治療者は、患者を鏡のように映し出す存在であるべきだといいました。患者が自由連想をしているときには、「**平等に漂う注意**」をもって受けとめるようにと指導しました。精神分析というと、すぐに無意識の意味を分析するというイメージがありますが、フロイトは、早急で乱暴な解釈は患者の抵抗を引き起こし、治療過程を妨げると断言しています。おそらくフロイトは、安易な判断を棚上げして、注意深く瞑想的な態度で患者に臨んでいたのだと思われます。

105

治療者が個人的な価値観を患者に押しつけたり、教化すること
も絶対に認めませんでした。治療者は、患者が自分自身で価値観
を選択するのを見守る立場であり、ホワイトスクリーンのように
中立であれといいました。

　今日では、治療者自身の個性も活用しようとする心理療法の立場
も少なくありません。しかし、治療者が一定程度の中立性を維持す
ることや、自分の言動がどの程度個人的な価値観であるのか、あるいは
その言動が患者に何をもたらすのか、ということに十分気づいている
ことは重要です。このような節度ある態度を取るためには、心理療法
家は幅広い学習と長期的な訓練を受けることが欠かせません。

⑤治療構造

　精神分析療法では、初回面接が終わると、今後の面接の時間・
回数・料金・場所・キャンセルするときの方法などについて患者
と話し合います。合意が得られた場合のみ、契約をして本格的に
面接を開始します。これを治療構造の設定といいます。プロの心
理療法家は、正式な心理療法を行う場合には、原則として治療場
面以外で患者に会ったり、連絡をとったりしません。面接後にお
茶を飲むこともしません。電話やメールなどで連絡も取りません。
個人的な関係を持つことは禁忌なのです。これは、治療が有効に
機能するため必要な知恵なのです。

　心理療法は、混乱した内面を表現していく作業ですから、外
的な枠組みを堅持して、安全な場を形成しなけれなりません。治
療的な枠組がしっかりしていると、面接の過程でさまざまな感情
に翻弄されて方向性を見失いそうなときに、患者と治療者自身を
守ってくれるのです。

　心理療法の実践では、治療構造の設定は非常に重要です。治療
構造こそ近代的な心理療法を確立した発明でもあるといってもよ
いでしょう。

49. フロイト以後の精神分析
Psychoanalysis After Freud

　フロイトの蒔いた精神分析の種は、フロイトの没後も世界に広がっていきました。特にナチスによる弾圧のために、多くの分析家は英米に移住し、英国と米国で精神分析は華々しい展開を見せるのです。

　アメリカでは、客観性を重視する生物学的・適応論的視点に立つ**自我心理学派**と、社会・文化的視点を重視する**新フロイト派**と呼ばれる学派が台頭しました。一方ヨーロッパでは、英国を中心に、発達初期の乳幼児期における無意識的空想や、自己像と対象像の関係を重視する**対象関係論**が発展したのです（図49-1）。

　精神分析以外の心理療法にも、フロイトは幅広い影響を与えています。精神分析は幾多の激しい批判に曝されましたが、フロイトは安易に持論を曲げることは絶対にしなかったため、多くの弟子や同僚との離反や決別を経験しています。しかし、その離反者たちも、精神分析の思索を独自に取り入れながら、ユニークな発見や、新しい心理療法の世界を開拓したのです（図49-2）。

　さらに、精神医学や精神医学以外の学問領域である思想、文学、人類学などにも、フロイトの思想は幅広い影響を及ぼしました。

　精神分析は、20世紀中葉には英米を中心に興隆し、盛んに実践と研究がなされました。しかし、今日では精神分析以外の優れた心理療法が数多く登場し、精神分析にかつてのような勢いはなく、衰退傾向にあります。けれども、たとえ精神分析が消滅しようとも、その思索は各方面に受け継がれて生かされているのです。臨床心理学を学ぶ者は、一度はフロイトの著作の一部に向き合って、その精緻な思索と対話を深めてみてもよいのではないかと思います。

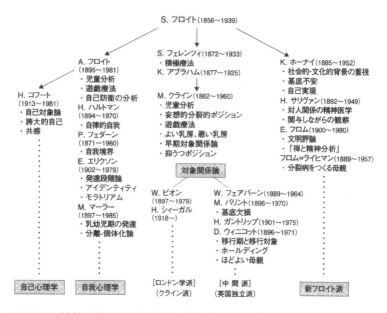

図 49-1. 精神分析の発展と主要人物・キーワード

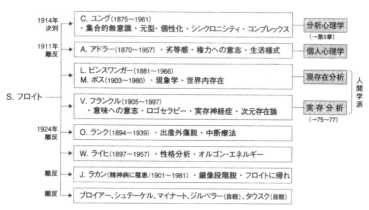

図 49-2. フロイトが影響を与えた主要な人物・学派・キーワード

第4章　深層心理学の主要参考文献

◎　フロイト『**フロイト著作集**』（全 11 巻）人文書院、1974-1983 年

◎　フロイト『**フロイト全集**』（全 22 巻）岩波書店、2006-2012 年

◎　フロイト『**自叙・精神分析**』みすず書房、1999 年（原著 1925；補遺 1935）

◎　ベイカー『**フロイト・その思想と生涯**』講談社現代新書、1975 年

第5章

ユング心理学

50. カール・グスタフ・ユング

51. フロイトとユング

52. 無意識との対決

53. 性格のタイプ論

54. コンプレックス

55. 集合的無意識と元型

56. ペルソナと影

57. 太母

58. アニマとアニムス

59. 自己と個性化の過程

60. 共時性と「一なる世界」

61. ユングの晩年と治療観

50. カール・グスタフ・ユング
Carl Gustav Jung

ユング（Carl Gustav Jung 1875-1961）は、心理学の語源でもある psyche（魂、霊）(→1) と真正面から向き合い、生涯をかけて探求しました。ユングは自分自身の無意識の奥深くへと冒険することによって、人類に普遍的な心に到達したのです。**分析心理学**（Analytical Psychology）とも呼ばれるユングの心理学は、人間の心のもつ豊かさ、奥深さ、生命力、神秘性を明らかにしています。

本書でユング心理学の基本を理解して関心をもたれた方は、平易ではありませんが、是非ユングの著作に挑戦し、ユング心理学の豊穣さに触れることをお薦めします。

ユングは1875年、スイスでカルヴァン派の牧師パウル・アキレス・ユングとその妻エミリー・プライスヴェルクの間に生まれました。

ユングは子ども時代に、神や心に関する根本的な問い父パウルに尋ねたのですが、父は一度も満足のいく答えを与えてはくれませんでした。父は最後には苛立って（キリスト教の教義を）「信じるんだ」と説き伏せたのです。ユングは、子どもの時からこのような信じ込む対象としての神や教義には関心がなく、直接体験的に知られる生きた神や心の世界のみが重要だったのです。ユングは、父が信仰者として民衆に神について説きながらも、体験に基づいてはなにも知ってはいなかったため、大いに失望と反感を覚えたのです。ユングは、「父の言うことは、それを噂で知っているだけで全く自信のない人の話のように、陳腐でうつろに響いた」（『ユング自伝』）と述べています。

一方で、ユングの母は、「本能的なあたたかみがあり、素晴らしい料理をつくり、もっとも親しみやすくまた愉快な人であった」といいます。しかし他方では、霊の存在を確信し、「そこに霊が座っている」などの言動があり、不思議な面ももっていました。

第5章　ユング心理学

母方の祖父母、従姉妹も霊能力をもっており、ユングはしばしば降霊術などに参加していました。

ユングの父母は不和が耐えず、幼少期に母が長期間家出をすることもあり、ユングは相当苦しんだようです。このような体験からユングは、「長い間、〈女性〉という言葉は私にとって、根っからあてにならないものという意味だった」と語っています。

ユングは少年時代、神経症状態になって不登校になったことがあります。その間は、ひとりで空想をしたり、秘密の儀式を行ったり、孤独の時間を過ごす中で、文学、哲学、宗教書なども読みあさっていました。

あるとき、大きな石の上に座り、「私はいったい、石の上にすわっている人なのか、あるいは、私が石でその上に彼が座っているのか」と考え、数時間そこに座っていました。「自分が石だと考えたときはいつでも葛藤は止んだ」といいます。

ユングには子どもの時から、次の二つの人格があったといいます。

・No.1 人格（表層的な人格）：両親の息子で、学校へ通っていて、他の多くの少年ほど利口でも、注意深くも、勤勉でも、礼儀正しくも、身ぎれいでもなかった。
・No.2 人格（深層的な人格、自己、魂）：おとなで実際年老いていて疑い深く人を信用せず、人の世からは疎遠だが、自然すなわち地球、太陽、月、天候、あらゆる生物、なかでも夜、夢、「神」が浸透していくものすべてと近かった。

ユングは生涯を通じて、No.1 よりも No.2 を重視して生きたのです。

113

51. フロイトとユング
Freud and Jung

　ユングはバーゼル大学医学部に進学し、精神医学の道に進みました。ユングは、フロイトの『夢判断』を読んで感銘を受け、手紙を送ったことを契機に文通がはじまります。1907年にフロイト宅に招かれ、このとき二人は初めての出会いにもかかわらず、立て続けに十三時間も話し込んだのです。

　ユングは、19歳年上のフロイトに、経験豊富で知的にも勇敢な理想の父親像を重ね合わせていました。一方のフロイトは、精神分析運動の後継者として、非ユダヤ人で有能なユングに希望を託したのです。二人は急速に親密な仲になり、ユングはフロイトの期待を背負って国際精神分析学会の初代会長に就任しました。

　しかし二人の蜜月時代は長続きしませんでした。1909年に二人は船旅でアメリカへ向かい、7週間の講演旅行をしています。そのとき、さまざまな議論をしたり、互いの夢を分析し合ったりしたのですが、そこで軋轢が生じました。フロイトは自らの権威を優先するために、私生活について語ることを拒否し、ユングはこの態度に幻滅を覚えたのです。さらにフロイトの夢解釈の内容にもどうしても同意できないことがあったのです。こうしてフロイトとユングの溝はしだいに深まってゆきます。最終的には、1912年のユングの論文『リビドーの変容と象徴』の内容によって、両者の学説の相違が決定的になり1913年の1月に、フロイトから絶縁状を受け取ることになるのです。

　フロイトとユングの主な相違点は、次の二つでした。

　第一は、リビドーに関する理解です。フロイトはリビドーは性的な本能エネルギーであると考えましたが、ユングは、リビドーは性的なエネルギーだけに限定されたものではなく、それも含んだ精神的エネルギーそのものであると考えたのです。

第5章　ユング心理学

　第二は、無意識に関する理解の相違です。フロイトは、意識に
受け入れがたいために抑圧された個人的欲求の集まり、すなわち
心のゴミ箱のようなものを無意識と呼びました。一方ユングは、
無意識はそうした個人的な無意識だけではなく、そのさらに深い
領域には、人類に普遍的なイメージを含む**集合的無意識**（Collective
Unconscious）(→55) があると主張したのです。ユングにとって無意識
はゴミ箱だけではなく、宝の埋もれた山でもあったのです。

　ユングは、フロイトと決別した後、すべての精神分析運動から
退き、チューリッヒ大学の講師の辞職しました。こうしてユング
は完全に孤立し、方向喪失の状態に陥るのです。

表 51. ユングの略年表

1875 年	7 月 26 日、スイスのケスヴィルで誕生
1879 年	巨大な男根（ファルス）の夢を見る
1881 年	石の上の体験
1887 年	大聖堂を破壊する神の夢を見る 神経症になって半年間休学〃
1897 年	14 歳のエンマとはじめて出会い、妻になると確信
1900 年	バーゼル大学医学部卒業、医師になる
1902 年	『いわゆる心霊現象の心理と病理』
1903 年	エンマと結婚（ユング 27 歳、エンマ 20 歳）
1907 年	ウィーンのフロイト宅に招かれる
1909 年	クリニック開業、フロイトと渡米
1910 年	国際精神分析学会の初代会長に就任
1912 年	『リビドーの変容と象徴』
1913 年	フロイトと決別（38 歳） 英雄ジークフリードを殺す夢を見る。
1916 年	曼荼羅描く。『死者との七つの語らい』
1921 年	『タイプ（心理学的類型）論』
1923 年	ボーリンゲンに塔を建てはじめる
1944 年	『心理学と錬金術』 心筋梗塞・足骨折、臨死体験（69 歳）
1948 年	ユング研究所開設（チューリヒ）
1952 年	『変容の象徴』『ヨブへの答え』
1955 年	『結合の神秘』
1961 年	6 月 6 日、自宅にて死去（享年 85 歳）
1962 年	『ユング自伝』発刊

115

52. 無意識との対決
Confrontation with the Unconscious

　フロイトとの決別したユングは、絶え間ない空想や幻覚(ビジョン)、夢に圧倒されるようになります。床が崩れ落ち、暗闇に吸い込まれ、洞窟のなかからミイラのような小人に出会う幻覚(ビジョン)。延々と血が噴出するイメージ……。ユングの無意識は、ますますエネルギーをもって活動しはじめ、巨大な岩が頭上から落ちてきて、次々と嵐に見舞われているように感じたといいます。ユングはほとんど精神病のような状態に陥り、このような状態が 4, 5 年も続きました。

　その頃、1913 年の 12 月に、ユングは重要な夢を見ます。未開人とともに岩山に隠れ、現れた (ゲルマン神話の) 英雄ジークフリードをライフルで撃ち殺す夢です。ユングの解釈によると、ジークフリードは「自分の意志によって道を切り開いていく態度」を意味し、それを殺すことが必要だったのです。この夢は「**自我の意志よりも高いものが存在し、それに対して人は頭を下げねばならない**」ことをユングに告げました。これは、No.1 の人格ではなく、No.2 の人格を主として生きることを意味します。こうしてユングは、無意識の動きに身を委ねて、強い恐怖を感じながらも内的なイメージをそのままに受けとめようと努めたのです。緊張感が耐え難い時には、適度にヨーガを行って興奮を静めていました。**身体**を弛め、**呼吸**を整えることによって、無意識の圧倒的な力に飲み込まれることなく、観察することができたのです。

　1914 年には、凄まじい洪水に襲われる夢や、すべてが凍結してしまう夢を繰り返し見ました。その直後に、第一次世界大戦が勃発しました。これによって、自分の無意識のイメージが、単に個人的なものではなく、ヨーロッパ全体の危機を感じ取っていたことを悟ります。

　ユングはしばしば急降下をイメージし、意識的に無意識の世界

第5章 ユング心理学

に自ら飛び込むようなります。情動のなかに隠されていたイメージを見いだすことができると、内面が静まり、平安が訪れたといいます。これが後に**能動的想像**（アクティブ・イマジネーション）と呼ばれる方法の基礎にもなりました。

　ユングは無意識の地下世界で、サロメという盲目の美女と、預言者エリヤによく出会いました。老人と少女という組み合わせは奇妙に思われましたが、世界中の神話にしばしば登場する組み合わせであることをユングは後に知ります。エリヤからは、カワセミの羽をもった白髭のフィレモンという老賢者のイメージが現れました。フィレモンは、ユングが考えたこともないことを語り、自分はユングが考え出した存在ではないと明言します。フィレモンとの対話を通して、ユングはさまざまな智慧を得ました。ユングにとってフィレモンは、あたかも実在する**導師**（グル）のような存在だったのです。

　無意識との対決をしたこの危機的な時期は、後から振り返ってみれば、ユングにとってもっとも重要な時期になりました。無意識の旅によって、深い知識を得、その体験は決して自分だけのものではなく、人類にとって普遍的な意味をもつということに確信を得たのです。ユングは晩年になって「本質的なことはすべてあのときに決定されたのだ」と語っています。この時期のユングは、エレンベルガーのいう「**創造の病**（Creative illness）」を煩っていたといえるでしょう。

図 52. 暗闇で光をかかえる

117

53. 性格のタイプ論
Personal Typology

　ユングの性格のタイプ論（**心理学的類型論**）は、ユングがフロイトと決別してしまった理由を説明する原理を求めて生み出されました。フロイトと自分が、異なる見解をもつにいたったのは、性格のタイプの相違が大きな要因であったと考え、性格のタイプ論を創案したのです。

　ユングはまず、人間には二つの一般的な態度があると考えました。主に外部の出来事を重視して心のエネルギーを注ぐ**外向型**と、主に内面の世界を重視して心のエネルギーを注ぐ**内向型**です（表53-1）。

　次に、人間には**思考、感情、直観、感覚**という四つの**心理的機能**があるとユングは考えました。誰でも、この四つの機能を備えていますが、そのうちひとつをもっとも得意な機能（**主機能**）として主に用いる傾向があるのです。主機能によって四つのタイプに分けることができます（表53-2）。このうち、思考と感情、感覚と直観は、それぞれ正反対の機能です。したがって、たとえば直観を主機能としている人は、必然的に感覚がもっとも未分化な機能（**劣等機能**）になるわけです（図53）。

　私たちは、同じ場面にいる人はみな自分と同じような体験をしていると思いがちなのですが、実際には、主機能が異なると、同じ場面にいても、それぞれ全く違う体験をしているものなのです。

　二つの態度と、四つの心理的機能のタイプの組み合わせによって、「外向思考型」「内向直型」など、8つのパーソナリティのタ

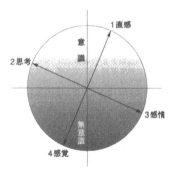

図53. 心理的機能の例（河合隼雄、1967年）

第5章　ユング心理学

イプに分類することができます。もちろん、人間の性格を8つの
類型に分類してすべてを理解することはできません。タイプ論は、
自分や他者を理解するためのひとつの枠組みとして活用するのが
正しい使用法です。

　どのタイプが優れているとか、劣っているということはありませ
ん。内向型の人が無理をして外向型のようにふるまっても、結局は
疲れてしまうだけです。無理をして自分と異なるタイプになろうと
するのではなく、**「自己自身になること」**がもっとも重要なのです。

　私たちは、主機能を軸として、補助機能を使いながら、無意識
に眠っている未分化な劣等機能も開発していくことによって、全
体的な機能を向上させていくことができるのです。

表53-1. 外向型と内向型にしばしばみられる傾向

外向型	広く浅い人間関係、協調的、活動的、実務的、新しい環境に適応が早い、軽率、浅薄、衝動的、皮相的、月並み（ヒステリー傾向）
内向型	狭く深い人間関係、控えめ、引っ込み思案、内省的、ぎこちない、用心深い、受動的、恥ずかしがり屋、防衛的、我慢強い、奥深さ、親しい環境や関係性で豊かな能力や個性を発揮（神経衰弱傾向）

表53-2. 4つの心理的機能の特徴

合理的機能	思考 (thinking)	ものごとを概念的なつながりに結びつけ、知的、論理的に判断する 例「あの人は、○○の名家の出身で、○○社の会長さんです」
	感情 (feeling)	ものごとを自分の快／不快、好き／嫌いによって価値判断する 例「あの人は、とにかくとてもいい感じの人で私は好みだわ」
非合理的機能	感覚 (sensation)	五感によってとらえた情報をそのまま正確に知覚する 例「あの人は、○○のブランドの服をよく着ているし、香水は○○の○番が多いわよ」
	直観 (intuition)	事物の背後にある可能性や本質を直接的にとらえる 例「あの人は、腹黒いよ。近づくのはおよしなさい」

119

54. コンプレックス
Feeling Toned Complex

　ユングは、「感情に色づけられた心的複合体」をコンプレックス（complex）と名づけました。コンプレックスは普段は無意識に眠っていますが、刺激されるような状況に出会うとスイッチがオンになり、ひどく**感情的に動揺**したり、興奮したりして、客観的な状況とは不釣り合いな**過剰な反応を引き起こす**のが特徴です。

　たとえば、女性グループのひとりだけの容姿を男性が褒めたとします。その時に、他のメンバーが愉快でない気分になるのは普通のことです。しかし、それがショックになって一日中不愉快な気分にとらわれたり、著しく落ち込んだり、激しい憎しみや嫉妬の感情に圧倒されたとしたら、過剰な反応だといえます。このような場合には、容姿に対するコンプレックスが刺激されて、感情的な動揺が引き起こされたのです。

　劣等感コンプレックスは、自分が劣っていると感じてひどく動揺させる働きをもちますが、**客観的な優劣とは関係ない**ことが多々あります。客観的に劣っていることを認識するだけであれば、感情はそれほど揺さぶられず、後を引きません。これは**単なる劣等感**です。

　一方、たとえば誰もが羨むような美女が、ひとしれず容姿に劣等感を抱いていたり、有名大学のエリート学生が、知性に劣等感をもっているなどという場合は、客観的ではなく、主観的・感情的な思い込みが強いので、劣等感コンプレックスなのです。

　自分の優越性を必要以上に誇示する人の場合にも、無意識の劣等感コンプレックスを打ち消すために過剰に表現している可能性があります。

　一般に、容姿、金銭、地位、学歴、性の問題、人間関係の広さなどについては、劣等感コンプレックスが形成されやす領域です。

　人は、繰り返し類似した感情を味わうと、その感情体験がひとつの習慣になります。それは丁度、砂山に上から水を注いだときに

自然と形成される川のようなものです。川筋が一度形成されると、再び水を注ぐと繰り返し同じ川筋を水は辿って流れていくのです。

　コンプレックスにはさまざまな種類があり、ひとりひとり独自のコンプレックスを持っているといっても過言ではありません。しかも、コンプレックスは必ずしも悪玉とは限らないのです。

　父親との間の無数の感情体験で形成された心的複合体を**父親コンプレックス**といい、母親との間のそれを**母親コンプレックス**と呼ぶことがあります。そのほかにも、カインコンプレックスやメサイアコンプレックスなど、さまざまに名づけられたコンプレックスがあります。

　興味深いことに、人は自分の心の内側にコンプレックスを抱えていると、それを刺激するような外的状況をしばしば出会ったりします。たとえば、強力な父親に打ちのめされる恐怖心に彩られた父親コンプレックスをもつ人は、行く先々で権威的な教師や上司に出会い、強い恐怖心や反抗心が頭をもたげ、争いや葛藤が絶えなくなったりするのです。ユング心理学では、このような状況を「コンプレックスが**布置**（Constellation）される」と独特の表現をしました。

　ユングは、コンプレックスは誰の心のなかにもあり、それぞれが自律性をもっていることを観察しました。夢のなかではコンプレックスがひとつの人格となって登場することがあります。また、もしひとつのコンプレックスが強大化し過ぎると、コンプレックスが人格を乗っ取って二重人格になったり、複数のコンプレックスが交代して人格化すると多重人格になったりもします。

　コンプレックスを解消するためには、まず**コンプレックスを意識化**し、過剰な感情的反応を**よく観察する**ことが必要です。それができると、コンプレックスを刺激する状況に接しても、それほど感情的な反応をしたり、奇妙な行動を取ることがなくなってきます。コンプレックスが解消されてくると、心のわだかまりやこだわりが徐々にとれてきて、とらわれが減少し、**現実的で自然な対応**ができるようになるのです。

121

55. 集合的無意識と元型
Collective Unconscious and Archetype

ユングは、コンプレックスよりさらに深層に、人類すべてが共有する無意識があることを主張し、それを**集合的無意識**（Collective Unconscious：普遍的無意識も同じ意味）と名づけました。集合的無意識は、単なる無秩序な世界ではなく、特定の心の形式、普遍的なイメージのパターン、モチーフを形作る傾向があり、これをユングは**元型**（Archetype）と名づけました。代表的な元型としては、**影（シャドー）**、**アニマ・アニムス**、**グレートマザー**、**老賢者**、**自己**（Self）などがあります（図 55-1）。

ユングが元型の着想をしたひとつのきっかけは、統合失調症者との対話にありました。その患者は窓際で太陽を眺めながら、ユングに「先生には太陽のペニスが見えますか。私が頭を左右に振ると、ペニスも同じように動いて、それで風がおこるのです」と言いました。ユングはその時は意味が理解できなかったのですが、後にミトラ祈祷書という宗教書に、そっくりの記述があるのを発見するのです。患者がミトラ祈祷書を読める可能性がなかったことから、ユングはこの妄想と宗教書の内容の一致が、元型によるものではないかと考えたのです。

ユングはこの他にも、自分自身の体験や、心理療法における観察、夢の分析、さらに神話、伝

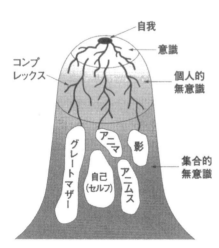

図 55-1. ユングの心のモデル

説、おとぎ話、風習、儀礼、芸術などの幅広い研究から、社会的伝達だけでは説明のつかない一致を数多く発見したのです。その結果、元型に満ちた集合的無意識の存在を確信したのです。

　ユングによれば、私たちの心は、意識できる領域だけではなく、さらにフロイトが提示した個人的無意識だけでもなく、太古から継承されている人類の普遍的な無意識の構造につながっているのです。私たちは、経験や伝承によってのみ物事を学ぶのではなく、むしろ個人的な経験はすでにそこにある元型的な力を活性化するのだといいます。

　元型的イメージは、強力な生命力があり、自律な存在として立ち現れます。ユングが無意識と対決するなかで、フィレモンとの対話によって多くの知恵を授かったのですが(→52)、フィレモンは叡智に溢れた老賢者の元型的イメージです。元型的イメージは、私たちの心がつくりだしたものではなく、むしろ心の土台であり、内なる他人のような力をもって現れるといいます。

　元型的イメージに遭遇したとき、私たちは戦慄や畏敬など、根底から揺さぶられるような情緒的体験を味わいます。このような体験をドイツの神学者R．オットーの言葉で、**ヌミノース**（Numinous）と表現することがあります。

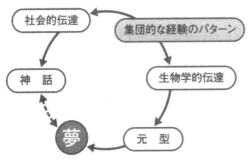

図 55-2. 神話と元型的夢（渡辺恒夫 1994, 2003 年）

集団的、普遍的な経験のパターンが、一方の経路では社会的に（人から人へと話によって）伝達されて神話となり、もう一方の経路では生物学的に伝達され、普遍的無意識の中に保存され、夢となって個人の意識に出現する。

56. ペルソナと影
Persona and Shadow

ペルソナ（persona）とはラテン語で**仮面**という意味です。興味深いことに、ペルソナはパーソナリティの語源にもなっています。パーソナリティというとなにか堅固で実体的なものが存在しているようなイメージを抱きがちですが、語源的にいうと、私たちのパーソナリティは、単なる仮面の集合体に過ぎないことを示唆しているのかもしれません。

私たちは、社会生活を円滑に送るためには、外的な状況に適応するために仮面をかぶることが必要です。たとえば、働く時にはその職業に応じた仮面を身につけなければ仕事は務まりません。友人といる時には優しく明るい仮面をかぶるひともいます。異性のパートナーと過ごす時には男らしさや女らしさという仮面をかぶり、家庭に帰れば父、母、長男、末娘などの仮面をかぶったりするのです。

このように、仮面は状況にあわせて柔軟につけかえられることが求められています。ひとつのペルソナだけをかぶり続け、ペルソナと一体化してしまうと、心が次第に窮屈になって、枯れてしまう危険があります。たとえば、教師をしている人が、家に帰っても教師風を吹かせてふるまっているような場合です。単なる仮面に過ぎないペルソナに自分を同一化して限定してしまうのは、あまりに自分を狭小化することになります。自己はもっとはるかに広大なのです。男らしさや女らしさもひとつのペルソナに過ぎません。

服を着たまま風呂にはいるとか、鉄仮面や鎧が脱げなくなる夢を見た場合には注意が必要です。ひとつの仮面がこびりついて離れなくなり、辛くなっている状況をあらわしていると思われるからです。過剰適応的で、仕事人間や八方美人、頑張り屋のタイプによく見られます。

第5章　ユング心理学

　一方で、街中を歩いていてふと気がつくと自分だけが裸だったり、自分に合う服がなかなか見つからない夢などは、適切なペルソナを身につけることができなくて、とまどっている状況があらわれています。こちらは、対人恐怖症 (→17) や不適応型の人によく見られる傾向です。

　シェイクスピアは「人生は舞台だ」といいましたが、好みのペルソナを洋服のように自由に選んで楽む余裕が欲しいものです。

　次に、影<ruby>シャドウ</ruby>についてです。影<ruby>シャドウ</ruby>とは、**自分が生きてこなかった自分**のことです。なぜか虫が好かないと感じる人に出会ったら、その人のなかに自分の影<ruby>シャドウ</ruby>が投影されていることがよくあります。たとえば、厳しい意見をズバズバ発言する人に出会って、無性に腹立たしく思ったとします。それは、その人自身が本当は言いたいことがあっても、いつも周囲の目を気にして自分の考えを表現できていないのかもしれません。なぜか拒否感が拭えない人に出会った時には、その受け入れがたい性質が本当は自分のなかにあり、なおかつそれを表に出して生きられていない可能性が高いのです。

　影<ruby>シャドウ</ruby>は自分の一部分なのですが、意識に受け入れられず、表現されず、陽にあたらないので影というのです。影は、他人に投影されたり、自我の統制が弱まる夢や、親しい人の前であらわれやすいのです。夢の中で、もうひとりの自分、双子、黒人、悪魔、鬼、幽霊、怪物、動物などに追いかけられるときは、影<ruby>シャドウ</ruby>が語りかけているのかもしれません。「ジキルとハイド」や狼男伝説などは、影<ruby>シャドウ</ruby>を主題としたお話と見ることができます。

　人間が影<ruby>シャドウ</ruby>を抱えているのは普通のことです。影<ruby>シャドウ</ruby>はその人に人間味を醸し出す役割さえあるといえますが、いつも影<ruby>シャドウ</ruby>を外部に投影して戦ったり、意識から排除するだけでは偏狭な人間のままにとどまってしまいます。人間的に成長するためには、自らの内側にある影<ruby>シャドウ</ruby>と向き合い、影<ruby>シャドウ</ruby>を引き戻し、調和的に受け入れていくこと必要であるとユングはいうのです。

125

57. 太母
Great Mother

太母（Great Mother）元型は日本においては非常に重要です。わが国では、青年期の人の心理相談を受けていると、母親からの自立というテーマが浮上するケースがとても多いのです。そこで話される問題は現実的なお母さんとの関係性についてですが、ユング心理学の視点からみると、個別のお母さんを通して働いている圧倒的な「**母なるもの**」の元型的なパワーが活性化していると見ることができるのです。

太母には、二つの相反する性質があります。**生み育てる**という肯定的な側面と、**呑み込んで死に至らせる**という否定的な側面です。

前者が実際の母親において活性化すると、子どもを優しく包み込み、慈しみ育むという理想的な母性を発揮するようになります。後者が活性化した場合には、子どもに必要以上に保護・干渉し、自立しようとする子どもの試みをを押さえつけ、否定します。そして、自分のもとから離さないように束縛し、自立的に生きる力を奪っていくのです。

青年期になった子どもは、自立した精神を獲得するためには、否定的な太母の力を振り切らなければなりません。自らその束縛を断ち切ることができない限り、年齢的には成人しても、心理的には決して自立できないのです。太母に呑み込まれたままで身動きがとれないと、自我同一性を確立できず、不登校やひきこもりになったり、さまざまな神経症症状を呈することにもつながります。

生と死を司る太母のイメージは世界中の神話のなかに見いだすことができます。たとえば、日本神話に登場するイザナミは、日本列島や森羅万象の神々を生んだとされる母神ですが、最後には黄泉国に降って死神になります。

昔話のなかには、子どもを食べてしまう山姥や、子どもを殺して

しまう魔女がしばしば登場します。たとえば、『赤ずきん』では、おばあさん（実はオオカミ）が赤ずきんちゃんを食べてしまいます。おばあさんのなかにある否定的な太母の性質が、オオカミに象徴されていると解釈できるのです。『ヘンゼルとグレーテル』では、森の中にあるお菓子の家に住んでいる魔女が、子どもたちをつかまえて食べようとするのです。昔話にしてはずいぶん残酷なストーリーに驚かされるのですが、これも否定的な太母のもつ普遍的な「**子殺し**」のテーマが象徴的に表現されていると理解できるのです。

「子殺し」の犠牲者にならないためには、子どもは太母と対決し、心理的な「**母殺し**」を達成しなければなりません。母殺しも多くの伝承に見られます。たとえば、大きな魚に呑み込まれて、英雄がそれと戦って宝物を得る伝説や、ドラゴンや魔法使いと戦って勝利する昔話が多く残されています。ここでは、大魚、ドラゴン、魔法使いなどは呑み込もうとする否定的な太母を象徴しているとみることが可能です。

「子殺し」や「母殺し」などというと、かなり物騒な感じがしますが、自立のための闘いはそのくらい凄まじいものであることを昔の人々はよく知っていたのだと思われます。もちろん、これらは実際に殺人を犯すということではなく、心理的なプロセスとして実行されなければならないということであることはいうまでもありません。

太母の活性化を別の視点から見ると、**太母の力を断ち切る「父なるもの」の力**がわが国では脆弱であるともいえます。父性の存在感が希薄な時、否定的な太母が歯止めを失って、猛威をふるうのです。

図57. 太母の二面性

58. アニマとアニムス
Anima and Animus

アニマ（Anima）・**アニムス**（Animus）とは、ラテン語で「心」あるいは「魂」を意味する言葉で、自分の中の異性像・異性的部分のことです。アニマは男性のなかの「女性なるもの」として、アニムスは女性のなかの「男性なるもの」として存在します。

ユングによれば、内なるアニマ・アニムスが、実際の女性や男性に投影されると、相手に強力に魅せられようになります。恋愛とは、お互いのアニマ・アニムスの投影のことなのです。

アニマは、初めは母親像から出発し、その後、四段階を経て発展するとユングは述べています（表58-1）。アニムスについては、ユングの妻エンマが類型化を試みています（表58-2）。ただし、アニムスの発展は、アニマのように単一ではなく、複雑であると言われています。

次の夢は、心理療法を受け始めたある若い独身男性のものです。

私は誰かと海水浴にゆくところであった。行きたくはなかったが、私はどうしても行かねばならないことを知っていた。海岸では中学時代の先生が水泳を教えてくれた。ほかの人たちが皆泳いでいるとき、私は一人離れて海岸にいた。すると突然、海岸から裸の少女の体が浮き上がってきた。私はあわてて助け上げ人工呼吸をする。私は彼女のかすかな息を感じてほっとする。彼女のためにあったかい着物を探すため帰宅するが、たくさんの衣類はどれも小さすぎてだめ、衣類を探しまわっているうちに目が覚める。

（河合隼雄『ユング心理学入門』培風館　1967年より）

海岸から浮き上がってきた瀕死の少女は、死にかかった彼のアニマなのです。しかし、まだ息があり、人工呼吸によって生き返

らせようとしているので、心理療法によって彼自身のこころが復活するプロセスに入ったことを夢は暗示していると解釈することができるのです。

このように、男性が成熟するためには内なるアニマが発展していくことが必要ですし、女性にはアニムスの発展が必要なのです。アニマ・アニムスの発展は、心の成長そのものを示しています。

たとえば、未分化な生物学的アニマの段階にとどまる男性は、一方的に自己主張をするばかりで、女性の内面を理解することができず、女性と相互的・人格的な関係をもつことは難しいでしょう。

行為の段階にある硬直したアニムスが活性化した女性は、未熟で非現実的な意見を主張して譲らなかったり、男勝りになったりして、自らの女性性を切り刻む結果になったりします。

表 59-1. アニマの4つの類型

第1段階：生物学的	性的な女性像。内面は無視して肉体を求める 例：娼婦のイメージ
第2段階：ロマンティック	恋愛の対象としての美的な女性像。人格的な関わりがある
第3段階：霊　的	宗教的な女性像。性が聖なる愛へと高められている 例：聖母マリア
第4段階：ウィズダム	叡智のある女性像 例：女神アテネ、モナリザ、弥勒菩薩、観音菩薩

表 59-2. エンマ・ユングによるアニムス類型

第1段階：力	力強いスポーツ選手など、筋力がある男性像 例：マッチョな男性
第2段階：行為	強い意志や行動力がある男性像 例：社会的に成功した人、白馬に乗った王子様
第3段階：言葉	表現力があり、弁が立ち、筆が立つ、知性や教養のある男性像
第4段階：意味	人生について深い知恵をもち、新しい意味や価値を示せる男性像

59. 自己と個性化の過程
Self and Individuation Process

　私たちのなかには、意識と無意識、外向と内向、思考と感情、感覚と直観、自我と影など、さまざまな対極的な性質が混在しています。そして、この対極の一方への偏りをバランスさせる機能が無意識にはあるとユングは考えました。これを無意識の**補償機能**（Compensation）、あるいは**相補性**（Complementarity）といいます。

　たとえば、知的にばかり生きている硬い思考型の男性が、激しく感情を表現して興奮する夢を見て驚くことがあります。あるいは、性的なものを一切拒絶している女性が、自分が娼婦になって男性を誘惑するエロティックな夢を見たりします。これらは、一面的な偏った生き方をしている自我に、無意識がバランスを取るためのメッセージを送っているとユング心理学では解釈できるのです。

　コンプレックスを意識化し、ペルソナや影と向き合い、否定的な太母と対決し、アニマ・アニムスと対話をしながら成長していく。このような心の成長の過程を観察すると、私たちの**心の中心は自我ではない**ことに気づきます。なぜなら、自我はいつもこのプロセスの主導権はなく、むしろ次から次へとやってくるプロセスのなかで舵を切るにすぎないのです。そうすると、自我よりもずっと広大な、意識と無意識を含めた心の全体性（Psychic Totality）を想定せざるを得ません。ユングはこの広大な心の全体性を自己（Self）と名づけました。自己とは心の全体性であり、同時にその中心です。自己は自我を包摂しています（図59）。

　ユングは、「**人間の究極の目標は自己になることである**」といいました。個人に内在するさまざまな可能性を実現し、

図 59. 自我と自己

バランスを取り、自己の全体性へと向けて成長していく過程を**個性化の過程**（Individuation Process）あるいは自己実現の過程と呼びます。

　個性化の過程は、自我から見れば決して生やさしいものではなく、危険な冒険です。自己は自我に冒険を要求するのです。無意識の動きと対峙し、統合することはつねに困難をともないます。個性化の過程は、内面における主観的世界だけで済まされるものでもありません。本当に成長するためには、必ずそれに対応する客観的現実を実際に生きなければならないのです。この過程を進んでいくためには、適切に舵を切ることのできる強力で機能的な自我が発達していることももちろん必要です。そうでなければ、無意識的なエネルギーに圧倒され、呑み込まれてしまうでしょう。

　フロイトが問題の原因をつねに過去に求める因果論的発想をしたのに対して、ユングは未来へ向けての**目的論的視点**（Teleological Point of view) をもっていました。病気や孤独などの苦しみ・逆境が、後に人生の最大の宝物を見つける重要な体験になる場合がしばしばあるのは、このような視点からのみ理解できます。

　個性化の過程では、一度獲得した安定にしがみつくことはできません。すべては無常であり、変化し続け、自己はつねに自我がより高次な全体性へと発展するよう促します。狭小な自我が象徴的に死を迎えることによって、はじめてより大きく新たに生まれることができるのです。

　自我が方向性を見失って危機的状態になった時、行く手を指し示すかのように、自己の元型的イメージが出現することがあります。それは、**円、曼陀羅、神秘的な図形**などとして現れます。このような自己の元型的イメージは、心を深いところでの安心へと導きます。

131

60. 共時性と「一なる世界」
Synchronisity and "Unus Mundus"

「噂をすれば影」という言葉があります。誰かのことを話題にしていたら、その場に当人があらわれてギョッとするという現象です。夢枕とは、親しい人が夢のなかで枕元に現れたので気になっていたら、しばらくしてその人の死亡の知らせを受けるという現象です（夢枕）。

このような話は、合理的に考えると単なる偶然ですが、それを体験した人にとっては、なにか偶然では済まされない意味深い出来事のように感じられるというのが特徴です。

ユングはこのような「**意味ある偶然の一致**」(Meaningful Coincidence) を共時性と名づけました。共時性は大きく分けて三つに分類できます。

①自分の内面と、そこで起きた外界の出来事が一致する場合：
　昔の友人のことを久しぶりに想い出して考えていたら、丁度その人から電話がかかってきた場合などはこれにあてはまります。
②自分の内面と、離れた場所での外界の出来事が一致する場合：
　神秘家スウェーデンボルグは、500km 離れた場所で起きている火事を見ることができたといいます。透視や千里眼はこれにあてはまります。
③自分の内面と、将来の外的な出来事が一致する場合：
　夢である場面を見て、目が覚めて翌日にまったく同じ場面を体験する場合です。正夢や、虫の知らせ、夢枕、予知などがこれに該当します。

共時的現象には、いくつかの特徴があります。第一に、心の主観的な内的状況と、客観的な外的状況が一致しているということ

です（①②③のケース）。これは、心の世界と、物質の世界がバラバラに存在しているという考え方（デカルト的な**物心二元論**）では説明がつかない現象です。ユングは、心の世界も物質の世界も、分裂や分離がいまだ生じていない「**一なる世界**」(unus mundus) の一部分であり、本質的にはすべてつながって関連しあっていると考えたのです。内面と外面、心と物質が分離していない一なる世界から、共時的な現象が立ち上がると考えられます。

　これは、世界そのものがそもそもどのように成り立っているのかという根源的問題にまで立ち入った重要な考察です。一なる世界は、トランスパーソナル心理学 (→89) などでは、**非二元**（Nonduality）と表現され、世界の本質であると同時に、深い**瞑想** (→113, 136) によって体験される境地とされています。

　第二に、**時間と空間の制限を超える**ということです。遠くで起こっている出来事や、将来の出来事を今ここで起きているかのように知覚するのですから、共時性は時空間を超えた現象なのです（②③のケース）。したがって、共時的現象は、過去・現在・未来と進んでいく時間観を前提とした因果的関係では説明がつきません。そこでユングは、共時性を「**非因果的関連の原理**」としたのです。「一なる世界」は、物と心の分離した二元論が存在しないだけではなく、時空間も越えた一元論的な世界なのです。

　中国で発祥した**易**は、この非因果的関連の原理としての共時性によって当たるのではないかと考えられます。ユングは易に馴染み、『易経』にも精通していました。

　「一なる世界」は、私たちの一般的な常識からすればまだかけ離れた印象がありますが、量子力学などが発展している現状を見ると、近い将来には物理学的にその原理が解明される可能性があると考えられます。

133

61. ユングの晩年と治療観
Late Thought

ユングは50歳になろうとしていた頃、チューリッヒ湖畔に土地を買い、自ら石造りの塔を建て始めます（1923年）。初めは素朴な円形の塔でしたが、30年以上に渡り少しずつ増築し、最後には図61の写真のような形に完成します。これはユ

図 61. ユングが建てた塔（『ユング自伝2』みすず書房）

ング自身の**自己の象徴**でした。ユングはしばしば塔に一人で立てこもり、瞑想を行い、執筆活動を行いました。

ユングは69歳のときに心筋梗塞を患い、生死の境をさまよいました。宇宙から地球を眺めるといういわゆる**臨死体験**(→100)をし、その後もしばしば至福の恍惚感に満たされたと言います。ユングの主要な著作はこの臨死体験後の晩年に記されたものです。そして、1961年、すべての仕事をやり終えたユングは、安らかに自宅で息を引き取りました（享年85歳）。ユングの言葉通り、死後に『ユング自伝』が弟子のヤッフェの編集によって出版されました。

『ユング自伝』の中から、ユングの治療観に関するいくつかの言葉を紹介したいと思います。心理療法の神髄がここに表現されています。

「治療においては問題はつねに全人的なものにかかわっており、決して症状だけが問題になるのではない。」

「治療は患者の中から自然に芽生えてくるべきものである。心理療

法と分析は人間一人一人と同じほど多様である。私は患者をすべて
できるだけ個別的に扱う。なぜなら問題の解決はつねに個別的なも
のであるからである。普遍的な規則は控え目にしか仮定されない。」

「大切なのは、私が一人の人間として他の人間つまり患者に立ち向
かっているという点である。」

「私はこれまで、人生の諸問題について不適切なあるいは悪い回答
に安んじるとき、人は神経症的になることをたびたびみてきた。彼
らは地位、結婚、名声、外面的な成功あるいはお金をため、それを
手に入れたときでさえ、不幸かつ神経症的な状態のままである。」

「ラポール（信頼関係）は結局絶えざる比較と相互理解にあり、二
つの相対立する心的現実の弁証法的対決にある。もし何らかの理由
でこれらの相互の考えがお互いにぶつかり合わないのなら、心理療
法過程は効果のないままであり、何らの変化も生じてこない。医者
と患者の双方がお互いにとって問題になるのでなければ、どんな解
決も得られはしない。」

「私の患者たちは、私を人間の生命の現実に非常に近く接近させて
くれたので、私は彼らから本質的な事柄を学ばざるを得なかった。
心理学的水準の異なる多くの人々との出会いは、私にとっては名士
たちとの断片的な会話とは比べものにならないほど重要であった。
私の生涯のうちでもっともすばらしくかつ有意義な会話は、無名の
人々との会話であった。」

第5章　ユング心理学の主要参考文献

◎　ユング『**ユング・コレクション**』（全 13 巻）弘文堂、200 年
◎　ユング『**ユング著作集**』（全 5 巻）日本教文社、1979-1980 年
◎　ユング（ヤッフェ編）『**ユング自伝：思い出・夢・思想**』みすず書房、1986-84 年
◎　ユング『**元型論**』（林道義訳）紀伊国屋書店、1999 年
◎　ユング『**ヨブへの答え**』（林道義訳）みすず書房、1988 年
◎　ユング『**タイプ論**』（林道義訳）みすず書房、1987 年
◎　ユング『**東洋的瞑想の心理学**』（湯浅泰雄訳）創元社、1983 年
◎　河合隼雄『**ユング心理学入門**』倍風館、1989-2000 年
◎　クレイグ『**心理療法の光と影：援助専門家の＜力＞**』創元社、1981 年
◎　クレイグ『**結婚の深層**』創元社、1982 年
◎　クレイグ『**魂の荒野**』（長井真理訳) 創元社、1989 年
◎　福島哲夫『**図解雑学ユング心理学**』ナツメ社、2002 年

第6章

認知行動療法

62. 行動主義と行動療法

63. 学習理論

64. 行動療法の実際と展開

65. 認知療法

66. 論理療法

62. 行動主義と行動療法
Behaviorism and Behavior Therapy

　心理学の歴史は、ドイツのヴント（Wundt,W.）が 1879 年にライプチッヒ大学に心理学実験室を開設したときに始まったといわれています。ヴントの心理学は、自分の意識過程を直接的に省みて観察する方法を基礎としていました（**内観法**）。心理学は内観による意識の研究から出発したのです。

　その後フロイトは、心理療法の立場から精神分析を確立し、無意識に焦点を当て、深層心理学の基礎を築きました（第4章）。

　これに対して、意識や無意識といった内面の現象は主観的であると批判し、心理学は客観的に観察可能な「行動」のみを対象とする科学であるべきだと主張する人物があらわれました。アメリカの心理学者**ワトソン**（Watson, J.B., 1912）です。このように行動のみを対象とする「意識なき心理学」を掲げる立場を「**行動主義**」（Behaviorism）といいます。

　ワトソンは、行動とは外部の刺激（Stimulus）による反応（Response）であると考えました（**S-R 理論**）。ワトソンは、環境刺激 S によってすべての行動 R が予測・統制できるという、かなり極端な機械論的な考えをもっていました。彼は実際、「私に生まれたばかりの赤ちゃんを預けてくれれば、環境調整による条件付けで思いのままの大人に育ててみせる」と豪語したほどです。その後、ワトソンの行動主義をもとに、ハル（Hull, C.L.）、トールマン（Tolman, E.C.）、スキナー（Skinner, B.F.）などが行動理論を独自に修正・発展させていきました。この流れは**新行動主義**と呼ばれるようになります。新行動主義では、刺激 S と反応 R の間にそれらを仲介する有機体 O（Organization）を仮定し、 O の要因を考慮に入れた S-O-R 理論が提案されるようになります。

　行動療法（Behavior Therapy）は、行動主義・新行動主義心理学

の流れのなかで、アイゼンク（Eysenck, H.J.）、ウォルピ（Wolpe, J.）、スキナーらによって、学習理論に基づく技法として1950年代に登場した心理療法です。日本には、1970年代から浸透してきました。行動療法は、実験によって確立された原理や手続きに基づいて、多くの治療技法をもち、それらを有効に組み合わせて実施するのが特徴です（表62）。

行動療法では、問題行動は不適切な行動パターンが誤って学習されたか、適切な行動パターンの未学習によるものと考えます。したがって、不適切な学習を消去するか、適切な行動パターンを学習させることによって、よい方向に改善することが行動療法の目標になります。

表62. 行動療法の理論と技法

学習理論	実験例		主な技法
古典的条件づけ理論（レスポンデント条件づけ）	パブロフの犬、アルバート坊やの動物恐怖症実験	系統的脱感作法	ウォルピ提唱の逆制止による方法 ① 不安拮抗反応の学習 ② 不安階層表の作成 ③ 脱感作によって不安や恐怖反応を逆制止
		エクスポージャー	段階的に恐怖場面につれていきそのまま曝す
		フラッディング	いきなり恐怖場面に強制的につれていく
		自律訓練法	公式化された自己暗示によるリラックス法
		嫌悪療法	消去したい反応や行動に嫌悪刺激を対呈示する
オペラント条件づけ理論	スキナー箱を用いた実験	シェーピング	やさしい行動からはじめて、スモールステップで漸次的に困難な目標行動に到達させる
		トークンエコノミー	目標行動を達成するたびに報酬を与える

139

63. 学習理論
Learning Theory

①古典的条件づけ（レスポンデント条件づけ）

パブロフ（Pavlov,I.V.）は、犬に食事を与えるときにメトロノームの音を聞かせると、次第に犬はメトロノームの音を聞くだけで唾液を分泌することを発見しました。もともと、メトロノームの音という刺激と、唾液分泌反応とは何の関連もありませんが、セットにして繰り返し提示すると、これらの刺激Sと反応Rが結びつけられるのです（図63-1）。

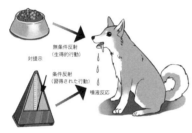

図63-1. 古典的条件づけ

このように、本来無関係の刺激と反応が学習によって結びつくことを、**条件づけ**（Conditioning）といいます。

たとえば、ストーカーから無言電話をくり返しかけられた人が、電話が鳴っただけで震え出すというケースは、古典的条件づけの理論で説明することができます。

条件刺激による反応が不快で問題を生じる場合には、条件づけを消去することを行動療法では目指すのです。

②オペラント条件づけ

スキナーは、レバーを押すと餌が転がって入ってくるように仕掛けた箱の中にネズミを入れて行動を観察しました。はじめはたまたまレバーに触れるだけでも、次第にレバーを押すと餌が出てくることを学習し、時間がたつとネズミは頻繁にレバーを押すようになるのです（図63-2）。

自発的な行動の結果、快を得る（賞）とその行動の頻度は上がり、

第6章 認知行動療法

不快な結果になると（罰）頻度は下がるのです。パブロフの犬のような先行する刺激に誘発される条件づけを**古典的条件づけ**というのに対し、スキナー箱のネズミのように、自発的行動に続いて起こる結果の影響を受ける条件づけをオペラント条件づけと呼んで区別します。

たとえば、子どもがお母さんのお手伝いをして褒められると、もっとお手伝いをするようになります。反対に、いたずらをしてひどく叱られると、いたずらが減るのです。これらはオペラント条件づけによって説明できます。ギャンブルに溺れていく心理も同様です。

図 63-2. オペラント条件づけ

③観察学習（モデリング）

私たちは、必ずしも自分自身が体験しなくとも、他人の行動を観察することによって学習することができます。バンデューラ（Bandura, A., 1963）は、子どもたちに他人が攻撃する姿を観察させると、今までには見られなかった攻撃行動が増加することを実験で確かめました。

観察学習（モデリング）は至るところで行われています。たとえば、自分より不幸な境遇にある人が忍耐強く前向きに努力している姿を見ると、自分も頑張ろうという気持ちになります。反対にいつも怠けている人の近くにいると、怠けがちになったりします。私たちは、日常の行動や態度が、お互いに思わぬところで影響を与えあっていることに気づかねばなりません。

141

64. 行動療法の実際と展開
The Practice and Development of Behavior Therapy

ここでは行動療法の一技法である系統的脱感作法を紹介します。

①不安拮抗反応の学習

はじめに、消去したい不安や恐怖を押さえつけるために、十分にリラックスできる方法を学びます。たとえば、赤ん坊が犬を怖がるときに、お母さんにやさしく抱っこされていると、次第に恐怖感が薄れてきて、犬をさわれるようになったりします。このように、快適な状態によって不快な反応を押さえ込むことを**逆制止**（reciprocal inhibition）と呼びます。

不安に拮抗する状態としては、子どもであればお母さんの抱っこなどが一番よいのですが、大人の場合には、ジェイコブソンの**漸進的筋弛緩法**とか、シュルツの**自律訓練法**と呼ばれる方法などを用いて、深いリラクセーションを習得してもらうのが一般的です。

②不安階層表の作成

次に、恐怖・不安場面をカードに書き出します。そして、それぞれがどのくらい不快かを 100 点満点で評価し、点数化します。この点数のことを SUD（Subjective Unit of Disturbance：主観的障害単位）

と呼びます。そして **SUD** の数値に従って各場面を序列化し、**不安階層表**を作成します。表 64-1 は不登校の女子生徒の例です。

③脱感作

不安の低い場面から順番にイメージを描きながら、①で習得

表 64. 不安階層表の例

不快な場面	SUD
学校に行く準備をする	10
電車に乗って登校する	20
教室で授業を受ける	40
先生と話をする	50
朝教室に入る	70
クラブ活動に参加する	80
学校で休み時間を過ごす	90
友人とお昼ご飯を食べる	100

第 6 章　認知行動療法

したリラクセーション状態に入って逆制止します。場面を想像しても不安反応が起きなくなったら、一段階上の場面に移ります。これを順次繰り返し、最終的にはすべての場面で不安反応を起こさなくなるまで続けます。イメージのなかで不安反応を消去できたら、次に現実場面で同様に段階的に挑戦します。それで見事に登校できたら、成功ということになります。この手続きを**脱感作**（desensitization）といいます。

　行動療法は、科学的なデータに基づき、手続きが具体的でわかりやすいという利点があります。しかし一方では、人間の行動は外部の刺激によってのみ決定されるほど単純ではない、動物実験を人間に適用するのは限界がある、クライエントの人格や内的世界を無視している、などの欠点が指摘されています。

　そこで行動療法は、「行動」のみを対象とする行動主義の立場から、現実をどのように受け取るのかという内的な「認知」過程を考慮する**認知行動療法**（Cognitive Behavioral Therapy： CBT）へと変化しました（**第二世代の行動療法**）。社会的学習理論や認知心理学の知見、そして**認知療法**（→65）や**論理情動療法**（→66）などが認知行動療法の発展に多大な影響を与えたのです。

　その後、仏教などの**瞑想**（→113, 136）の技法を取り入れ、**マインドフルネス**（気づき）を重視し、自動的に生起する思考にとらわれることなく、あるがままの状態を観察する**マインドフルネス認知療法**（Mindfulness-Based Cognitive Therapy：MBCT）が提唱されます。マインドフルネスの影響を受けて、アクセプタンス・コミットメント・セラピー（ACT）などの新技法も開発され、これらは**第三世代の認知行動療法**といわれています。

143

65. 認知療法
Cognitive Therapy

　認知療法（Cognitive Therapy）とは、ベック（Beck, A.T., 1963）が創案した心理療法です。認知療法の考え方はとてもシンプルです。

　私たちの感情や行動を決定するのは、客観的な現実ではありません。現実をどのように受けとめたのかによって決まるのです。現実を解釈によって受けとめた主観的体験が、情緒に影響を与えるのです。

　たとえば、火事になって家が燃えてしまったとします。家の住人は「財産を失ってしまった」と受けとめて悲嘆に暮れるかもしれません。しかし全員がショックを受けるわけではありません。「誰も死ななくて良かった」と不幸中の幸いに注目して感謝する人もいるでしょう。「そろそろ新しい生活をしろということかな」と受けとめて前向きな人生を送る人もいるでしょう。重要なのは、自分の周りの世界をどう受け止めるか、どう構造づけるかという「認知」（Cognition）なのです。

　したがって、いつも否定的な認知をする人は、客観的な出来事とは無関係に、いつも否定的な感情を味わい、不適切な行動に駆り立てられることになります。認知療法では、**歪んだ認知**を**合理的な認知**に修正することが治療につながると考えるのです。

　ある状況下で瞬間的に自動的に浮かぶ考えやイメージを**自動思考**（Automatic Thought）と呼びます。普段は意識していませんが、心の比較的表層にあるので、注意を向けると気づけるようになります。さらに、自動思考の背景には、「～すべきである」などの思いこみ（Assumption）や、自己・世界・将来に対する一貫した認知の構えである**スキーマ**（Schema）や**信念**（Belief）があります。認知療法では、自動思考や、その背後にある思いこみ、スキーマ、信念を検討し、その歪みを治療の対象とするのです。

　認知療法の考え方には、心の健康や健全な成長を考える上で重

要な内容を含んでいます。私たちは、自分の認知した世界の影響を受けるのですが、認知そのものを観察し、認知の仕方を変えることもできる存在なのです。色眼鏡をはずし、あるがままを見るということはとても重要です。認知療法は多様な問題に適用されていますが、特にうつ病に対する効果が広く認められています。

表65. 認知の歪みの例

認知の歪み	内容	例
二分法的思考 (dichotomous thinking)	物事を極端に、白か黒か、全か無かのどちらかに分けて考える。	(実際は数時間眠っているのに）今日も一睡もできなかった。
過度の一般化 (overgeneralization)	ひとつの出来事を過度に一般化して考える。	彼氏とケンカをして物別れ。男は人の心が分からない生き物なんだ。
恣意的推論 (arbitrary inference)	証拠が不十分なまま思いついたことを信じ込む。結論の飛躍。	あの人は私に挨拶しなかった。私のことを嫌っているに違いない。
選択的抽象化 (selective abstraction)	特定の情報のみに注目して、全体の状況把握を失ってしまう。	試験に落ちてしまった。どうせどこを受けても私は不合格にちがいない。
過大視と過小視 (magnification and mini-mization)	気になっていることばかりを重要視してそれ以外を矮小化する。	自分にはあり余るほど短所がある。でも長所はひとつもない。
感情的決めつけ (emotional reasoning)	自分の感情状態から現実を判断する。	なにもやる気がしない。だから学校に行くことができないんだ。
自己関連づけ (personalization)	あらゆることをが自分に関係していると考える。	今日は夫の機嫌が悪い様子。私がなにか悪いんじゃないかしら。
マイナス化思考 (desqualifying the posi-tive)	良いことがあっても悪いことにすり替えてうけとめる。	私を好きだなんて、あなたはよっぽど人を見る目がないのね。
レッテル貼り (labeling)	極端な一般化。ラベルを貼ってイメージを固定化・矮小化する。	私は試合に出番がなかった。私はどうせ下手くそで役立たずなんだ。
すべき思考 (should statements)	「〜しべきだ」「〜しなければならない」と考える傾向	約束の時間に遅れるなんて信じられない。約束は守るべきだ。

66. 論理療法
Rational Emotive Bhavioral Therapy ; REBT

論理療法とは、エリス（Ellis, A., 1962）が創案した心理療法です。はじめは、ＲＥＴ（Rational Emotive Therapy）と称していましたが、後に**ＲＥＢＴ**（Rational Emotive Bhavioral Therapy）と呼ぶようになりました。

論理療法の基本的な考え方は、**ＡＢＣＤＥモデル**によって簡潔に説明されています。**Ａ**（Activating Event）は、その後の反応を導き出すような出来事をあらわします。**Ｂ**（Belief）は信念のことで、ＡがＢを通過することによって、感情や行動による結果**Ｃ**（Consequence）に至ります。

一般的には、結果Ｃは出来事Ａが直接引き起こしたように見えるのですが、実際にはその間にある信念Ｂが問題であると論理療法では考えます。論理療法では、問題のある結果Ｃを導き出すような非合理的な信念ｉＢ（Irrational Belief）に対して論理的に反駁して、粉砕します**Ｄ**（Despute）。そして、問題を軽減させるような合理的な信念ｒＢ（Rational Belief）をｉＢに代わって採用することを勧めるのです。その結果、将来同様の場面に出会ったときにも、自分でｉＢを発見してｒＢに代え、自分をコントロールできるようになるという結果**Ｅ**（Effect）につながります。図66の具体例を参考にすると理解しやすいでしょう。

表66には、論理療法が考える心理的に健康な人間の条件を記載しました。合理性を獲得した人間の特徴がよくまとめられていますので参考にしてください。

後の章で見る人間性心理学 (→第7章) やトランスパーソナル心理学 (→第9章) では、自己実現や自己超越などのさらに高度な人間の成長可能性を探究しますが、そこに到達するためには、まずこのような合理的な健全さをある程度身につけていることが前提条件

となるのです。

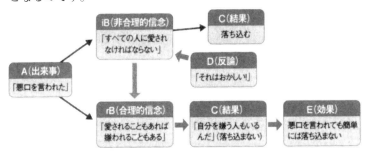

図 66. 論理療法の例

表 66. 論理療法が目指す心理的に健康な人間の条件（A. エリス他『REBT入門』、岡野『唯識と論理療法』より）

自己利益	自分自身に関心をもち、自分を他人のためにマゾヒスト的に犠牲にすることはしない。
社会的関心	社会的関心をもち、自分が気持ちよく楽しく暮らせる世界をつくり出そうとする。
自己指導	自分の人生に責任をもとうとする。他者との協力は望むが、援助は要求しない。
欲求不満耐性の高さ	自分や他者に過ちを犯す権利を認め、人間として非難したりはしない。
柔軟性	考え方に柔軟性があり、変化を受け容れ、他者を見る目も偏ることなく、多面的である。
不確かさの受容	私たちの住む世界には絶対に確実なことなどないということを十分に受け容れている。
創造的仕事への献身	毎日の生活に彩りを与えるような、没頭できる創造的な趣味をもっている。
科学的な思考	物事を客観的、理性的、科学的に見る。
自己受容	ただ生きていて楽しむ能力があるというだけで、生きる喜びを感じ、自分を受け容れている。外的な達成度や他者の評価で自分を量らない。
危険を冒す	失敗する恐れがあっても、自分が本当にしたいことには挑戦する。
長期的な快楽主義	今日のことも明日のことも考え、一時の満足にとらわれない。
現実的な努力	すべての欲求を満たしたり、すべての苦痛を回避することを望んだりしない。
心理的混乱に対する責任	自分の心理的混乱に対して、他者や社会を非難せず、自分で責任をもつ。

第6章　認知行動療法の主要参考文献

◎　大野裕『**はじめての認知療法**』講談社、2011 年
◎　ジュディス・ベック（伊藤絵美ほか訳）『**認知行動療法実践ガイド：基礎から応用まで（第 2 版)**』星和書店、2015 年

第7章

人間性心理学

67. 人間性心理学

68. アブラハム・マズロー

69. 自己実現論

70. 自己実現的人間と至高体験

71. カール・ロジャース

72. クライエント中心療法

73. セラピストの3条件

74. エンカウンター・グループ

75. ロジャースの晩年と人間観

76. フォーカシング

77. ゲシュタルト療法

78. ヴィクトール・フランクル

79.『夜と霧：ある心理学者の強制収容所体験』

80. ロゴセラピーとフランクルの思想

81. 自己実現の過程

67. 人間性心理学
Humanistic Psychology

　1950年代まで心理学は、精神分析と行動主義が二大主流を占めていました。しかし、これらへの批判や限界を指摘する声が次第に増えてきました。

　精神分析に対しては、病人の心理過程のみを分析し、健康な人を直接の対象としていないこと、すべての心理的問題を過去の発達の問題へと機械的・因果的に解釈してしまうことへの批判がなされました。そのほか、悲観主義、決定論的、形式主義、還元主義、独断論、生物学主義などの批判が精神分析に対してなされました。

　行動主義に対しては、人間の内面生活において重要な認識、感情、価値、意識、愛情をすべて排除してしまったことが問題視されました。行動理論によると人間は刺激に反応して行動するだけの、受動的で責任をとれない存在と見なされていることにも批判がなされました。

　簡単にいえば、過去のトラウマや誤った条件づけによって悩む人にとっては、精神分析や行動療法は有効であり得ますが、人生の価値や生き方などの本質的な問題に悩む人にとっては、二大主流はほとんど無力だったのです。

　1960年代のアメリカで、これらの限界を乗り越えるべくして、第三勢力の心理学として、**人間性心理学**（Humanistic Psychology）が誕生しました。人間性心理学には多様な考え方が含まれていますが、その基本は、二大主流によって見失われた人間存在の意義と価値を取りもどそうとするところにあります。すなわち、「脱フロイト的」「脱行動主義的」な視点から、人間存在をつねに**「生成の過程にある存在」**（a being in the process of becoming）としてとらえます。人間は過去や条件づけに決定論的に縛られているのではなく、前進的、自主的、独自的に、自己変容の能力をもつ存在者であると捉えるのです。人間は外界の被害者ではなく、自己自身の**自己実現**あるいは**個**

性化に対して「**責任を負う存在**」なのです。

　自然科学的な心理学は、知覚・学習・思考・記憶・生理・感情・行動など計測可能なもののみを対象として、つねに距離を取りながら観察しますが（**三人称的アプローチ**）、人間性心理学では、特定の個人の人生・悩み・自己実現の過程に積極的に関与しながら観察したり（**二人称的アプローチ**）、自己の内省による主観的体験をも重視するのです（**一人称的アプローチ**）。このように、心理学が歴史的に背負い続けている自然科学という方法論への憧憬やとらわれから解放されることによって、実存する人間の心の問題を直接的に扱えるようになったのです。すなわち、生きがい、価値、実存、自己実現、意味、主観的真実、罪、善悪、世界観、死、苦、宗教性などが、人間性心理学によってはじめて心理学の主題とすることが可能になったのです。

　人間性心理学の流れに属する代表的な心理療法家としては、来談者中心療法やエンカウンター・グループの**C.R. ロジャース**、フォーカシングの**E.T. ジェンドリン**、実存的心理療法の**R. メイ**、交流分析の**E . バーン**、ゲシュタルト療法の**F . パールズ**、反精神医学の**R.D. レイン**、論理療法の**A. エリス**などが有名です。

　フッサールの**現象学**や**実存主義思想**の影響を受けたドイツの**人間学派**は、1930 年代から代替不能な存在としての個に焦点を当てていましたが、この流れにある実存分析の**V.E. フランクル**、現存在分析の**L. ビンスワンガー**や**M . ボス**も、人間性心理学の重要な一角を占めています。

表 67. 自然科学指向の心理学と人間性心理学の特徴

自然科学指向の心理学	人間性心理学
客観性のみを重視	内省による主観性も尊重
観察者は観察対象から距離を取る	主体の関与する相互的な関係性やプロセスを重視・共に歩む姿勢
理論に基づく分析・管理・コントロール	内面・理解・共感・気づきの尊重
数値化された一般的データを重視	個人の実人生を問題とする・実存の重視

151

68. アブラハム・マズロー
Abraham Maslow

アブラハム・マズロー（Abraham Harold Maslow, 1908-1970）は人間性心理学の創始者の一人です。マズローは、1908 年にアメリカのニューヨークで、ロシア系ユダヤ人移民の両親の長男として生まれました。マズローの家は郊外のスラムにあり、彼以外のユダヤ人家庭が一軒もなく、反ユダヤ感情の強い地域でした。そのためほとんど友達ができず、**「非常に孤独で不幸」**な境遇で育ちました。両親の喧嘩も絶えず、後にマズローは「人生の最初の二十年間、わたしは憂鬱かつ不幸で、さみしがりやで孤独な自己否定的な人間でした」と回想しています。しかし彼はこのような境遇に腐ることなく、図書館で偉人の本（リンカーン、ベルグソン、スピノザ、プラトン、ホワイトヘッド、ジェファーソンなど）を読みあさったり、新聞配達をしたり、休暇中は家族の経営する樽造りの会社で働いて家計を助けました。生来の前向きで努力家の気質があったのではないかと思われます。

青年になるとウィスコンシン大学に進学し、**J.B. ワトソン**（→ 62）の「人間は科学的に行動を改善しうる」という考えに衝撃を受けます。スラム生まれの不幸な自分も、行動主義によって変わることができるのではないかと希望をもったのです。こうしてマズローは行動主義心理学者への道を歩んでいきます。

青年時代の明るい出来事は、17 歳の頃からいとこのバーサに恋をしたことです。はじめはマズローはただ絶望的な気分で彼女を眺めていただけでしたが、他の人のとりなしもあり、この恋は見事に成就したのです。すべてにおいて自己否定的だったマズローは、自分がすべて受け容れてもらえるという初めての体験に、深い歓びをかみしめたのです。

この恋愛体験が、後の**至高体験**（→ 70）の研究につながってゆきま

す。20歳になったとき、マズローはバーサと結婚しました。また、大学に入学してから、音楽と演劇に傾倒し、生涯の趣味となりました。

彼は行動主義の学者として頭角を現し、大学で講師の職を得ます。スラムに生まれ、不幸な子ども時代を過ごし、やがて大学教授になり、心理学会の会長にまで上り詰める人生は、アメリカンドリームの実現です。

マズローは、バーサとのあいだに赤ん坊が生まれたとき、**行動主義心理学の限界**を痛切に感じるようになります。「私は、このかわいらしくて不思議な生きものをよく見ると、『行動主義的なアプローチ』がとても馬鹿らしく思えてきました。」といいます。コントロールを受けていない赤ん坊の神秘に目を見開かされたマズローは、人間の心を理解するためには、行動理論ではあまりにも狭すぎることを実感したのです。精神分析に関しても、「フロイトは心理学の病的な一面を示してくれたが、われわれはいま、健康な反面を充たさねばならない」として、その限界を指摘しました。マズローはこうして、独自の心理学を切り開く先駆者の道を歩んでいくのです。

表67. 自然科学指向の心理学と人間性心理学の特徴

1908年	ニューヨークに生まれる
1928年	バーサと結婚（20歳）
1937〜51年	ブルックリン大学に就任
1951〜68年	新設のブランダイス大学教授
1962年	アメリカ人間性心理学会設立
1962〜63年	アメリカ心理学会会長
1964年	『創造的人間：宗教・価値・至高体験』
1965年	『自己実現の経営』
1968年	『完全なる人間』
1969年	トランスパーソナル学会設立
1970年	『人間性の心理学』心臓発作で死去（享年62）
1971年	『人間性の最高価値』

69. 自己実現論
Self Actualization Theory

　マズローは人間の**自己実現**（Self Actualization）に強い関心をいだいて研究を続けました。なかでももっとも有名なのは**欲求階層論**（Hierarchy of Needs）です。欲求階層論とは、私たちが抱くさまざまな欲求は、無秩序ではなく一定の優先順位があるという考え方です。低次の欲求の方がより強力で優先的で、それが満たされるとより高次の欲求が順番にあらわれ、やがて自己実現へと向かっていきます。

　もっとも基礎的で強力なのは**生理的欲求**（Physiological Needs）です。食欲など、体内のホメオスタシスを保つための欲求です。

　空腹が満たされると、私たちの中には直ちに**安全への欲求**（Safety Needs）が浮上します。戦争、災害、病気、犯罪、その他の脅威に脅かされずに、安心して暮らしたいという、一段階高次な欲求です。

　安全の欲求が満たされると、次には**愛情と所属の欲求**（Love and Belongingness Needs）があらわれます。家族、友人、学校、会社などの集団に所属して、他者と接触し、愛したり愛されたりしたいという欲求です。孤独感や疎外感がその動機です。

　次にあらわれるのは**承認の欲求**（Self Esteem Needs）です。他人に必要とされ、自分が価値ある存在だという自尊心や自信、自律性、地位、名声、人望などを欲するのです。

　以上の四つの欲求は、満たされていないと欠乏感に悩まされるという性質から、**欠乏欲求 (D 欲求：Deficiency Needs)** といわれます。マズローは、神経症などの心理的障害は、ビタミンが不足すると身体の病気になるのと同じように、「**欠乏による病**」であると考えていました。したがって、このような病気を治す方法は、**欠乏した欲求を満たしてやること**（たいていは愛や自己評価に関する欲求）だと考えています。優れた心理療法家は、本当に花を愛する人が花を切った

り曲げたりしないように、クライエントの存在や本質を愛するだけで、相手を変えようとしたり操作しようとしないものであると、マズローは述べています（『人間性の最高価値』）。マズローは心理療法家ではありませんが、フロイトが、禁欲原則や、断念を勧めたのとは、対照的です (→48)。

図 69. マズローの欲求階層論

四つの欠乏欲求が満たされると、次には**成長欲求** (Need of Growth) または**存在欲求**（**B 欲求**：Being Needs)と呼ばれる**自己実現の欲求** (Self Actuation Needs) があらわれます。

自己実現とは簡単にいうと、「個人の才能、能力、潜在性などを十分に開発、利用すること」（『人間性の心理学』）です。私たちは、自分の精神的な本性に忠実にならなければならない存在で、自己充足するために「潜在的にもっているものを実現しようとする傾向」に駆り立てられるのです。その具体的なあらわれ方は、たとえば「音楽家は音楽をつくり、美術家は絵を描き、詩人は詩を書いて」過ごすというように、個人によってまったく異なっています。

マズローは自己実現の欲求が人間の最終地点だと考えていました。しかし晩年になると、自己実現は終点ではなく、「自分自身より大きい」ものへと向けて自己同一性を拡大することを人間は必要としていることに気づき、自己超越の欲求 (Self-transcendence) を提唱します。マズローのこの考え方は、人間性心理学のさらなる延長線上に、トランスパーソナル心理学 (→第9章) を創設することにつながりました。

自己超越の段階に達した人は、自分の才能や能力を単なる預かりものと見なし、あらゆるもののなかに神聖さを見いだし、宇宙に対する深い畏敬の念を抱くなどの共通した特徴が見られると指摘しました。

70. 自己実現的人間と至高体験
Self Actualizer and Peak Experience

　マズローは、人間の本性を研究するために、神経症や個人的な問題から比較的自由で、なおかつ個人のもつ能力を十分に発揮している人々を被験者として選択し、インタビュー調査を行いました。この研究から、マズローは**自己実現者に共通する15の特徴**を発表しました（表70-1）。

　マズローは自己実現者にも欠点がみられ、完全な人間ではないけれども、賢人や聖人は事実として存在するともいっています。この15項目は、私たちの到達しうる可能性のリストといってよいでしょう。

　神秘的経験（表70-1の⑧）に関して、マズローははじめは重視していませんでした。しかし、自己実現的人間がしばしば自発的に語ることから次第に注目するようになります。たとえば、他人に対してなにも要求をともなわない無我の愛情を抱く体験（B愛情；表70-2参照）や、神秘体験、大洋的体験、自然的経験、美的体験、創造的体験、治癒的・知的洞察体験、オーガズム体験などです。このような体験においては、しばしば最高の幸福感に包まれ、歓喜、恍惚、忘我、完全な解放、脱落、絶頂感を味わうのです。マズローはこのような体験を**至高体験**(Peak Experience)と名づけました。さらに、一時的な頂における高揚感をともなう至高体験だけではなく、高次の認識を保ちつつ、静かで安定的に持続する**高原体験**(Plateau Experience)についても言及しています。

　マズローは心の世界を、不満足な現実を変えたいという欠乏動機に基づく **D**（Deficiency）**領域**と、喜びや満足のための成長動機に基づく **B**（Being）**領域**とを分けています。自己実現者・自己超越者や至高体験・高原体験をしている人は、多くB領域に生きています。マズローは、B領域にいながら同時にD領域を生きるという、矛盾

第7章　人間性心理学

統一の過程を重視しました。私たちは、全体論的な統一への連続的な過程を通じて、人間は自己実現の過程を歩んでいくのです。

表70-1. 自己実現者の特徴

① 現実をより効果的に知覚し、現実と快適な関係を保つ
② （自己、他者、自然の）受容
③ 自発性、簡素さ、自然さ
④ 課題中心的
⑤ 超越性…プライバシーの欲求
⑥ 自律性…文化と環境からの独立、意志、能動的人間
⑦ 認識が絶えず新鮮であること
⑧ 神秘的経験…至高体験
⑨ 共同社会感情
⑩ 民主的な性格構造（謙遜と尊敬）
⑪ 深い本質的な対人関係
⑫ 手段と目的の区別、善悪の区別
⑬ 哲学的で悪意のないユーモアのセンス
⑭ 創造性
⑮ 文化に組み込まれることに対する抵抗、文化の超越

表70-2. マズローによるD領域とB領域の特徴

D領域（欠乏 Deficiency）	B領域（存在 Being）
D認識：対象をある特定の面から比較、判断、評価する認識。対象は欲求満足の対象か否かによって判断され、利害関係によって思考や知覚が部分的になり、歪められている。関心や欲求に基づく手段価値的で、動機づけられた認知。全般的、統計的、抽象的、分類的、相対的、選別的認識。処罰、非難、決断、計画、行為を導く。	**B認識**：自分を含めて全宇宙を単一の事態として見る、あるいは自分自身の中に世界を見る。全面的、集中的、対象中心で具体的、比較対象のない、公平で、無動機の認知。存在そのものの価値を捉える。一分＝一日など時空を超える認識。さまざまな二分法を解決。しばしば対象に神聖さを見いだし、畏敬の念を抱く。慈悲深く、瞑想的で、不動、無干渉、無為に傾く。
D価値：有用性、望ましさ、善悪、目的に対する適合性によって生ずる手段価値。	**B価値**：完全性、完成、正義、躍動、富裕、単純、美、全、独自性、無礙、遊興、真実、正直、現実、自己充足。
D愛：自己の欠乏感から来る利己的な愛情欲求。しばしば自己評価、性、承認への欲求や、孤独への恐れから生じる。	**B愛**：存在への愛。生命の愛。見返りを要求しない非所有的な愛。変化や改善を要求せず、あるがままを堪能する。道教的な愛。

157

71. カール・ロジャース
Carl Ransom Rogers

カール・ロジャース（Carl Ransom Rogers, 1902-1987）は、米国のシカゴ郊外で、6人兄弟の4番目の息子として生まれました。ロジャースの両親は敬虔なクリスチャン（カルバン主義のファンダメンタリズム）で、宗教的に非常に厳格でした。毎朝朝食後には礼拝があり、ひざまずいて聖書を一節づつ読み、父が祈祷を捧げていました。子どもの頃から「神に選ばれた者としてふさわしく振る舞わなければならない」と教えられ、カード遊びや寄り道、ダンスなどが禁止されていました。ロジャースの家には社交があまりありませんでした。

ロジャースは、小学校で飛び級するほどの秀才で、成績優秀でした。しかし身体は弱く、あだ名は「ぼんやり教授」で、友達は少なかったといいます。12歳の時、両親は子どもを都市生活の誘惑から遠ざけるために、郊外の大農園に引越しします。ここでロジャースは、毎日朝5時に起き、牛の乳搾りや暖炉の準備、農園の豚の世話などの労働を行い、病弱を克服して身体を鍛えました。

ロジャースは、高校時代を振り返って、「私は表面的な接触しか持てない社交性のない人間でした。この時代に抱いたいた空想は奇妙でしたし、診断を受けていたら分裂質と分類されていたでしょう。幸運なことに、心理学者との接触はありませんでしたが」と回想しています。

やがてウィスコンシン大学に入学し、1922年には北京で開催された「世界学生キリスト教会議」に全米代表の一人として出席しました。この旅でロジャースは、世界から集まった優れた学生たちとの交流し、同世代のさまざまな異なる価値観と出会います。この体験はロジャースを大きく揺さぶりました。両親から植え付けられた教条主義的な宗教観から解放され、精神的な自立の道を歩み出すのです。このときの日記に「僕はただ、『ほんとうのこと』を知りたい。その結果、たとえキリスト教徒でなくなったってかまわないから」

第7章 人間性心理学

と記して
います。
ロジャー
スのキ
リスト教
信仰は、
もっとも

厳格で原理主義的な右派か
ら、人間イエスという考え
も許容するリベラルな左派
へと転向していったのです。

　ロジャースは、中国に行
く前に、幼なじみのヘレンに
プロポーズをしていました。
旅行中は無数の文通を重ね、
帰国後ヘレンからOKの返
事をもらいました。そのとき
は恍惚とするほど幸せな至
高体験だったといいます。

　大学を卒業するとすぐに
結婚し、小さなアパート暮
らしをはじめました。そし
て、牧師になるためにユニ

表71. ロジャース略年表

1902年	1月8日、米国イリノイ州に生まれる
1914年	大農園に引越し（12歳）
1919年	ウィスコンシン大学入学 （農学専攻→歴史専攻）
1922年	国際学生キリスト教会議（北京）に出席。
1924年	ヘレンと結婚、ユニオン神学校入学
1926年	コロンビア大学教育学部入学
1928-39年	ロチェスター児童虐待防止協会に勤務
1940年	オハイオ州立大学教授（臨床心理学）
1942年	『カウンセリングと心理療法』 「非指示療法」が広く知られる
1945-57年	シカゴ大学カウンセリングセンター設立
1946-47年	アメリカ心理学会会長
1951年	『クライエント中心療法』
1954年	『サイコセラピーとパーソナリティの変化』
1956年	アメリカ心理学会の特別科学貢献賞受賞
1957-64年	ウィスコンシン大学教授（53歳） 統合失調症の壁、心理学部と衝突
1961年	『人間論』、日本訪問
1963年	ウィスコンシン大学辞職（61歳）
1964年	「西部行動科学研究所」特別研究員 （カリフォルニア州ラ・ホイヤ）。エン カウンターグループが世界的に知られる
1968年	ラ・ホイヤに「人間科学センター」設立 映画『出会いへの旅』（アカデミー賞）
1970年	『エンカウンター・グループ』
1972年	アイルランド紛争の敵同士のE. G. 『結婚革命：パートナーになること』
1979年	妻ヘレン死去
1987年	2月4日ロジャース死去（享年85歳）

オン神学校に入学します。しかし、まだ道は定まりませんでした。
向かいにあったコロンビア大学の臨床心理学の講義を聴講したこと
がきっかけで、神学よりも心理学に未来があると感じたのです。ロ
ジャースは自分の将来について、十二指腸潰瘍になるほど悩み抜きま
した。その結果、牧師の道を断念し、コロンビア大学に入学を決めたの
です。こうしてロジャースは、臨床心理学の道を歩みはじめるのです。

72. クライエント中心療法
Client Centerd Therapy

　ロジャースはコロンビア大学で心理学を学ぶと、ニューヨークのロチェスター児童虐待防止協会というところに就職し、12年間にわたって何千人もの子どもたちの心理相談を行いました。当時の心理相談のやり方は、医師が患者にするように、心理相談員も相談者にアドバイスを与えるというのが一般的でした。アドバイスとは、助言、禁止、命令、説得、解釈などです。このような方法は、知識が豊富な専門家が、知識のない相談者に一方的に指示をするので、**指示的方法**といいます。

　ロジャースもはじめは指示的な方法で心理相談を行っていたのですが、なかなか思うような結果につながらないが多いと感じていました。たとえば、相談者が自立的な人の場合には、指示をすると抵抗感を強めてしまうことが多かったり、反対に依存的な人の場合には、ますます依存的になってしまったりします。あるいは、指示や忠告が直接に問題を解決したとしても、それが必ずしも相談者の成長にはつながらないと感じることがあったのです。

　新しい着想を得るきっかけとなったのは次のような事例でした。ある乱暴な少年の相談にのっていたとき、ロジャースは少年の母親に指示と説得を行いましたが、彼女はそれを拒み続け、なにも改善しないまま相談を終結することになりました。しかし、彼女が相談室を出て行こうとしたときに、「先生はここで大人のためのカウンセリングはやりませんの？」と言ったので、ロジャースは彼女の問題に耳を傾けてみることにしました。彼女は夫婦生活への絶望など、混乱した気持ちを語りました。ロジャースはそれにアドバイスすることなく聴いていると、それが意外にも有効なセラピーになったのです。彼女の夫婦関係は改善し、それにつれて少年の問題行動までも改善したのです。ロジャースはこの経

160

験から次のことを悟ったといいます。

　「その人を傷つけているのは何であるか、どの方向に進むべきか、
　何が重要な問題なのか、どんな経験が深く秘められているのか、
　などを知っているのはクライエント自身であるという事実である。
　（中略）私はその過程のなかで動いていく方向について、クライエ
　ントを信頼したほうが良い」（ロジャース「私を語る」1961）。

と考えるようになるのです。この洞察をもとに、ロジャースはそれ
までの指示的なカウンセリングの方法に大変革を起こしたのです。ロジャースは、指示やアドバイスをせず、ひたすらクライエントのいうことに傾聴し、それを共感的に受けとり、受容し続けたのです。そうすると、クライエントは自ら洞察を得て立ち治り、よりよい方向へと成長していくことができたのです。

　このような当時としては斬新な方法を「**非指示的方法**」（Non Directive Approach）と呼びました。指示的方法ではセラピストがセラピーの中心にいたのに対して、非指示的方法ではクライエントが中心であることから、後には「**クライエント中心療法**」（Client Centered Therapy）と呼ぶことが多くなります。

　クライエント中心療法の考え方は、ロジャースが大学ではじめに専攻した農学の知識と類似性を感じさせます。つまり、植物は水・栄養・光などの適切な条件がそろえば自然と成長するように、人間も、受容され、共感的な態度で尊重されれば、誰もがもっている自己のうちにある潜在力（**実現傾向**、Actualizing Tendency）を発揮して問題を乗り越え、成長していけると信じたのです。

73. セラピストの3条件
Three Conditions of Therapyst

ロジャースは、心理療法が成功するための6つの必要十分条件を論文で発表しました（1957年）。

①二人の人が心理的に接触を持っていること。

②クライエントが不一致の状態にあるか、傷つきやすい状態にあるか、不安な状態にあること。

③セラピストが**自己と経験との一致**（congruence）の状態にあること。

④セラピストがクライエントに対して、**無条件の肯定的配慮**（unconditional positive regard）を経験していること。

⑤セラピストはクライエントの**内的準拠枠を共感的に理解**（empathic understanding）し、その経験をクライエントに伝達するよう努めていること。

⑥クライエントは、自分に対するセラピストの無条件の肯定的な配慮と共感的な理解を、少なくとも最小限度は知覚していること。

6条件のうち、③④⑤は、セラピスト側の条件なので、この三つを「**セラピストの3条件**」ということがあります。少し解説を加えましょう。

自己と経験の一致（③）というのは、自分の感情や感覚に対して**真実**（Real）であり、**純粋性**（Genuineness）を保つということです。たとえば、セラピストがクライエントに不快感を感じたときに、それによく気づいており、それを隠し立てしたり、あるべきでなないからといって否定したりすることなく、場合によってはそれを率直に表現するということです。反対に、不一致というのは、自分が実際にしている**経験**（Experience）と、**自己概念**（Self Concept：自分で考えている自分）とがずれている状態のことです（図73）。

無条件の肯定的配慮（④）というのは、クライエントの体験や存

162

在を判断したり評価することなく、無条件に**受容**し（Acceptance）、**配慮**（Caring）することです。当然何の見返りも求めない尊重ですから、**所有欲のない愛情**（Non-Posessive Love）でなければなりません。

共感的理解（⑤）というのは、クライエントの体験を、あたかも自分が経験しているかのようにクライエントの**内側から理解する**ということです。「**内的準拠枠**」（Internal Frame of Reference）とは、自分や世界を見るときの内的な枠組みのことで、これを共有するように努めることで、クライエントがどのような体験をしているのかをより正確に理解できるのです。

共感（Empathy）とは、クライエントの世界や体験を正確に理解するということで、かわいそうに思ったり、クライエントに同一化してしまう同情（Sympathy）とは明らかに異なるものであることが重要です。

セラピストの3条件は、日本の心理療法家には広く受けいれられており、心理療法の普遍的な基礎条件と考える人も少なくありません。

ロジャースが6条件を「必要十分条件」といっていることにも注目が必要です。つまり、単に6条件が必要なだけではなく、6条件が整いさえすれば、資格や専門知識などは必ずしも必要ではなく、心理療法が効果的であるためには十分だと大胆にも明言しているのです。

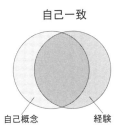

図73. ロジャーズの自己理論

74. エンカウンター・グループ
Encounter Group

ロジャースは1963年に61歳で大学を自ら退職し、自由な身となって太平洋の見えるカリフォルニアの美しい家に移住します。カリフォルニアでは、個人に対するセラピーよりも、集団に対する**エンカウンター・グループ**（Encounter Group、以下 EG）に没頭するようになります。EG は、1960年代のアメリカで隆盛していたヒューマン・ポテンシャル・ムーブメント（人間性回復運動）の流れに乗って、1000万人もの人が参加したといわれています。

ロジャースの EG は、だいたい次のように進められます。参加者は年齢、性別、地位、職種の異なる健康な人々で、自分を見つめて成長したい、他者と深く出会いたい、心の疲れを癒したい、などの多様な動機をもってやってきます。見知らぬ者同士で構成される10人程度の小グループで、日常生活とは離れた場所で数日間の合宿生活を行います。ルールは、決められたセッションの時間をグループで過ごし、互いに自由に率直に話し合っていくことだけです。やるべき課題を与えたり、その場を仕切る役割の人はいません。なにを話すか、なにをするのか、どう進めていくのかは、すべてグループのメンバーに委ねられているのです。**ファシリテーター**（facilitater：促進する者）と呼ばれる人もいますが、非指示的な態度で、グループのプロセスが促進するよう見守りつつ、ひとりのメンバーとして参加しています。つまり、グループにはリーダーも権力者もいません。ロジャースのEGは、非構成的EGとも、ベーシックEGとも呼ばれます。

エンカウンターとは「出会い」という意味です。EGは率直で素直な表現によるコミュニケーションの場を提供します。グループのプロセスがどのように展開するかは、筋書きはなく、誰にも予測がつきません。

164

第7章　人間性心理学

　はじめは社交的な会話がなされたりしますが、次第に他のメンバーやグループに対して、違和感、不信感、恐怖感、疎外感、怒りなどが生じることもあります。敵意などの否定的な感情がメンバーによって率直に表現されると、険悪なムードや対決になることもあります。しかし、その声に他のメンバーが真剣に耳を傾け、それぞれが率直に応じていくことによって、相互理解が深まっていくのです。私たちは、理解され、受け入れられていると感じると防衛をする必要がなくなり、本当の感情を率直に表現することが可能になります。本音の表現が受容されると、非常に深い親密さや信頼関係を手に入れるのです。このようなプロセスを体験した参加者は、日常生活よりもはるかに密接で直接的な人間関係を体験します。グループのなかで自分が安全だと感じると、ありのままの自己を認め、自分自身であり続けることができるようになります。このような自己自身になる体験や、メンバーとの親密な出会いの体験は、その人に強力な肯定的変化を引き起こします。これは個人のセラピーでは得難い強烈なインパクトがあるのです。このように、EGによって、参加者はそれぞれに心の癒しや心理的成長を得ることができるのです。

　ロジャースは、有機体としてのグループを本当に信頼していました。不思議なことですが、グループは意図的にコントロールなどしなくとも、ある条件さえあれば、かならず肯定的な方向に向かおうとする力が働くのです。その条件とは、**自己一致**（純粋性）、**無条件の肯定的配慮、共感的理解** (→73) がある雰囲気です。EGとクライエント中心療法とは、集団と個人の違いがあるだけで、基本的理念は同一です。ロジャースは、ＥＧは現代の人々がしばしば抱えている孤立感、疎外感、無用感、絶望感、非現実感、非人格性などを癒し解決するための最善の方法であると確信していたのです。

165

75. ロジャースの晩年と人間観
Rogers' Last Years and His View on Humanity

　ロジャースは、61歳でカリフォルニアに移住してから、85歳でなくなるまで、晩年は精力的にＥＧを開催し続けました。

　1970年代以降は、一般人へのEGだけではなく、結婚、家族、育児、教育、コミュニティ、職場、組織、さらには国際的な緊張など、さまざまな問題を共有する人を対象としたEGも展開していきました。アイルランド紛争での敵対する人たちを集めてのEG（1973年）や、南アフリカでの人種対立解消を目指すEG（1986年）など、**平和運動**へと発展していきます。こうした方法を総称して、ロジャースは**パーソン・センタード・アプローチ**（Person Centerd Approach： PCA）と呼びました。ロジャースの活動は、個人のセラピーにはじまり、教育、政治、コミュニティ形成にまで拡大していきました。人間の画一化ではなく、一人ひとりの個性が尊ばれながら互いに共存してゆくというこの新しい潮流をロジャースは「静かなる革命」と表現しました。

　ロジャースがこれほどEGに熱心だったのは、職業的な使命感だけではなく、彼の個人的の動機も強かったのではないかと考えられています。ロジャースはセラピストとして、研究者として、論客として、一般向けの本のライターとして、十分な実績を上げ、名声を得ていました。しかし、彼がもっともこだわったのは、自分が自分自身になることだったのです。ロジャースは晩年に至っても、少年時代からの引っ込み思案や、対人関係での自発性の乏しさ、繊細で過敏な気質などを抱えていました。ロジャース自身が、より真実な自分自身になって、人と親密になって触れ合うために、EGを必要としていたのです。晩年のロジャースは、EGのなかで深い同情を覚えるメンバーがいると、率直にそれを表現し、

166

抱きしめるという行動もとるようになりました。EGでは、異性への過大な緊張感が減少するという効果はしばしば認められていますが、ロジャースも、実際の行動としても実に自由奔放に異性と関わるようになります（これは妻ヘレンとの間に深刻な問題を引き起こしましたが、ヘレンはやがてロジャースの女性関係を容認するようになります）。このようなロジャースの変化は、娘のナタリーも驚きの目をもって眺めていたようです。ロジャースは、自分が自分自身になればなるほど、人と親密になれ、率直に触れ合い、人生を真に楽しめるということをEGを通して学び、最期の時まで実践していたのです。

　人間性心理学の代表的な理論家・実践家として、ロジャースは、やや理想主義的で博愛主義的な印象を与えています。彼は、スピリチュアルな領域に関しては、学生時代にキリスト教に背を向けて以来、ずっと懐疑的な態度をとっていました。しかし晩年になると、心霊的体験をしたり、EGでグループで「荘厳な知恵」を感じたりして、積極的にスピリチュアリティに関心を示すようになりました。グループで体験される「魂の集合的な調和」も、本質的にスピリチュアルなものであると発言しています。

　ロジャースの人間観の中心にあるのは、**有機体としての人間へ**の揺るぎない信頼です。有機体（organism）というのは、生命現象をもつ個体のことで、各部分が互いに関係をもちながら、なおかつ全体との間に秩序的な連関性をもち、単なる部分の寄せ集めではない統一体であるという特徴があります。人も集団も、すべて有機体としての特徴を備えています。そして有機体は、自らを維持し、強化する方向に全能力を発展させようとする傾向を内在しているのです。この傾向をロジャースは「**実現傾向**」（actualizing tendency）と呼び、そこに無条件の信頼をおいて個人にもグループにもアプローチしたのです。

76. フォーカシング
Focusing

　心理療法が成功するか失敗するかは、どんな条件によって決まるのでしょうか。ロジャースに心理療法を学んだ哲学者の**ジェンドリン**（Eugene T. Gendlin, 1926-）は、多数の心理療法の録音テープを分析した結果、次のように結論を下しました。クライエントが自分自身の体験過程に触れているか否かによって、心理療法は成否は決定されると。

　体験過程（Experiencing）というのは、**今この瞬間に絶え間なく生じている心や身体のプロセス**のことです。私たちはある問題について考えていると、たとえば「胸が詰まっている感じ」「おなかのあたりが圧迫されて息苦しい感じ」のような、言葉になりにくい曖昧な感覚が湧いてきます。このような漠然とした感じに内面で接しながら話をするクライエントは、しばしば沈黙や間合いがあり、「えーと、……、なにか頭にもやもやがかかっているような、そんな感じなんです」というような、ゆっくり立ち止まりながら、言葉を選びながらの話し方になるのが特徴です。間合いがなく、流ちょうに話し続ける人は、しばしば頭にある観念だけを使っていて、身体に流れている体験過程と切り離されているので、心理療法の回数を重ねてもなにも変化が起こらないのです。

　ジェンドリンは、体験過程に触れていない人に、この過程に意識を焦点づけ、表現を与え、その存在を受容し、それと対話する方法を教えるために、**フォーカシング**（Focusing）という技法をつくり出したのです。フォーカシングの基本的な進め方は、表76の通りです。

　フォーカシングによって体験過程に触れ、そこに出てきた漠然とした感じ（**フェルトセンス** Feltsense）は、身体的な感覚だったり、象徴的なイメージだったり、感情だったり、物語だったりします。どのようなものがあらわれようと、受容的な態度でそれと一緒に

いるようにします。分析したり、決めつけたり、責めたり褒めたり、話をそらせたり、説教をしたりすると、体験過程はとまってしまいます。これは、クライエント中心療法の原則と同じような態度で接することが重要なのです。適切な態度で接すると、フェルトセンスは自然と変化していくのです。

フォーカシングは、体験しないと理解しにくいところがありますが、簡単にいえば、つねに生の実感に直接触れていく体験様式を身につける方法なのです。体験過程に触れていて、それに開かれた態度をとれることが、ロジャースのいう**自己一致**という状態です。

フォーカシングはやり方を覚えれば、ひとりでも実践できます。セルフヘルプの方法として活用できるのも特徴です。

表 76. フォーカシングの基本ステップ

① 空間を作る （clearing a space） 私たちは、問題に同一化し、圧倒されているときには、問題を解決することができません。そこで、まず楽な自分でいられる心の場所をつくり、問題との心理的距離を取ります。視覚的なイメージを使って、くつろげる自分だけの場面を想像し、問題を箱などの中に入れて整理するのも有効です。
② フェルト・センス （felt sense） フォーカシングするテーマを想像したときに、そこで生じる曖昧な身体の感じ（フェルト・センス）に注意を向けます。
③ 見出しをつける （find a handle） フェルト・センスをぴったり表現できるような言葉やイメージを探します。
④ 共鳴させる （resonate） 見出しの言葉やイメージを自分の中で響かせてみて、反応を感じ取ります。ピッタリくると、フェルト・センスに変化が起こる場合もあります（フェルト・シフト）。
⑤ 問いかけ （asking） フェルト・センスに触れ、友好的な態度で接します。挨拶に始まり、問いかけをして、対話をします。体験されるものを尊重し、それとともにいて、待つことも重要です。
⑥ 受け取る （receive） フェルト・センスとの触れ合いによって生じたものすべてをやさしく受け取ります。新しい気づきが得られることもあります。

77. ゲシュタルト療法
Gestalt Therapy

ゲシュタルト療法（Gestalt Therapy）は、ドイツ系ユダヤ人の**パールズ**（Frederick S. Perls, 1893-1970）が、精神分析、ゲシュタルト心理学、現象学、実存主義哲学、ライヒの性格分析、ユングの夢理論、モレノの心理劇など、幅広い知識と経験に基づいて考案した方法です。ゲシュタルト（Gestalt）とは、もともとドイツ語で「形」「全体」「統合」などを意味する言葉です。ゲシュタルト療法は、今、ここでの欲求を「形」にして表現したり、「全体」としてまとまりのある「統合」された人格へと成長することを目指しています。

たとえば、恋人に裏切られて人生は終わりだと考えるひとは、ひとつの経験だけが意識の前面に固着して、視野が狭まってしまっています。その背景に隠れてしまった、他の異性や、人生の恋愛以外の側面を見ることができれば、視野が広がり、人格がより統合されたといえるのです。

あるいは、子どもの頃に親に十分甘えられなかったなど**未完結の経験**（Unfinished Business）があるときには、それが邪魔になって現在に十分関われなくなったりします。このような場合には、甘えたいという気持ちを十分に表現させて、心残りな経験を完結へと向かわせます。

ゲシュタルト療法では、「今ここ」（Here and Now）の体験を中心に、排除された自己を統合して自己実現できるよう援助するのです。そのために、自己実現を妨げているパターンに気づかせ、きっぱり止めさせようとするのです。

ゲシュタルト療法には、ユニークで強力な技法が沢山そろっています。ロールプレイング（心理劇）、ホット・シート、ファンタジートリップ、夢のワーク、実験、ボディーワークなど、今日では多方面で活用されています。

170

ゲシュタルトの祈り

ルビンの盃

私は私のことをします。
あなたはあなたのことをします。
私は、あなたの期待に添うために
生きているのではありません。
そして、あなたもまた、
私の期待に添うために生きているのではありません。
あなたはあなた、私は私です。
でも、もし私たちの心がたまたま通い合ったなら、
それはすばらしいことです。
もし通わなかったとしても、
それは仕方のないことです。

(パールズ)

　上の文章は、パールズによる「ゲシュタルト」の祈りです。実存主義者で骨太の性格のパールズらしさが非常によくあらわれています。

　自己評価が低く、他者にいつも迎合したり、社会の要請を過大視しすぎる人は、自分を外部に明け渡してしまっています。自分の欲求にすら気づかなくなっていることもしばしばです。こうなると、仮に他者の評価を得たり、社会的に成功したとしても、心は満足せず、エネルギーがなく、疲れ切っていることでしょう。ひどい場合には、自分が疲れ切っていることにさえ気づかずに、さらに外部に適合しようと努力し続けていたりします。このような場合、ゲシュタルトの祈りを声に出してみることが役に立つかもしれません。

78. ヴィクトール・フランクル
Viktor Emil Frankl

ヴィクトール・フランクル（Viktor Emil Frankl 1905-1997）は、国家公務員の父ガブリエルと貴族の家系の母エルサのもとに、1905年にユダヤ人として生まれました。

フランクルは、子どもの頃からすでに人生に対する知恵を備えていたように思えます。3歳の時に早くも医師になる決心をしました。4歳のときには、「いつか僕も死ぬんだ。そうなれば、僕ももう生きていることができないんだ。だとすれば、いったい、僕が生きていることの意味って何だろう……」と、**人生の意味**について考えはじめました。5歳のときには、避暑地の小さな森で、何か大きなものに護られているという感情が湧いてきて、言葉にできない至福感を体験しています。

13歳のときに、理科の先生が「結局、生きることは燃焼の過程、つまり酸化の過程にすぎない」といったときに、少年フランクルは飛び上がり、「だとすれば、生きることにどんな意味があるんでしょうか」と抗議の質問をしています。すでに還元主義の考え方を喝破していたのです。

16歳のときにはフロイトと文通し、17歳のときには短い論文を執筆して送り、二年後に『国際精神分析ジャーナル』に掲載されています。

17歳のときには、常識では考えにくいことですが、成人学校の講師を務めています。しかもテーマは人生の意味についてです。その講義の趣旨は、「人生は、人生の意味についての私たちの問いに答えてはくれない。人生は、その問いをむしろ私たちに投げかけてきている」ということ。そして、「人生の究極的な意味は、私たちの理解できる範囲を超えている。けれどもそれは、それを欠いては私たちが生きていくことができなくなるような何かであ

第7章 人間性心理学

表 78. フランクル略年表

1905 年	オーストリアに生まれる
1929 年	青年相談所開設（24 歳）
1939 年	個人開業（34 歳）
1942 年	テレージェンシュタット強制収容所へ
1944 年	アウシュビッツ強制収容所 ダッハウ強制収容所へ
1946 年	『死と愛』 『夜と霧』（世界的なベストセラー）
1955 年	ウィーン大学就任
1997 年	9 月 2 日心臓病で死去（享年 92）

る」（諸富祥彦『フランクル心理学入門』 1997 年）

ということでした。驚くべきことですが、十七歳にして、フランクルの思想の核はすでに形成されていたのです。

フランクルはウィーン大学医学部へ進学します。24 歳のときには、学生や失業者が匿名で相談を受けられる**青少年相談所を開設**しました。これは当時としては先進的な相談施設として評判を呼び、同様の施設が欧州に広がりを見せました。フランクルは各地で講演活動をしたり、心理相談活動に没頭していきます。

34 歳になると、個人開業をしました。しかし、数ヶ月後にナチスがオーストリアを占領し、ユダヤ人であったフランクルには身の危険が迫ってきました。フランクルはアメリカに亡命する道が開けていたのですが、悩み抜いた末、両親をおいてひとりではいけないと考え、亡命を断念します。そして 37 歳（1942 年）のときに強制連行され、強制収容所の囚人となり、約三年におよぶ強制収容所生活を送ります。もっとも悲惨な状況において、彼自身の主張であった「**いかなる状況でも人生には意味がある**」ということを身をもって証明することになりました。その体験が世界的なベストセラーである『**夜と霧**』に記されているのです。

収容所から解放された後も、フランクルは精力的に「人生には意味がある」というメッセージを世界に送り続けました。

173

79. 『夜と霧：ある心理学者の強制収容所体験』
Man's Search for Meaning

フランクルは、約三年におよぶ強制収容所生活から奇跡的に生
還し、一年後に『夜と霧』を出版します。この書物の趣旨は、戦
争や虐殺の告発をすることではなく、過酷な強制収容所のなかで
囚人たちがどのような心理的体験をしたかについて克明に記され
ているというところに独自な価値があります。

フランクルはナチスに連行されると、他のユダヤ人たちと共に
満杯の貨車に詰め込まれ、強制収容所に到着します。貨車を降り
ると男女別に一列縦隊に並ばされ、親衛隊将校はひとりひとりに
人差し指を左右に振り分けました。90％の人は右に向けられ、そ
のまま「浴場」と貼り紙のある部屋へ入れられました。シャワー
からは水ではなく、毒ガスが噴出し、そのまま彼らは火葬場で煙
となったのです。フランクルは幸運にも指を左に向けられ、生き
残ります。命を取りとめた労働者は、所持品はおろか、一糸まと
わぬ全裸にされ、毛まで剃られ、名前も失い、ただの囚人番号に
なり、文字通り一切の人間的な所有物は奪われました。長時間の
強制労働にもかかわらず、一日の食事は、水のようなスープと小
さなパン、それからマーガリン程度でした。

初めは戦慄、驚き、恐怖の連続であった収容所体験も、数日の
うちに無感動になるといいます。ガスかまどは単なる自殺の倹約
に見え、鞭打ち、殴打、糞尿や雪の上に立たせる拷問、病気、人
が死ぬ……という光景があまりにも当たり前になってしまい、も
はや心を動かすことはありませんでした。フランクルは、「無感
動こそ、当時囚人の心をつつむ最も必要な装甲であった」といい
ます。囚人の行動や感情は、ただ生存を維持することだけに集中
しました。狭いバラックでは囚人同士つねに密着していて、考え
られないほどの不衛生だったので、慢性的な睡眠不足になりまし

第7章　人間性心理学

た。それでも食事や温かい風呂の夢をよく見たといいます。男色
や性的な夢は、ほとんど浮かんでくることはありませんでした。
　このような極限状況にあっても、宗教的な関心は衰えなかった
といいます。「われわれが遠い工事場から疲れ、飢え、びっしょ
り濡れたボロを来て、収容所に送り返されるときに乗せられるく
らい閉ざされた牛の運搬貨車の中や、また収容所のバラックの隅
で体験することのできるちょっとした祈りや礼拝はもっとも印象
的なものだった」と述懐しています。収容所では人間がもっとも
原始的な状態に陥っていくにもかかわらず、優しい言葉をかけた
り、パンの一片を他人に与える人、夕陽の美しさにうっとりする
人たちが少数ながら存在したのです。精神的に高い生活をしてい
た人間には、「恐ろしい周囲の世界からの精神の自由と内的な豊
かさへ逃れる道が開かれていた」のです。そのため、「繊細な性質
の人間がしばしば頑丈な身体の人々よりも、収容所生活をよりよく
耐え得たというパラドックス」(『夜と霧』) が生じたといいます。
　「同じ状況に直面してある人間は、それこそ豚のようになった
のに対して、他の人間はそこの生活において反対に聖者のように
なった」(『神経症Ⅰ・Ⅱ』みすず書房) のはいったいなぜでしょうか？
　フランクルは同じ身体的・心理的・社会的条件におかれたとし
ても、それによって豚になるか聖者になるかは、各人の内的決断
に任されていると断言します。ナチスといえども精神的な態度決
定の自由までは奪えなかったのです。
　結局、ナチスによる強制収容所で、ユダヤ人であるというだけ
で実に600万人もの人が命を落としました。『夜と霧』は、残虐
さを告発する本ではなく、もっとも非人間的な悲惨な状況におい
てさえ、精神的な自由と気高さをもって、人生に意味を見出して
生きる可能性が私たちすべてに与えられているということを教え
てくれる非常にポジティブな本なのです。

175

80. ロゴセラピーとフランクルの思想
Logotherapy and Frankl's Thought

　フランクルは、フロイトの精神分析、アドラーの個人心理学、哲学者シェーラー（Max Scheler）の人間学などの影響を受けながらも、独自の思索を展開し、**ロゴセラピー**（Logotherapy）または**実存分析**（Existential Analysis）という心理療法を創始しました。ロゴセラピーとは、ギリシャ語のロゴス（Logos：「意味」の意）と治療（Therapy）を合わせた造語で、いかなる状況でも意味を見いだせることに気ずかせる心理療法といえます。ここでは、その思想の一端を紹介します。

①意味への叫び

　フランクルはいいます。「悲劇に直面していても、幸せな人はいる。苦しみにもかかわらず、存在する意味ゆえに」と。人は、意味を見出すならば、苦しみを甘受し、犠牲に身を捧げることも厭わないのです。一方で、社会的にある程度の成功を収め、家族ともうまくやっているのに、人生が無意味で退屈だと感じる人は少なくありません。フランクルは、豊かになった今日では、ほとんどの欲求を満たすことが可能であるのに、意味を満たすことは困難であるといっています。現代人の多くが抱いている、人生の無意味感、虚無感、不条理感などの感覚を**実存的空虚**（Existential Vacuum）といいます。実存的空虚によって引き起こされる神経症を、**精神因性神経症**（Noogenic Neurosis）と呼びました。人は人生の意味を見失うことによって絶望に至り、人は意味を満たすことによって自己を実現するのです。

　ロゴセラピーとは、意味（Logos）による治療（therapy through meaning）です。人間は**「意味への意志」**（Will to Meaning）をもっており、それこそまさに「人間の根源的な関心」であるとフランクルは強調します。

176

②次元存在論

　人間は、医学が扱うような生物学的・身体的な存在であると同時に、精神分析などが扱うように心理的・社会的な存在です。心と身体が人間の全体を構成しているという考えを、フランクルは心理学主義として批判します。人間は、身体的、心理的、精神的な三つの次元からなる統一的、全体的存在なのです。次元という言葉で意味していることは、人間は単に身体・心理・精神という要素を足し算した総和ではなく、多様な次元を含む統一されたひとつの存在（Oneness）であるということなのです（図80）。

　精神的な次元（Noölogical Dimension）とは、意味を探求したり、身体的・心理的・社会的状況に対して自由な態度をとるなど、人間だけに見られるより高度な人間的次元です。精神的次元は、明らかに身体的・心理的な次元を超えていて、なおかつそれらを含み込んでいるのです。

　精神的な次元を加えることによってはじめて、私たちは人間の人格的精神的実存の理解が可能になります。フランクルの次元存在論は、生物学的精神医学や従来の心理学の限界を明らかにし、人間存在を全体的に理解するためのモデルとして、非常に重要です。

③実存の自己超越性

　実存（Exsistence）とは、字義通りには、存在、あるいは現実存

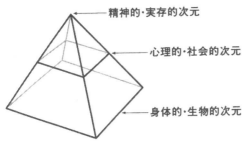

図80. 次元存在論（笠原、1983 年）

在のことです。実存とは、概念や理論のなかでの私ではなく、今ここに、唯一無二の存在として現存している私ということを強調した表現なのです。

フランクルは、**人間の実存は自己超越的である**といいます。ここでいう自己超越性とは、「満たすべき意味や出会うべき人といった、自分自身とは違う何か、自分自身とは別の誰かに関わること」ということを意味しています。人間的な現象はつねに、ある対象に向けての志向的（Intentional）な特質を備えていますが、自己超越性はその反映です。実存とは、自己自身の外へ（Ex-）向かって立つ（Stand）という超越的な傾向を備えているのです。

実存の自己超越性を生きるためには、「**自分自身を忘れること、自分自身を与えること**、自分自身を見つめないこと、自分自身の外側に心を集中させること」が必要だといいます。心理療法がしばしば奨励する内省は、へたをすると「**反省過剰**」「**意図過剰**」となり、神経症を引き起こす原因にすらなるのです。自分を忘れることによって、逆説的に、自己を実現できるのです。仏教の**無我** (→ 129) の教えとよく似た思想です。

④人生のパラドックス

人生には、**目標にして努力をするとかえって得られなくなる**というパラドックスがある、フランクルはそう指摘します。

幸せは、結果として訪れるべくして訪れるものです。意図的に、幸せを目指せば目指すほど、それが障害となって、幸せを見失なうのです。

劣等感を克服しようとするとき、劣等感と戦っている限り、劣等感に悩み続けます。劣等感があるにもかかわらず成功したり、外側の課題に注意が注がれるようになると、劣等感は消えていくのです。

スポーツでは、勝利にこだわり、成功を意識し過ぎると、余分な緊張が入って失敗します。自分を相手に戦うとき、リラックス

第7章　人間性心理学

して最善の結果が出るのです。

　セックスは、性的な快楽を目的とするとき、相手は単なる手段になり、失敗します。せいぜいパートナーの上でのマスターベーションに終わるのです（セックスの非人間化）。フランクルは、愛の身体的表現である限り、セックスはセックスを超えて、真に価値のある経験になるといいます。

⑤人間性心理学とフランクル

　フランクルは、精神分析や行動主義心理学の発見は、それぞれの次元の範囲内では正しいことを認めています。しかし、「精神分析も行動理論も共に、人間的な現象の人間的な側面を、かなり無視している。どちらも還元主義的思考に、今もなお夢中になっている」とその限界を厳しく指摘しています。ここまでは、マズローやロジャースらの人間性心理学の主張と一致しているのですが、フランクルはさらに、人間性心理学のヒューマニズムに対してもいくつかの疑問を呈しています。

　マズローの欲求階層論については、強制収容所や死の床にある人の体験が示すように、低次の欲求が満たされないときこそむしろ、意味への意志といった高次の欲求が差し迫ったものになる場合があることを指摘します。自己実現についても、それは**目標ではなく、あくまでも結果に過ぎない**というのです。

　ロジャースのエンカウンターグループについては、孤独を埋めるために集まるだけでは、それは単に集団で行うモノローグ（独白）に過ぎず、偽の出会い、ロゴスなき対話に陥る危険性を厳しく指摘しています。

　それに対し、「**ひとりで存在する勇気**」があり、創造的な孤独や瞑想的な時間を過ごすことができ、自己を超えて意味や愛に向かっている個人同士が出会うとき、はじめて**真の出会い**が生じるというのです。

179

81. 自己実現の過程
The Process of Self Realization

　私たちは、普段は他者との関係性のなかで、共同世界を生きています。しかしあるとき、なんらか問題が起こって、共同世界とのつながりがうまくいかなくなり、ひとりで深く沈んでいくことがあります。自分でも訳が分からず、下方の暗闇へ吸い込まれてゆき、自分だけの**固有世界へと沈降**します。そして、ひどい孤独のなかで暗中模索の時期が続きます。万策尽きてもうどうにでもなれとさじを投げた瞬間に、変化は訪れます。

　自分の混乱とは無関係に、自己の存在がそこに立っているのを発見するのです。これが、**実存の自覚、実存との出会い**です。大地の底に着地したかのように、心とは次元の異なる自己自身の存在を発見したのです。

　実存との出会いによって、人は内側からの知恵と力を得ます。これまでの暗闇での暗中模索が、ことごとく意味のある出来事だったことに気づくかもしれません。実存の自覚は、他者との関わりや、知識の獲得によってではなく、実存的な孤独のなかでのみ起こるのです。

　自らの実存を見出した人は、**上昇**に転じます。地下で得た力を手にして、再び地上の共同世界で暮らそうとするのです。共同世界は、大地に象徴されるように、水平的な世界です。水平性には、現実的、社会的なルールや制約があります。この、水平的な共同世界で、垂直的な下降によって得たものを生かすためには、**実存の声をききながら、共同世界のルールに則って生きる**ことが求められるのです。

　実存の声は、絶対的、非日常的な垂直軸にそっています。私たちが成長するということは、さらに上昇し、高さを目指します。高みへと登るためには、地底深くに根を下ろしていること、そし

第7章　人間性心理学

て水平的な共同世界に広く経験的な基盤を持つことが必要です。

自己実現の過程は、その本質を隠喩的(メタフォリカル)に描けば、しばしばこのように**下降と上昇の道**を進むのです（以上は、石川勇一『自己実現と心理療法』『スピリット・センタード・セラピー』において論じられています）。

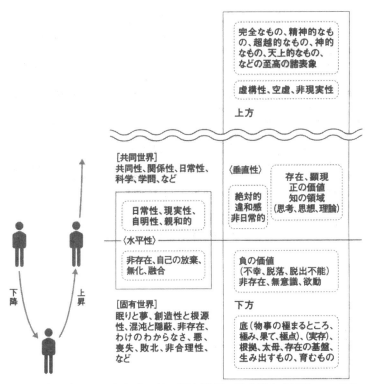

図81. 自己実現の過程と共同性・固有世界、垂直性と水平性の一般的意味（石川勇一、1998年）

181

第 7 章　人間性心理学の主要参考文献

◎　マズロー『**完全なる人間**』（上田吉一訳）誠信書房、1964 年

◎　マズロー『**創造的人間：宗教価値至高体験**』誠信書房、1972 年

◎　マズロー『**人間性の最高価値**』（上田吉一訳）誠信書房、1973 年

◎　マズロー『**人間性の心理学：モチベーションとパーソナリティ**』産能大学出版部、1987 年

◎　ロジャース『**ロジャース全集**』（全 23 巻）岩崎学術出版社、1967 年

◎　ロジャース (H. カーシェンバウム，V.L. ヘンダーソン編)『**ロジャーズ選集上下**』2001 年、誠信書房

◎　ロジャース『**人間尊重の心理学：わが人生と思想を語る**』創元社、1984 年

◎　フランクル『**フランクル著作集**』（全 6 巻）みすず書房、1957-62 年（第一巻「**夜と霧**」、第二巻「**死と愛**」他）

◎　フランクル『**それでも人生にイエスと言う**』春秋社、1993 年

◎　ボス『**精神分析と現存在分析論**』みすず書房、1962 年（原著 1957）

◎　ミンコフスキー『**精神分裂病**』みすず書房、1954 年（原著 1953）

◎　コーネル『**やさしいフォーカシング**』コスモス・ライブラリー、1999 年

◎　ジェンドリン『**フォーカシング**』福村出版、1982 年

◎　池田豊應『**人間学的心理学**』ナカニシヤ出版、2001 年

◎　石川勇一『**自己実現と心理療法：実存的苦悩へのアプローチ**』実務教育出版、1998 年

◎　木村敏『**心の病理を考える**』岩波書店、1994 年

◎　久能徹・末武康弘・保坂亨・諸富祥彦『**ロジャーズを読む**』岩崎学術出版社、1997 年

◎　佐治守夫・飯長喜一郎編『**ロジャースクライエント中心療法**』有斐閣、1983 年

◎　デカーヴァロー『**ヒューマニスティック心理学入門：マズローとロジャース**』新水社、1994 年

◎　中村雄二郎『**臨床の知とは何か**』岩波新書、1992 年

◎　村上英治編『**現象学からの提言：人間性心理学への道**』誠信書房、1986 年（絶版）

◎　諸富祥彦『**カール・ロジャース入門**』コスモス・ライブラリー、1997 年

◎　諸富祥彦『**フランクル心理学入門**』コスモス・ライブラリー、1997 年

第8章

日本の心理療法

82. 森田正馬

83. 森田神経質ととらわれ

84. 森田療法の神髄

85. 内観療法

86. 臨床動作法

87. 臨床動作法の理論と実際

82. 森田正馬
Morita Masatake (Shoma)

　森田正馬（1874-1938）は、1919 年に、神経症者に対して高い治療効果を示す日本独自の心理療法を確立しました。後にこれは創始者の名前をとって**森田療法**（Morita therapy）と呼ばれるようになります。

　森田療法のエッセンスは、苦痛や恐怖から逃れようとするのではなく、苦痛も恐怖を「あるがまま」に受け入れて絶対服従せよ、そうすれば神経症は全治する、ということです。

　森田療法の原点は、森田自身の体験にあります。森田の一生を簡単に見てみましょう。森田は 1874 年（明治 8 年）に高知県に生まれました。先天的に**神経過敏**の素質をもった子どもで、10 歳の頃お寺で極彩色で描かれた地獄絵を見て、身の毛のよだつような恐怖に襲われました。それ以来、生と死の問題が頭から離れなくなります。中学時代には、偉いお坊さんになりたいと考え、お経を読んだり座禅を組んだりしました。また、**易**に関心を持ち、いつも筮竹をもち歩いていて、「森田の占いはよく当たる」と評判でした。骨相学や観相学などにも関心をもって研究しています。森田は、20 年にもわたって「いろいろの迷信的療法などを研究し尽くし」、「正道や真理を発見するには、迷信や邪道を見破ることが必要」（破邪顕正）であり、この研究遍歴がなかったら森田療法の発見はなかったと後に語っています。

　中学時代には、疲労しやすく、病気を気にしながら過ごす毎日でした。脚気や重症のチフスになったり、心臓神経症になって落第も経験しています。高校時代には、仏教や東洋哲学、キリスト教に関心を抱きました。しかし信仰は得られなかったといいます。

　大学に入学すると、森田はさらに**神経症**に深く悩まされ、脚気も再発し、ほとんど何もできない状態に陥りました。さらに父親から

第 8 章　日本の心理療法

の送金も途絶え、「父の無情をうらみ、自分の病気を悲観し、やるせない煩悶の果てに、やけくそになった。そして父に対する面あてに死んで見せようと決心した」といいます。森田は、服薬も治療も中断し、夜もほとんど眠らずに**死ぬつもりで猛勉強**したのです。

『森田正馬全集』白楊社

その結果は予想外でした。死ぬどころか、試験の成績が上出来で、神経衰弱も脚気もすべて飛んでいってしまったのです。これが、森田が長年の神経症を乗り越る一大転換になりました。そして、神経症とは何かを理解したのです。後から振り返ると、「私のいままでの神経衰弱（神経症のこと）は、じつに仮想的なものであった。すくなくとも、**症状の大部分は自らつくり上げたもの**であった。大学病院の医者の診断が間違っていた」と述べています（『生の欲望』）。

この体験から、森田療法の完成に至るまでには、20年以上の年月を要しました。森田は精神科の医師になり、当時有効だといわれる技法を次々と取り入れ、実際に試していきました。**催眠療法** (→39～40) にも熟練しましたが、根本的な治療効果は得られないとして途中で放棄しています。そのほか、安静療法、作業療法、説得療法、生活療法などとよばれる方法を実施し、その一部は森田療法に活かされることになります。フロイトの**精神分析** (→41～49) の学説にも触れ、その理論に興味を示しますが、治療のために無意識を詮索する必要性は認めませんでした。

森田療法は、彼の神経症体験、博学で柔軟な知性、膨大な臨床実践の積み重ね、そして日本文化を背景として生み出されたのです。

また、森田療法は、2000年代に欧米で急速に流行している**マインドフルネス** (mindfulness) **認知療法** (→65) や修行法 (→113) と酷似しているという指摘が各所でなされ、昨今、再注目もされています。

185

83. 森田神経質ととらわれ
Morita Shinkeishitsu and Toraware

　森田療法は、高率の治癒実績を出していますが、その一つの理由は、すべての精神疾患を対象とするのではなく、限定した人々のみを対象としていることにあります。森田は人間の気質を七種類に分け（表83）、そのうちの「**神経質**」と呼んだ、生まれつきの気質をもつ人々に対象を限定しているのです。

　森田は自分自身が神経質であることもあり、その理解は秀逸です。神経質は、自己内省が強い、自己批判的、用心深い、小心、理知的、向上心が強い、努力を惜しまない、取り越し苦労、ひとつのことに執着しやすい、ねばり強い、融通が利かない、軽はずみではない、責任感が強い、ヒネクレ、感情の抑制が強い、感受性が豊か、過敏、細かいことにもよく気づくなどの特徴があります。

　悪いことばかりが自分のことのように思ってしまのも、神経質のもつ傾向です。たとえば、心の病の勉強をすると、全部自分にあてはまっているような気がして悲観したりします。

　よいことばかりが自分にあてはまり、悪いことは関係ないと思うポジティブな傾向のある人は、神経質ではなく、森田のいう**意志薄弱**や**ヒステリー** (→ 23, 24) という気質の人なのです。

　神経質は、他の気質の人とは異なり、決して自暴自棄になったり、自殺したり、のんきになったり、ズボラになったりすることはできません。自分に対する反省や批判の能力が高く、自分を改善して前進しようという強い意欲をもっているからです。神経質の人は、このような素質をうまく発揮すれば、**良知を得、有意の人となる力**を備えているのです。

　森田は、親鸞、白隠禅師、釈迦 (→ 127) などは神経質性の気質であるといっています。こんな表現までしています。

「釈尊は、死を恐れ、病を畏れ、人生の苦痛を悲観した極、発心し
てこの生老病死の四苦を離脱せんとし、29歳のときついに王位を
捨てて、難行苦行六年の後、大安心を獲たのである。これが神経質
性素質所有者の標本である。」

　このように神経質は素晴らしい素質なのですが、ひとたび些細
なことにとらわれはじめると、これがことごとく短所となってあら
われるのです。「たとえば頭痛とか不眠とか煩悶とか、その自己
観察にとらわれたときには、世の人は皆爽快で安楽であるけれど
も、ただわれ独り苦痛に耐えないというふうに全く自己中心的に
なりきってしまい、親も兄弟も、誰も自分を理解してくれるものが
ないといって、人を恨み、世をかこち、さらに親の遺伝までも腹
立たしくなり、周囲に八つ当たりするようになる、これが神経質を
自我主義と称するところである」（『神経衰弱と強迫観念の根治法』）。
　このように、些細な身体の違和感や感情の苦痛に気づき、そこ
に注意が集中し、それがあってはならないものとして完全に取り
去ろうとするとき、かえって症状にとらわれ、ますます苦痛は増
すという悪循環に陥るのです（**精神交互作用**）。神経症の症状とは、
本来それほど異常ではないことを異常だと考え、それへのとらわ
れから精神交互作用によって増幅・増悪して生じたものであり、
本質的に病気ではないのです。

表83. 森田による気質の7分類

神経質	自己内省的、理知的、求道的、感情抑制的
ヒステリー性気質	感情過敏性、移り気、自己内省ができない
意志薄弱性気質	向上心に乏しい、目先の欲望に支配される
発揚性気質	陽気、交際上手、表面的、内省ができない
抑うつ性気質	陰気、なにごとにも消極的、内省が浅い
偏執性気質	ひとつのことに執着する、人間味に乏しい
精神分裂性気質	他人から心がうかがい知れない、内向的

84. 森田療法の神髄
The Essence of Morita Therapy

①はからいからあるがままへ

　森田療法では、神経質者に対して、症状や気分はそのままにして、苦痛をあるがままに受け入れ、やるべきことを目的本位に行動しなさいと指導します。

　たとえば、学校に行きたくないと思っているときに、学校に行きたいと思うように気持ちをやりくりして変えようとしても不可能なことなのです。気分がどうであろうと、学校に行かなければならないなら、その目的に従って行動すればよいのです。そうすれば、はじめは嫌な気分で家を出ても、歩いているうちに次第に変化して、学校に着いてみたら前向きな気分になっているかもしれません。

　森田は、気分や症状を観念によって変化させようという不可能な試みを「**思想の矛盾**」と呼び、精神交互作用の悪循環の引き金になるものとして戒めました。「いつも気分が爽快でなければならない」とか、「すべての人を愛さなければならない」などといった不可能な「理屈」「主義」「はからい」によって自分の感情や行動を統制しようとすると、かえって症状は複雑化し、悪化するのです。「一波をもって一波を消さんと欲すれば、千波万波こもごも起こる」のです。森田はといいます。「かくあるべしというなお虚偽たり。あるがままにある、すなわち真実なり」

> 「私どもの人生においては、苦は苦であり、楽は楽であります。『柳は緑、花は紅』であります。あるがままであって、自然に服従し、境遇に従順であるのが真の道であります。それが、毎日の気持ちを引き立てるもっとも安楽な道であります。憂鬱や絶望をおもしろくし、雨天を晴天にし、緑を紅にしようとするのは、そもそも不可能

なことであって、そのような不可能な努力をするならば、世の中に
これ以上苦しいことはありますまい。私どもは腹が減れば食べたい
し、腹が張れば食べたくない。いつも食べたく、しかもおいしく食
べたいというのは迷妄であり、邪道であります。」

(森田正馬『自覚と悟りへの道』)

②恐怖突入

　強い恐怖や不安があったとしても、恐ろしいままに、不安なま
まにやるべきことを為せばよいのです。雑念が浮かんで勉強に集
中できない人は、雑念が浮かぶのは当たり前のことなので、雑念
が浮かぶままに勉強していれば、やがて自然と勉強の能率は上
がっていきます。対人恐怖の人は、人前では恥ずかしい恐ろしい
と感じながら、オドオドしながら人と接すればよいのです。そう
すれば、出しゃばりにならず、かえって好感をもたれ、目的を達
成することができるのです。気の小さい人は、虚勢を張るとかえっ
て人から敵視され見下されますが、小心翼々として弱さに徹する
ことができれば、結局は勝利を得るのです。

　森田は、このように一切のはからいを捨て、恐ろしい場面にあ
るがままで入っていくことを、**恐怖突入**と呼びました。恐ろしい
ままに恐怖に突入し、恐ろしさが極に達し、恐ろしさそのものに
なりきったときに、恐怖が解体するのです。これを「窮して通ず
る」とか「**煩悶即解脱**」といいます。神経症は、治すことをやめ
たときにはじめて治るのです。

③気分本意から事実唯真の態度へ

　神経質による症状を解決するためには、主観的な観念や感情に
基づいた気分本位の態度を打破し、客観的な事実に即した**事実唯
真**の態度によって行動することがたいせつなのです。

　物事に向き合うと、私たちの中には自然と、関心や疑問などの

ある「感じ」が湧いてきます。その感じに乗り、その後に理知を用いて、工夫しながら、行動をしていけばいいのです。初めから理知があって、それに事実をあてはめようとすると思想の矛盾に陥るのです。

森田は、「心は万境に従って転ず、転ずる処実に能く幽なり。流れに随って性を認得すれば無喜また無憂なり」という禅の言葉を好んで使いました。森田療法では、神経症はとらわれによって形成される**主観的虚構性**を帯びたもので、はじめから病気ではないのですから、心が流転しはじめると自然と全治するのです。

④生の欲望と死の恐怖

神経質は、立派になりたい、学びたい、向上したい、充実した人生を送りたいなどの欲望が人一倍強いのが特徴です。森田はこれを**生の欲望**の発現であるとしました。

生の欲望が強いほど、**死への恐怖**も大きくなります。神経質の人は、本来もっている生の欲望を発揮させ、これに乗り切るようにして苦痛の回避を思う暇をなくすようにすればよいのです。すでに苦痛の回避や死の恐怖にとらわれている場合には、その恐怖になりきって、思想の葛藤を起こす余地をなくすのがいいのです。

生の欲望と死への恐怖は上下や左右と同じく、相対的なものなのです。生の欲望に乗り切ったり、恐怖に突入するとは、このような比較相対の世界から脱出して、絶対の境地になることなのです。

⑤不問に付す心理療法

森田療法は、症状や観念への過剰なとらわれが神経症を形成すると考えるので、過去の原因を探ったりせず、症状に対しては**不問**という態度を取ります。西洋の心理療法が、症状、気分、観念、イメージなどを重視し、それを引き出して操作したり、変容させようとするのと好対照です。森田療法は、**症状には取り合わ**

ずに、現実的になすべきことをなすうちに、自然に症状は解消されると説くのです。ここには、神経症に対する非常に深い智慧が感じられます。

　不問という方法は、禅仏教の伝統において、坐禅中にさまざまな観念や感覚、イメージが湧いてきても、坐禅中は一切取り合わ**ないという瞑想的な態度**と通じるところがあります。森田がしばしば禅の話を引き合いに出したのは決して偶然ではありません。

　森田の文章は、竹を割ったように明快で、飛躍がなく、くどい抽象論は皆無で、さらさらと展開していきます。森田は神経質という素質を生き抜き、相当の境地に達していたのは疑う余地がありません。その内容は、単なる治療論の域を超えています。

　森田の本を読んだだけで神経症が治ったという人や、生き方を学んだという人も少なくありません。海外でも、森田療法が実践されているところがあります。今日でも森田療法は、時代状況に合うように修正されながら、森田の精神を継承して実践されています。

　優れた心理療法家というのは例外なく、幅広く深い知識を備え、自分自身が大きく転換する心理的体験をもち、独自の工夫しながら臨床を行っているものですが、森田はまさにその通りの人でした。

表84. 入院森田療法における四段階

第一期 絶対臥褥期 （ぜったいがじょくき） （7日間）	一日中横になって過ごします。心に向き合い、症状をやりくりしようとするはからいをやめます。生の欲望（活動欲）の高まりを実感します。
第二期 軽作業期 （4～7日間）	気分や症状にとらわれずに、徐々に必要な行動をします。この時期から個人面接や、日記指導を行います。
第三期 作業期 （約1～2ヶ月間）	さまざまな作業や共同生活の実践を通して、症状にとらわれず臨機応変に行動することを覚えます。生の欲望を発揮します。
第四期 社会復帰期 （約1週間～1ヶ月間）	日常生活を送れるように準備します。外出・外泊、病院からの登校・出社などを行うこともあります。

85. 内観療法
Naikan Therapy

内観療法とは、**吉本伊信**（1916-1988）が創始した自己探求法・自己改善法・心理療法です。

奈良県に生まれた吉本は、少年時代より仏教に親しみ、青年時代に浄土真宗に伝わる「**身調べ**」によって深い宗教体験を得ました。吉本はこれをヒントにして、宗教色を取り除き、誰でも体験できる精神修養法に発展させたのです。1953 年に内観道場を設立したのがはじまりで、今日では全国に数カ所の内観研修所があり、ドイツやオーストリアにも研修所が開かれています。

内観療法は、精神的に健康な人から、心理的問題を抱える人まで、さまざまな人が参加します。

内観の方法は、原則として研修所に一週間宿泊して、屏風で区切られた部屋の片隅に座り、一日約 15 時間行います。食事も屏風のなかで取ります。研修期間は、テレビ、ラジオ、音楽、新聞、日常的な会話はいっさい禁止です。

内観は、母親、父親、配偶者、子ども、友人など、自分のまわりの人に対して、一人ひとり順番に、時期を区切って、以下のテーマに沿ってできるだけ具体的に思い出しながら調べていきます。

1. してもらったこと
2. して返したこと
3. 迷惑をかけたこと

面接者が 1 〜 2 時間おきにやってくるので、 3 〜 5 分程度にまとめて内観した内容を報告します。

以上が集中内観と呼ばれる方法で、集中内観の後は、日常生活のなかで短時間の日常内観をすることが薦められます。内観を体

験するとどのような変化が起こるのでしょうか。内観が深まると、自分が多くの世話や愛情を受けていたことに気づき、それを当然のように受け取っていたことや、それに対してして返したことが少なく、迷惑ばかりかけてきた自己中心的な自分の姿に気づくのです。

たとえば、人生は自分の力で切り開いてきたと思っていた人は、自分が多くに人に支えられていたことに気づき、**謙虚**になります。

親のせいで自分は不幸になったという被害者意識をもっている人や、親から愛情をもらえなかったなどと恨んでいる人は、はじめは怒りばかりが噴出してくるかもしれませんが、内観が深まるにつれて自分が愛されていた出来事を思い出し、**懺悔**の思いと、親に育ててもらったお陰であることが深く実感され、**感謝**の思いがわいてきたりするのです。

このように、内観によって自然に、自分や他人に対する見方が変化し、心にひっかかっていたわだかまりが解けていったりするのです。その結果として、情緒が安定する、他者への信頼感が増す、思いやりが出てくる、責任感が出てくる、意欲が湧いてくる、対人関係が好転する、自分らしさを取り戻すなどの効果があらわれるのです。

臨床的には、人間関係の問題、不登校、非行、うつ状態、心身症、アルコール依存などの問題の解消や改善のほか、犯罪者の矯正として効果を上げていることが報告されています。

内観療法は、あるがままの自分をじっくりと見つめることによって、人生を肯定的にとらえられるような変化を促すのです。

86. 臨床動作法
Clinical Dohsatherapy

　臨床動作法とは、簡単にいうと「**動作を主たる道具とする心理臨床活動**」です。ほとんどの心理療法が、言葉を主たる道具としているのと対照的で、ユニークな日本のオリジナルな心理療法です。

　臨床動作法は、偶然のきっかけから着想されています。はじまりは、脳性マヒの子どもが催眠をかけると腕を動かせるようになるという発見でした。脳性マヒは、それまでは身体が動かない障害だと思われていましたが、実際には身体は動くけれども、自分の思うように動かせない障害だということが明らかになったのです。

　成瀬悟策らは、これにヒントを得て研究を進めました。催眠による効果は一時的なものに過ぎなかったので、催眠を使わずに意図通りに身体を動かせるような方法を研究し、1960年代後半に**動作訓練**と呼ばれる技法を開発したのです。動作訓練によって、「一生寝て暮らすしかない」といわれていた子どもが、立って歩けるようになることさえあったのです。

　その後、動作訓練の方法を、自閉症、多動性障害、知的障害、てんかん、盲や聾などの障害児に適用すると、落ち着いた態度や表情になったり、行動が積極的になるという効果が確認されました。

　統合失調症者に試みたところ、自発的な散歩、挨拶、他者との接触、姿勢の改善、日常行動がしっかりするなどの効果が確認されました。そして、神経症、心身症、鬱状態などに適用したところ、同様の効果や症状の改善が次々と報告されたのです。このような心理的問題への取り組みは、**臨床動作法**または**動作療法**、あるいは単に**動作法**と呼ばれるようになります。

　心理療法としての臨床動作法を行うことによって、意識を心の内側に向けたり、自分を素直に見つめやすくなる傾向があります。内省が苦手だった人が、動作法を行うことによって、身体だけで

第8章　日本の心理療法

はなく、次第に心を観察する能力もついてくるのです。

　PTSDに対しても、動作療法は効果を発揮します。1995年の阪神淡路大震災のとき、被災者は、不眠、鬱、身体が重い、肩こり、腰痛、頭痛等の症状を抱えていました。彼らにボランティアで動作療法を実施したところ、気分がよくなる、寝つきがよくなる、夜中に目覚めなくなる、朝の目覚めが爽快になる、やる気が出る、などの改善が見られたのです。

　動作療法を実施していると、猫背などの姿勢が改善されたり、肩こりや腰痛が解消されるなどの効果も認められました。こうして一般の人の健康促進の方法としても有効性が認められ、さらに教育現場、高齢者、スポーツ選手などにも適用されるようになりました。これらの方法を総称して、**臨床動作法**と呼びます（図86参照）。

　臨床動作法は現在、心理療法家のみならず、研修を受けた教育者、医師、看護士、保健婦、助産士、理学療法士、介護士などによってさまざまな現場で幅広く実践されています。

　また、臨床動作法は、欧米、アジア、中東諸国へと国際的な広がりも見せています。

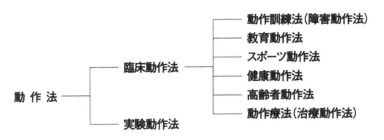

図86. 動作法の分類

87. 臨床動作法の理論と実際
The Theory and Practice of Dohsatherapy

　臨床動作法では、特定の身体の動作を課題として出します。クライエントは課題達成のための努力をし、セラピストはその援助をする心理療法です。しかし、なぜ動作をすることが心理的な援助になるのでしょうか？　臨床動作法の、基本的な考え方を説明しましょう。

①動作は生き方である
　私たちの**心理的状態**や、**生き方**、世界の体験の仕方は、必ず、身体や、身体の動作にあらわれます。いつも心が緊張している人は、身体のどこかに慢性的な緊張があります。背筋を伸ばし、胸を張って上方を見据えながらうつ状態になる人はいないでしょう。私たちの心と身体は、車の両輪のように密接に関連しています。臨床動作法では、身体にあらわれた緊張、不調、不安定感に対し、実際に自分の身体を動かしてリラックスさせたり、調和を取りもどしたり、よりよい方向に変えていくという努力を行うのです。

②動作は心理的過程である
　私たちが身体の動作を行うときには、まず「腕を上げよう」などの主体の**意図**があります。次に、その通りに動かそうとする試行錯誤や**努力**の過程があり、その結果として**身体の運動**が起こります。臨床動作法は、動作を単なる客観的な身体的な動きとしてではなく、このような一連の**心理的過程全体**を動作と考えるのです。したがって、臨床動作法は、身体運動ができるかどうかということよりも、動作課題を達成しようとする際の心理的な体験を重視してするのです。

③臨床動作法の体験

　臨床動作法のセッションを重ねると、しばしば次のような肯定的な心身の体験が訪れます。リラックスして安心している感じ、今ここに自分がいるという感じ、本来の自分のエネルギーが出てくる感じ、それを活かせる感じ、自分のからだや自分自身についての確かな感じ、失われていた現実感が回復する感じ、自分の近い将来を肯定的に思える感じ、困難や不安なことにチャレンジできる感じ、などです。これらの体験が、心の問題を解決したり、成長するために、プラスに働くのです。

④臨床動作法の進め方

　臨床動作法は、セラピストが提供する動作課題をゆっくり実践しながら進めていきます。はじめはセラピストの補助のもとで、ひとつひとつを体験していきます。覚えてしまえば、一人でできる課題もあります。動作課題は、顔、首、肩、背、腰、脚、腕など、全身に対応したものがあります。動作法を行うときの基本姿勢には、仰臥位・側臥位・伏臥位、坐位、腰かけ位、膝立ち、立位、歩行があります。動作課題を達成していく過程で、身体に入っている無駄な緊張に気づき、その力を抜いていくことを覚えていきます。このような気づきが深まってくると、日常生活でも無意識のうちに入ってしまう身体の力に気づき、自分で力を抜くことができるようになるでしょう。

⑤慢性緊張

　身体に知らず知らずのうちに入っている力は、しばしばこころの緊張とつながっている場合があります。こころの緊張によって無意識に連続的に入れている力は、身体の**慢性緊張**となって現れます。慢性緊張があると、身体の一部が重い感じがしたり、凝っていたり、痛みを覚えたりすることがあります。身体の各部分が、

つながっていない感じや、地に足がついていない感じがするのも慢性緊張によるものです。慢性緊張は、身体に硬さ、こわばり、歪みを生みだし、動作に偏りをもたらします。臨床動作法では、緊張部位に無意識的に入れている力に気づき、動作を行いながら**自分でその力を抜いていく**ことを体験的に学ぶのです。

　慢性緊張は、いつも緊張しているということなので、本人はこれが普通なのだと思い、まったく気づいていないこともあります。しかし、適切な動作課題をやると、慢性緊張がはっきりとあらわれてくるので、自分で気づけるようになります。

⑥自分で緩める

　「自分で緊張に気づき、自分で力を入れて緊張させたり、自分で力を抜いて弛めたりする」というところが臨床動作法の特徴で、セラピストが一方的に治してくれる整体や鍼灸などの身体療法と根本的に異なる点です。動作法は、あくまでも動作の主体が、力を入れたり抜いたりする心理的プロセスを目指すので、ただ横たわっていればセラピストが気持ちよくしてくれるというものではありません。臨床動作法は、他者によって弛まる（**他者弛緩**）のではなく自分で弛める（**自己弛緩**）のであり、身体が動くのではなく動かすということを試みるのです。「自分で動かす」という体験は、自分の身体を制御しているという感覚や、バランス感覚、自信へとつながります。

　一度わざと特定の部位に力を入れて緊張をさせるのは、ジェイコブソンの**筋弛緩法**というものからヒントを得ている技術ですが、これによって弛める感覚がはっきりと感じやすくなります。さらに、筋緊張は力を入れることによってかえって弛まり、解れてくることがあるのです。

　このように、特定の部位を特定の動作をしながら自分で緊張させたり弛めたりする臨床動作法を繰り返していると、次第に自分

の身体感覚が分化し、鋭敏になってきます。それにともなって、心の内側にも意識を向けやすくなり、自分の中にある生きる力や、無意識的な努力にも気づくようになってくるのです。

⑦タテになる

臨床動作法では、各部位の力を抜いて弛緩するだけではなく、姿勢をまっすぐに立て、しっかりと大地に立つための技法もあります。これを「軸をたてる」「タテになる」といいます。軸がしっかりすると、生きる感覚もしゃきっとして、仕草、態度、表情が締まってきます。呼吸も深く落ち着くようになります。自分の身体や自分自身がしっかりと存在しているという確実な感じになるのです。自体・自己存在感が定まると、外界に対して適切に対応できる準備が整い、余裕が生まれます。それによって、他者への関心が増したり、配慮することができるようになるのです。

身体をタテに立てるということは、体軸を自己存在の基軸として、自分自身の新しい世界が形成され、生まれ変わるということなのです。タテになることによって、すぐに変化を感じ取れます。特に、猫背気味の方や、うつ傾向のある人には、タテになる臨床動作法によって、姿勢の改善に加えて、心も活性化してくることを実感できるでしょう。

⑧体験治療論

臨床動作法では、クライエントはただ動作課題に集中して取り組めばよいのですが、そこには非常に多くの体験内容が含まれています。リラクセーション、自分で動かす、タテになる、セラピストと動作を介したコミュニケーション（共同作業）、自分の身体と心の観察（自体・自己 モニター）という体験です。このような**治療体験**が、日常生活にも広がってゆき、世界の体験の仕方（**体験様式**）も変化するので、臨床動作法は心理療法として有効なのだと考え

199

られています。成瀬は、臨床動作法とは「治療セッションにおける動作体験を通して、クライエントの日常の生活体験のより望ましい変化を図る心理療法」と説明しています。

⑨臨床動作法の意義と課題

　臨床動作法は、誰にでもできるシンプルでわかりやすい技法なので、ほとんどの人が新たな気づきや発見をすることができます。身体感覚が未発達な人や、気功、ヨーガ、座禅、武術、エネルギーワーク、ボディワークなどで挫折した人でもたいていは大丈夫です。初心者の失敗の少なさは、臨床動作法の大きな魅力でしょう。臨床動作法は、動作を介した方法なので、思春期の子どもなど、心の状態を言葉にするのが苦手な人や、中高年の男性によく見られるように、プライドが邪魔して他人に相談できないような人でも、言葉で語る必要がないのでこれらの問題をクリアしやすいのです。

　臨床動作法では、言葉で知ることではなく、「これだ」という体験をしやすいので、体感を大切にする人には、納得されやすいという特徴があります。生き方や体験の仕方に具体的な方法でアプローチできるというのも臨床動作のメリットです。

　臨床動作法の課題としては、ひとりではできない動作課題も多く、完全にセルフヘルプでは実施できないということがあります。それから、多くの課題では、セラピストがクライエントの身体に触れますので、身体接触に嫌悪感がともなう人の場合には限られた課題しか実施できません。あらかじめ触れることを説明し、同意された場合にのみ実施するようにしなければなりません。

第8章　日本の心理療法の主要文献

◎　成瀬悟策『**姿勢の不思議**』講談社、1998 年
◎　成瀬悟策『**リラクセーション**』講談社、2001
◎　成瀬悟策編著『**講座・臨床動作学**』（1 ～ 6 巻）学苑社、1995 ～ 2003 年
◎　日本臨床動作学会編『**臨床動作法の基礎と展開**』コレール社、2000 年
◎　三木善彦・黒木賢一編『**日本の心理療法**』朱鷺書房、1998 年
◎　三木善彦『**内観療法入門**』創元社、1976 年
◎　森田正馬『**神経衰弱と強迫観念の根治法**』白揚社、1953 年
◎　森田正馬『**神経質の本態と療法：精神生活の開眼**』白揚社、1960 年
◎　森田正馬『**生の欲望神経質を生かす人間学**』白揚社、1956 年
◎　森田正馬『**自覚と悟りへの道：ノイローゼに悩む人々のために**』白揚社、
　　1959 年
◎　森田正馬『**神経質問答：新しい生き甲斐の発見**』白揚社、1960 年
◎　森田正馬『**赤面恐怖の治し方**』白揚社、1953 年
◎　森田正馬『**森田正馬全集**』（全 7 巻）白揚社、1974 ～ 1975 年
◎　吉本伊信『**内観法：四十年の歩み**』春秋社、1989 年
◎　吉本伊信『**内観への招待：愛情の再発見と自己洞察のすすめ**』朱鷺書房、
　　1993 年

201

第9章
スピリチュアリティの心理学

88. スピリチュアリティとは

89. トランスパーソナル心理学

90. スピリチュアルケア

91. スピリチュアルエマージェンシー

92. スピリチュアリズム

93. ケン・ウィルバーの三つの眼

94. 存在の大いなる入れ子　　95. 前個−個−超個

96. ウィルバーの発達論　　97. 偽りの霊性

コラム **2** 心は脳にあるか？

98. カルト問題　　99. 輪廻転生　　100. 臨死体験

コラム **3** 地球環境問題と原発事故にみる人類の危機と病理

コラム **4** 地球環境を救う道：ウィルバーの4象限から

コラム **5** 心の学問は統合的な方法論へ

88. スピリチュアリティとは
What is Spirituality?

　スピリチュアリティ（spirituality 霊性）という言葉は、今日では欧米を中心に学問的にも広く普及し、中心に定着してきました。特に 1990 年代後半以降、心理学、医学、看護学、哲学、人類学、宗教学など幅広い学問領域（ディシプリン）において、スピリチュアリティおよびスピリチュアルは学術論文のキーワードとして頻繁に用いられるようになり、2000 年以降では、毎年 1000 本近い論文が発表され、世界中で研究が積み重ねられ（図88-1）、多くの分野の知識人もスピリチュアリティという用語を使うようになっています。

　日本国内では、スピリチュアリティとスピリチュアルの奇妙な用語の使い分けも生じています。大衆レベルにおいては、もっぱら形容詞形の「スピリチュアル」が多用され、スピリチュアリティという名詞形の用語はあまり知られていない傾向にあります。いわゆる精神世界やマスメディアで多大な影響力をもった江原啓之氏がスピリチュアリティという言葉をほとんど使わないことが、アカデミズムと大衆における用語の使い分けが生じた一因と思われます。それでも、欧米に比べると普及は鈍い動きですが、霊性に言及する学術論文や学術書は近年増加しています。

　スピリチュアリティは、そのままカナカナで表記されることが多いですが、「霊性」と訳される場合も少なくありません。「精神性」と訳されることもありますが、スピリチュアリティは、単なる心理的なものや、特定の宗教と区別する意図をもって使わる場合が多いことを考慮すれば、適切な訳とはいえないでしょう。

　スピリチュアリティの語源は、ラテン語で「風」「息」を意味する spiritus に由来する spiritualitas からきています。

　キリスト教では、 spiritus は霊を意味する旧約聖書の ruah（ルアッハ）（ヘブライ語）や新約聖書の pneuma（プネウマ）（古代ギリシア語）の訳語として使わ

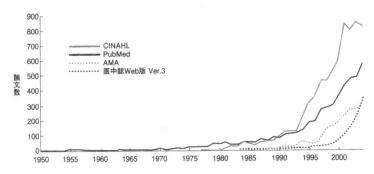

図 88-1. 4種類の論文データベースにおけるスピリチュアリティ関連発表論文数の推移（中村雅彦、2007 年）

れてきました。旧約聖書の創世記には、「主なる神は、土（アダマ）の塵で人（アダム）を形づくり、その鼻に命の息（ruah）を吹き入れられた。人はこうして生きる者となった。」とあります。つまり、私たちの命の本質である神の息（ruah）こそが霊（spirit）であるとされているのです。

スピリチュアリティという言葉は、宗教のなかでも用いられますが、むしろ特定の宗教とは無関係な文脈において、人間の実存や魂、宇宙万象の存在に関する本質的なものを表現しようとするときに用いられることの方が多いようです。

哲学者のロスバーグは、スピリチュアリティという言葉は、宗教全般から、各宗教のもつ神話、教義、儀式、組織、制度、倫理などを差し引いたときに最後に残る、純粋な宗教性を意味していると指摘しています。すなわち、スピリチュアリティという言葉はしばしば「**宗教でない霊的アプローチ**」が含意されています。このような視点には、宗教教団や教義の束縛を逃れ、無益な排他性を回避しようという意図が込められている場合があります。また、スピリチュアリティという用語には、多種多様な宗教は表面的には差異が数多くあるものの、根源においては普遍的本質を共有しているという直観と信念があるのです。このような宗教の**超**

越的一体性あるいは**普遍宗教**と呼ばれる観念が世界に浸透すれば、宗教対立による争いは一掃されると考えられます。

　多くの人々が普遍的で純粋な宗教性としてのスピリチュアリティを個人的に追求する傾向について、宗教学者の島薗進は**新霊性運動**と名づけ、一般庶民からアカデミックな領域まで含めて、世界的な広がりを見せていると分析しています。

　スピリチュアリティという言葉は、実に多様な意味で使われていて、それを分析して定義を試みようとすると議論が百出します。

　精神医学者の安藤治は、「霊性（スピリチュアリティ）とは、人間に本来的に備わった生の意味や目的を求める無意識的欲求やその自覚を言い表す言葉である」とシンプルな定義を行っています。教育学者の西平直は、スピリチュアリティを四つの位相に分類し（表88-1）、それぞれが異なる文脈において独自の意味を担って機能しているとしました。ケン・ウィルバーは、スピリチュアリティを四つに分類し（表88-2）、それぞれの意味は相互に排除するものでなく、連関して全体性をなすと述べています。

　このように、スピリチュアリティの定義や分類の研究も数多くなされていますが、これらの定義では捕捉できない「スピリチュアリティ」「スピリチュアル」の用語法が多数存在しています。例えば、霊（ゴースト）、オーラ、超能力などは上表には含まれていません。スピリチュアリティという言葉は、実は定義できないということが最大の特徴で、概念化を受けつけない、**概念化以前のなにか大いなるもの**（something great）を表現している言葉なのかもしれません。

　このように、スピリチュアリティの本質は、緻密な概念化や、精神世界の専門用語（ジャルゴン）や技術によってはとらえがたいという側面があります。あるいは、多くの一般の人がイメージするように、摩訶不思議な世界や、超能力、あの世の世界、あるいは異次元の旅への興味本位なものでもありません（これらはしばしば、オカルトとい

う差別用語で蔑視されています）。それでもない、これでもないと、あらゆる概念を超えていることが霊性の特徴でもあるのです。

　霊性というキーワードは、それを語る人が、それぞれに思いを込めて語っているのです。筆者の場合には、霊性とは、生老病死などの幾多の苦しみを含むあるがままの現実に向き合いながら、同時に自分の心の内面への気づきと自覚を深めながら、表面的で一時的な満足や知識ではなく、ゆるぎない永遠の安楽と真理を求めて、よりよい真実の生き方をしようとする深層からの欲求や意志のことだと考えています。したがって、スピリチュアルな成長とは、ものや世俗的な知識によってではなく、あるいは別の時空間や物語（妄想の世界）に旅立つのではなく、今ここで、心を清らかにすることによって実現するものだと思うのです。

表 88-1. スピリチュアリティの４つの位相（西平直、2007 年）

(1) 従来「宗教性」という言葉が表現してきた領域で、「身体的」「心理的」「社会的」から区別され、これらに還元されない領域。
(2) 各領域を包摂するひとまとまりの「全人格性」。
(3) 主体の１人称的な転換によって生じる人生の意味の自覚や、生きる意志などの実存性。
(4) 聖なるものに触れて「生かされている」と実感するなど、個人を超えたものへの絶対的受動性（絶対他力）。

表 88-2. スピリチュアリティの４つの意味（Wilber, K. 1997 年）

(1) 至高体験ないし意識の変容状態
(2) それぞれの発達ラインの最高段階
(3) 他のラインとは区別された独立の一発達ライン
(4) 愛、信頼、慈悲などの精神的態度・姿勢

89. トランスパーソナル心理学
Transpersonal Psychology

①トランスパーソナル心理学の誕生

　トランスパーソナル心理学は、これまでの心理学に欠落していた**霊性（spirituality）**(→ 88) を主題として導入し、人間が生死の究極の意味や可能性を追究する学問です。従来の心理学は、大人になる過程で社会の慣習を学び、論理的な知性を身につけ、自立的な自我を確立することが、心理的な発達や成長のすべてだと考えていました。あるいは、マズローの欲求階層論 (→ 69) や人間性心理学 (→ 67) のように、自己実現を果たすことが、人間の成長の終点であると考えてきました。経済的な成功や社会的な地位や名声を得ることが最高の幸福だと考えている人も多くいます。

　ところが、世の中には自我の確立を超えて、自己実現を超えて、社会的成功を遙かに超えた心の世界をもつ人々がいます。彼らは、自分を超えたもの——人によってそれは宇宙、神、仏、大我、道（タオ）、空、スピリットなどとさまざまに表現します——にまで自己の意識を拡大し、その大いなるものとの一体感と同一性を味わい、深い満足、歓び、智慧、愛などに満たされているのです。しかもその体験内容は、表現方法は文化によって異なりますが、自己を超えたものへの帰属感や深い信頼感、死を超えた生、人類や世界に対する深い愛など、文化の枠組みを超えた普遍性をもっています。彼らは、自我（エゴ）や欲望よりも、自分を超えたものを中心として生きることによって、かえってより深い自己を生きているのです。仏教的な表現をすれば、「私」への執着を手放し、無我を自覚し、小我のとらわれから解放され、大我として生きているのです。このような人々は伝説上の聖者だけではなく、普通の生活を送る実際の人間なのです。したがって、私たちもそのように成長できる可能性があるのです。しかも、西洋の心理学者たちに衝撃を与えたのは、東洋の諸宗教が、**瞑想**

208

（→113、135）などの修行をすることによって、そのような意識に到達するための具体的な方法論や深い知識を蓄積していたことなのです。

トランスパーソナル心理学は、このような**自己超越的な人間の成長**を探求するために、**精神分析、行動主義、人間性心理学**に対する**第四の勢力**として1968年に宣言され、翌年に学会が設立されました。人間性心理学を創設したマズローは、「私は第三勢力である人間性心理学を過渡的なものと思っている。私は、トランスパーソナル心理学を、人間性、アイデンティティ、自己実現などを超えて、人間の欲求や関心ではなく、トランスヒューマンな、より高次の第四の心理学の土台として捉えている」と語ったのです。創設のメンバーには、アンソニー・スティッチ、マイケル・マーフィー、アブラハム・マズロー（→68）、メダルド・ボス（→49）、ヴィクトール・フランクル（→78〜80）、ロベルト・アサジョーリ（→101）、アーサー・ケストラー、アラン・ワッツなど、幅広い分野の著名な学者が加わっています。

②トランスパーソナルの時代背景

トランスパーソナルは、1960年代のアメリカに起こったカウンター・カルチャー（対抗文化）を背景に生まれています。当時のアメリカは、世界のなかで突出した経済的な繁栄を謳歌していましたが、それとは裏腹に、泥沼化するベトナム戦争、離婚や虐待の増加に見られる家族の崩壊、女性の自立、人種差別やマイノリティの問題、環境問題などが噴出して多くの人々が混乱していました。これは、個人主義、物質主義、消費主義、教条主義的キリスト教などに代表されるアメリカ的価値観が限界を露呈しつつあったのです。

新しい出口を探し求めていた人々の一部は、西洋の価値観にではなく、東洋の霊的伝統にまったく新しい方向性を見出しました。東洋の諸宗教には、西洋の心理学が知らなかった心の広大無辺な世界と可能性が広がっていたのです。

日本の**鈴木大拙**や**鈴木俊隆**老師による**禅**の思想は、アメリカ人

に衝撃を与え、全米に禅を定着させることになりました。チベットの高僧は**チベット密教**を伝え、東南アジアの**テーラワーダ仏教（上座部仏教）**（→ 128）の僧侶たちは、**ヴィパッサナー瞑想**（→ 113）などの瞑想法を普及させました。

　インドからはヨーガやヒンドゥー教の聖人たちの教えが伝わり、なかでもマハリシ・マヘッシュ・ヨーギによる**超越瞑想**（Transcendental Meditation：TM）は、500万人以上の西洋人に瞑想体験の機会を与えたといわれています。

　こうして西洋の心理学と東洋の精神的文化が出会い、本格的な交流がはじまったのです。東洋の豊富なトランスパーソナルな知識や経験に触発されて、西洋で先駆的に霊性の領域を探求していた**ウィリアム・ジェームズ、カール・ユング**（→第5章）、**ロベルト・アサジョーリ**（→ 101）、**アブラハム・マズロー**（→ 68）らがあらためて注目されるようになりました。そして、禅や道教をセラピーと結びつけて紹介したアラン・ワッツや、インドでヨーガや瞑想を学び『ビー・ヒア・ナウ』を著したラム・ダスらは大衆から熱狂的な支持を受けました。カリフォルニアのエサレン研究所はセラピーのメッカとして世界中から人々が集まるようになりました。

　トランスパーソナル心理学は、こうした東西交流と対抗文化の熱烈なムーヴメントを背景として、人間の新しい可能性を学問的に探求しようとして誕生しました。このような複雑な文化的・人物的交流のために、トランスパーソナル心理学は、決して一枚岩ではなく、文化的にも理論的にも多種多様なものを包含しているのです。

　このような無秩序とも思える多様性のなかに普遍性を見出し、膨大な知識を整理して霊性に基づく統合的な理論的枠組みを提出したのが、後に触れる思想家、**ケン・ウィルバー**（Ken Wilber）です（→ 93〜97）。

③トランスパーソナルの意味

　トランスパーソナル（transpersonal）という言葉は、個（personal）

210

を超える（trans）という意味です。

　「私」という概念や自我同一性（identity）、そしてそこから生まれる個人的な利益を最優先にする**個人主義**は、個人を国家などの集団に従属させる**全体主義**よりは優れていると考えられます。しかし、個人主義はしばしば欲望肯定のエゴイズムに突き進み、結局あらたな不満足や苦しみを生み続け、他者や社会への無関心、虚無主義（ニヒリズム）へと傾斜していきます。トランスパーソナルは、全体主義でも個人主義でもない、両者の問題を解決する方向性を指し示しています。それは、「個」を含みながら、なおかつ「個」を超えていくというトランスパーソナルな道です。伝統宗教が説得力を失い、近代合理主義・科学主義・技術主義・物質主義・現世主義・欲望主義、快楽主義が蔓延りつつも行き詰まっている今日、私たちの進むべき選択肢は個を超える道（トランスパーソナル）以外に果たして存在するでしょうか？

　トランスパーソナル心理学は、これまで宗教の枠組みのなかで表現されてきた人間の究極の体験や可能性を、誰にでも起こりうるものとして心理学的に探求するのです。かつてないほどに古今東西のあらゆる情報を入手しやすくなった時代の恩恵によって、一部の宗教的エリートだけではなく、多数の一般庶民が究極の成長に関心をもち、真剣に取り組むことができるようになりました。そういう意味で現代は、道を求めるものにとっては、新しい実験と挑戦を行うことのできる素晴らしい時代といえるかもしれません。

　「トランスパーソナルとは何か。まずトランスパーソナルな体験とは、アイデンティティや自己の感覚が、個人的なものを超えて拡がっていき、人類、生命そのもの、精神、宇宙といったより広い側面を含むようになっていく体験のことである。……そして、このようなトランスパーソナルな体験及びそれに関連した諸現象についての心理学的研究を、トランスパーソナル心理学というのである」

[Walsh, R. & Vaughan, F., 1993]

90. スピリチュアルケア
Spiritual Care

わが国では未曾有の超高齢社会・大量死の時代を迎え、また大震災などの自然災害によって身近に死と向き合う機会が増加し、個人・家庭・医療現場などにおいて、自分や身近な人の命の終わりにどう向き合い、ケアすべきかが喫緊の課題として模索されています。

人生の終末期においては、さまざまな課題や苦しみが一度に押し寄せます。第一は、身体が痛い、日常生活の支障などの**身体的苦痛**。第二は、仕事、家族、経済の心配などの**社会的苦痛**。第三は、不安、恐れ、いらだち、抑うつ、孤独感など**心理的苦痛**。第四は、死への恐怖や絶望、人生の意味や目的の喪失、死による離別や未解決の人間関係の問題、自分や他者の許し、どう死んでいくのか、死や苦しみの意味、死後どうなるのかなどの**霊的苦痛**（spiritual pain）です。

このような終末期の多様な課題や痛みをサポートするためには、人間を単なる物質（肉体）とみなす機械論的な医学では不十分であり、霊的な次元を含む、より包括的、全人的な援助が必要とされることに多くの人が気づくようになりました。死という避けられない現実の前で、肉体の延命という量的増大だけを目指す医療から、**人生の質**（QOL：Quality of Life）を高めるための援助への転換が切実に求められているのです。

こうした包括的な援助を、最近はスピリチュアルケアと呼ぶようになりました。世界保健機構（WHO）によると、スピリチュアルケアとは、「人生の意味や目的に関わる援助であり、かつ人間関係における許し、和解、人生の価値の発見に関すること」と説明されています。

この定義からも分かるように、スピリチュアルケアは、終末期の人だけが対象なのではありません。人間は皆いつか死ぬ宿命の存在ですから、誰もが広い意味で終末期でありますし、あらゆる対人援助は、スピリチュアルケアであるのです。ただし、死を目

前に迫ってくると、いままで先延ばしにしていた未解決の課題が、残された時間が少ないために、先鋭化して突きつけられるという状況にあるのです。

近年、スピリチュアルケアをできる援助者を育成するための講座や資格が整備されつつあります。日本スピリチュアルケア学会は、スピリチュアルケア師を設定し、2013年から認定をはじめました。

今日のスピリチュアルケアは、特定の宗教の教義を押しつけるのではなく、傾聴、寄り添い、タッチング、グリーフケア（悲嘆のケア）、瞑想などを中心におこなわれていますが、もともとは神父、牧師、僧侶などの宗教者によってなされていた看取りの営みです。わが国でもキッペス神父らが立ち上げた臨床パストラルケア教育研修センターが、牧者のケア（pastoral care）をもとに命名した**臨床パストラル・カウンセラー**などの資格を制定し、独自の教育プログラムを開設しています。

宮城県で長年、末期がんの患者を在宅で看取ってきた緩和ケア医師の岡部健は、東日本大震災後の現場の状況に直面し、終末期患者に寄り添う超宗教・超宗派の宗教者が必要であると提案し、**臨床宗教師**の認定が行われるようになりました。死に行く人々の家を訪問し、ひたすら傾聴する臨床宗教師の活動がNHKの番組でも紹介され、反響を呼びました。

米国の尼僧であり医療人類学者でもあるジョアン・ハリファックス老師は、40年以上、死の臨床現場に身をおき、伝統仏教の慈悲と瞑想を役立ててきました。その経験に最新の脳科学、医学、看護学、倫理学等の学際的な知見を総合して、スピリチュアルケアの研修・修行プログラムを構築し、米国では多くの対人援助職者が研鑽しています。2015年には、ハリファックス老師が来日し、GRACEプログラムという3日間の研修が初めて日本で行われ、医師、看護師、臨書心理士、福祉士、僧侶等が体験的に学び、その研究や実践が日本でも徐々に広がりつつあります。

91. スピリチュアルエマージェンシー
Spiritual Emergency（SE）

①江原啓之氏の体験

　江原啓之は、2003 年〜 2009 年に『えぐら開運堂』『オーラの泉』などのテレビ番組に出演し、視聴者や有名人の**スピリチュアル・カウンセリング**を行い、多数の著作も爆発的に売れ、歌手活動も行うなど、わが国でいわゆる**スピリチュアル・ブーム**を引き起こした人物です。

　江原がスピリチュアル・カウンセリングと称する方法は、相談者がなにも話さないうちに、小さい頃の個人的な出来事、家族の口癖、家の中においてあるものなど、相談者しか知らないはずの情報を一方的に伝え、霊能力の確かさを示して、信頼関係を形成します。**スピリチュアリズム** (→ 92) においてシッティングとよばれる霊能力者特有の技術です。そして、相談者の話をききながら、オーラの状態を見たり、守護霊と対話したり、前世を見るなどして、独自のメッセージを伝達します。アドバイスの的確さに加えて、テレビでのおどろおどろしい演出を断ることによって、いままでの怪しげな霊能者のイメージを払拭し、広い支持につながったと思われます。明るい性格の江原ですが、単なる特殊能力者ではなく、今日に至るまでには大変な道のりを歩んできています。

　江原は、1964 年に東京で生まれ、4 歳の時に父の背後に不吉な暗闇を見ると、まもなく父が死亡するということに遭遇しました。小学校では、教室で前に座っている子どもたちのオーラによって黒板が見えなくなるという体験をしています。霊的な敏感さから、月に一度は四十度の高熱を出し、外出後は必ず横になる虚弱体質でした。近所では、防災頭巾をかぶる母子など、関東大震災や東京大空襲で亡くなった 霊 によく遭遇したといいます。中学時代には母を亡くしますが、江原の母は、臨終の直前には多くの死者たちと対話をしていたといいます。

高校は楽しい時代を過ごしますが、大学に進むと、いつどこで
も 霊 に遭遇するようになり、１年で４度も引っ越しをするほど
「心霊病」に苦しむようになります。たびたび寝込み、経済的に
も困窮し、大学も辞めざるを得なくなりました。芸術家の道もた
たれ、将来の目標を失い、抜け殻のようになりました。友人や兄
弟にも理解されず、完全にひとりぼっちになりました。神と人生
を呪い、何度も自殺を考えたといいます。

そんな絶望の淵にいた頃、ある朝、目の前に大きなシャボン玉
を見ます。その下に小さな人たちがうじゃうじゃと走り回り、逃
げ惑っているヴィジョンを見ます。そして、青紫の光があらわれ、
「お前は、これからこれらの人を救う手助けをしなくてはならな
い。それがお前の役目じゃ！　それがお前が生まれた目的、人生
じゃ！」と告げられたのです。江原は、悪霊が憑いているのでは
ないかと驚き、数々の霊能者のところへ相談に行きます。やがて
江原を守護している昌清之命という修験者の霊が姿をあらわし、
「霊能開発のためにまず身体を整えよ。そして力を養い、知能も
人格も霊能者たる高尚なる発達に向かうべし」と告げたのです。

こうして江原は「真理の道を歩いていこう」「霊界の道具とし
て生きよう」と決意し、アルバイトをしながら寺に通い、心霊に
ついて研究し、滝行を行いました。國學院大学で神職の資格を取
り、神社の神主を努め、心霊相談も行いました。さらに、英国へ
渡ってスピリチュアリズムの伝統を学び、修行を積んでいます。
（江原『人はなぜ生まれいかに生きるのか』）。

江原の体験は、実は多くのシャーマンや霊能者が通過する典型
的な過程です。多くは青年期に、神霊・精霊・死霊などに遭遇し、
夢、ヴィジョン、病気などに悩まされます。これはシャーマンや
霊能者になることを要請する「呼びかけ」で、その呼びかけに応
じるまで、この状態は続くのです。このような困難な状態を巫病
といいます。たいていの人はこの呼びかけに躊躇し、すぐには引

き受けられず、著しい苦悩を体験します。やがて呼びかけに応答することを決意すると、巫病（ふびょう）から解放されます。その後一定の訓練や修行を積んで一人前のシャーマンや霊能者になってゆくのです。後から振り返ると、巫病（ふびょう）は意味のある**通過儀礼**だったことが理解できるのです。このような一連の出来事は、シャーマン的な人が諸文化に共通して体験するプロセスで、**成巫過程**（せいふ）といいます。

②霊的エマージェンスと霊的エマージェンシー

このような不可解な霊的体験や病気は、霊能者やシャーマンだけに起こるのではありません。シャーマンの危機、神秘体験、クンダリニーの覚醒（仙骨に眠る霊的なエネルギーが目覚めること）、心霊能力の開示（psychic opening）などの体験を、トランスパーソナル心理学では、霊的な潜在力が徐々に発現していると理解し、**霊的エマージェンス**（spiritual emergence；以下 SE）と呼びます。

霊的エマージェンスにおいては、しばしば霊的な現象をコントロールできないことから、心理的、身体的、社会的に障害をもたらし、危機的な状況に陥る場合があります。そのような状態の場合は、**霊的エマージェンシー**（spiritual emergency；以下 SE）といいます。

江原の苦闘や、ユングの無意識との対決 (→ 52) がそうであったように、SE は霊的な自己実現や自己超越の過程においては、決して異常で否定的なことばかりではないのです。暗闇に沈み込み、そこで光を見出して生まれ変わるための、意味深い豊かな体験なのです。その後、共同世界で役立つために、修行を積んで共同世界へ復帰するのです。

しかし、このような理解は一般的ではなく、SE はしばしば精神病と混同されます。実際、そのようなときに精神病院や一般的な心理療法家のところを訪れれば、統合失調症と見なされる可能性が高いでしょう。精神病院で統合失調症として診断されて治療を受けると、SE によって成長するどころか、本当に統合失調症になってしまう危険性があります。

英国の精神科医の**R.D. レイン**は、このような精神医学のあり方

第9章 スピリチュアリティの心理学

に疑問をもち、**反精神医学**という立場に立ちました。レインの考えでは、精神病者は普通の人に比べて少し特殊なものの見方をしているだけで、特定の期間投薬を控え、病人として扱わずに、開放的な雰囲気のなかで受容し、自分の陥っている状態を自由に体験させてあげれば、必ずあるところに自然と着地するのです。レインは「キングスレー・ホール」という住み込みの施設をつくりこの考えを実践しました。

米国の D. ルーコフは、自ら SE を体験した精神科医で、図91のように、純粋に精神病的な体験と、単純な神秘体験とがあり、それらが重なり合う三種類の体験があることを明らかにし、それらを区別するための独自の基準を提唱しています。ルーコフらの提案によって、DSM-ⅣやDSM-5 (→ 11) には「宗教的ないし霊的な問題」という項目が設定されています。

SEの概念の普及や研究、そして SE の人の援助のために、グロフ夫妻は1978年に SEN (Spiritual Emergence Network) という組織を設立しました。わが国でも、1989年にＳＥＮ日本が設立されています。

SEの人は、霊的な体験をあるがままに受け容れられ、適切に理解されるだけでも、苦痛が軽減し、共同世界に着地しやすくなります。霊的(スピリチュアル)なものが発現しはじめたときには、本人には何が起こっているのか理解できないのが普通です。ですから、セラピストがはじめにどのように対応するのかはとても重要です。そのためには、セラピストが霊的エマージェンスについての知識をもっている必要があるのです。

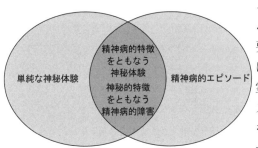

図91. 神秘体験と精神病的エピソードとの関係
(Lukoff, D. 1985)

92. スピリチュアリズム
Spiritualism

　スピリチュアリズムは、1848年の米国ニューヨーク州で起きたポルターガイスト (Poltergeist) 現象 (**ハイズヴィル事件**) に始まりました。ポルターガイストとは、ドイツ語で騒がしい幽霊という意味で、誰もいないのに物音がしたり、ものが移動したりする現象のことです。

　小村ハイズヴィルにフォックス一家が引越してくると、やがてラップ音 (叩く音)、二階を歩く靴音、地下室への階段を降りる物音、ドアの開閉音が聞こえました。フォックスの娘ケイト (当時七歳) が、「化け物さん、私の通りにしてごらん」といって手を叩いたら、同じ数のラップ音が返ってきました。「年齢の数だけならしてごらん」というと、ケイトの時に7回、10歳の姉マーガレットの時は10回というように、それぞれの年齢を正確にラップ音で答えてきたそうです。

　近所の人が見物にやってきても、同じように物音が鳴り、アルファベットの文字を指して質問すると、これによって対話ができるようになりました。その対話によって、ラップ音を鳴らしている人物は行商人のチャールス・ロスマであり、5年前に喉を切られて殺され、この小屋の地下に埋められたということでした。一部の人が家の地下を掘り出すと、人骨や毛髪などが発見されました。

　フォックス姉妹は、止まらないポルターガイスト現象と連日の見物人を避けるために転居しますが、転居先でも同様の現象が起き続けました。再び霊と対話を試みると、次のようなメッセージが綴り出されました。「友人諸君よ。この真実を世界に公表したまえ。今や新しい時代の曙が来たのだ。もうそれを隠そうとしてはいけない。諸君がそのつとめを果たせば、神が護り、善霊達が見守ってくれるだろう」

　米国ではこの事件がマスコミで報じられ、激しい議論が起きました。懐疑派が調査委員会を形成して現象を確認しましたが、人為的な作為は発見できませんでした。一方で、この現象やメッセージに共感する

第9章　スピリチュアリティの心理学

人々が集まり、スピリチュアリストの集会がはじめて開かれました。

その後、ポルターガイスト現象が各地で報告されるようになり、全米に心霊ブームが広がりました。フォックス姉妹のような**霊媒**（spirit medium：霊的存在と人間を直接媒介できる人物）**体質**の人が仲立ちとなって、霊魂との交信を試みる**交霊会**（降霊会）も各地で開かれるようになりました。当時の大統領リンカーンが、 1862 年にホワイトハウスに霊媒を呼び、メッセージを聴いたというほどに広がりをみせたのです。

ハイズヴィル事件を契機として、死後も命が存在し、霊界と地上界の交信が可能であるという思想やその周辺を、**スピリチュアリズム（spiritualism 心霊主義）**と呼びます。

スピリチュアリズムは欧州にも飛び火し、各地の夜会で盛んに降霊会が行われました。フランスで流行った「テーブル・ターニング」は、少し変形して、日本にはいわゆる「こっくりさん」として伝わりました。

英国生まれ米国育ちのダニエル・ダングラス・ホームは、強力な叩音現象、心霊治療、離れたところにある楽器を演奏する、空中浮遊する、死者のメッセージを伝えるなど、広範囲の霊的能力を多くの人々の面前で白昼堂々示しました。ホームは、潔白、誠実、オープンな性格で、報酬は一切受け取らなかったため、「霊媒の王」と呼ばれて注目されました。

スピリチュアリズムの浸透は、多くの議論を引き起こし、心霊現象を科学的な立場から調査、検証しようとする**心霊研究**がはじまります。ダブリン王立大学物理学教授のウィリアム・バレットの提案に基づいて、世界初の心霊研究機関である**心霊研究協会**（Society for Psychical Research：SPR）が 1882 年に設立されました。SPR の初代会長は、ケンブリッジ大学倫理学教授のヘンリー・シジウィックであり、第一線の科学者、政治家、霊能者が多数参加しました。SPR の後の会長には、アメリカ心理学の祖である**ウィリアム・ジェームズ**や、フランスのノーベル賞生理学者のシャルル・リシェ、哲学者のアンリ・ベルグソンなどが務めています。

219

SPRは厳格な学術研究を行いましたが、心霊現象への懐疑派が多数を占めていたため、スピリチュアリストとの間で激しい議論や軋轢が生じました。心霊研究の一部は、この後**超心理学**（parapsychology）へと受け継がれました。

　スピリチュアリズムの初期には、死後生の有無や心霊現象の真偽が主要な論点となり、学術的な心霊研究を生み出しました。その後、さまざまな霊媒が格調の高い通信内容を次々と大量に語るようになると、そこに示された霊的な世界観や哲学に多くの人々の関心が移行し、霊的な哲学をよりどころとした生き方をする人々が多数誕生するようになります。

　フランス人の**アラン・カルデック**（1804-1869）は、信頼できる複数の霊媒による交霊会に繰り返し参加し、天の声を伝える霊たちにさまざまな根本的な質問を行い、そこで得た回答を比較検討し、『**霊の書**』(1857) としてまとめました。『霊の書』はフランスやラテン諸国でベストセラーになり、精神主義と区別するために**スピリティズム**（Spiritism）と称し、ブラジルでは**カルデシズム**と呼ばれて広く普及しました。『霊の書』は、キリスト教圏で編まれた書物であるにもかかわらず、その教義に反して**輪廻転生**(→ 99) を説き、霊の世界は心の進化に応じた厳格な**ヒエラルキー構造**になっているとしていることが大きな特徴です。

　牧師の霊媒**ウィリアム・ステイントン・モーゼス**は、インペレーターと名のる最高指導霊からの通信を『**霊訓**』(1883) として、ジョージ・ヴェール・オーウェンは、母と友人たちや守護霊などによるメッセージを『**ベールの彼方の生活**』(1921) として、モーリス・バーバネルは、シルバーバーチと名乗る高級霊によるメッセージとされる『**シルバーバーチの霊訓**』(初刊 1938 年) として公表し、カルデックの『霊の書』とあわせて、スピリチュアリストはこれらを**四大霊訓**と呼んでいます。

　英国の作家であり自動書記霊媒であった**ジェラルディン・カミ**

220

ンズ（1890-1969）は、故人の心霊学者マイヤーズから通信が下り、その内容を『永遠の大道』『個人的存在の彼方』として出版しました。これによると、人間は個でありながら、死後はグループ・ソウルの一つとして融け込み、転生の際は再び一部が分かれるという**類魂説**が説かれています。

　これらの霊訓は、そのまま真実であると信じるスピリチュアリストもいますが、自己の潜在意識が顕現しているという説や、悪霊の仕業であるという考えなど、さまざまな受け取り方があります。

　米国人の元写真家**エドガー・ケイシー**（1877 〜 1945）は、催眠状態に入ると多くの人々の病気の治療法を詳しく具体的に語って助けました。さらに、**アカシック・レコード**と呼ばれる宇宙の記録庫のようなところにアクセスして、相談者の過去生のリーディングを行い、**カルマの法則**を説き証し、時に厳しく生き方の指南を行いました。

　日本では、**浅野和三郎**が 1923 年に心霊科学研究会を設立し、心霊研究や霊界との通信（『小桜姫物語』など）を行いました。

　2003 年には**江原啓之**（1964 〜）(→ 91) がマスメディアに登場し、日本にスピリチュアル・ブームを引き起こしました。

　今日のスピリチュアリティの思想や心理学と、スピリチュアリズム（心霊主義）は、興味深いことですが、思想的にはほとんど接点がありません。スピリチュアリティの心理学は、生き方や死に方、悟りなどの自己の究極の成長に関心を傾けますが、あまり霊魂には触れずに避けている傾向があります。日本では江原の強い影響もあって、スピリチュアルというとスピリチュアリズム（心霊主義）のイメージが強いように思われます。しかし本来は、スピリチュアリティとスピリチュアリズムは、つながっているはずのものだと思われますが、知識人を中心に、心霊主義に対しては、強い反発が見られる場合があります。

　尚、ユングは子どものころから繰り返し交霊会に参加しており(→ 50)、成人後も霊との交流があり、『心霊現象の心理と病理』を著すなど（1902 年）、心霊主義の影響を受けているといえるでしょう。

221

93. ケン・ウィルバーの三つの眼
Ken Wilber's Three Eyes

　ウィルバー (Ken Wilber 1949-) は、スピリチュアリティの心理学の基礎をつくったといってもよいアメリカの思想家・理論家であり、禅僧でもあります。彼の理論はインテグラル理論と呼ばれますが、まずは、ウィルバーが初期に提示した、3つの眼の考え方を紹介します。

　ウィルバーは、人間が知識を獲得する様式には、肉の眼、理知の眼、黙想の眼という3つの方法があるとしました。

　肉の眼 (the eye of flesh) とは、身体が空間、時間、物体からなる外部世界を知覚するときに使う知識です。経験的・分析的な自然科学は肉の眼による方法です。

　理知の眼 (the eye of mind) とは、心の眼であり、ものごとを解釈したり、現象学的に理解する知の様式です。フロイトは、心の世界においては客観的事実よりも**心的現実**が重要であることを発見しました。フロイトの精神分析は、理知の眼による心理学を確立したのです。

　黙想の眼 (the eye of spirit) とは、霊の眼であり、スピリットの直接体験による知の獲得法です。この眼においてはじめて、霊的・黙想的な科学が可能になります。

　ウィルバーは、3つの眼が誤って扱われることを**カテゴリー・エラー（範疇錯誤）**といいました。3つの眼のなかで、自分の見方で見えたものだけを唯一正しい理解であるとして他の眼から見える現象を否定し、すべてに適用してしまうことです。

　今日最も多く見られるのは、自然科学（肉の眼）によって見えるものだけを信用するという態度です。たとえば、瞑想体験を科学的に測定すれば、脳波が α 波になるとか、心拍数や呼吸数、代謝が減少するというデータが得られるので、瞑想によって身体的なリラックスが得られることは実証されます。しかし、それは瞑想

222

第9章 スピリチュアリティの心理学

体験の一面に過ぎません。瞑想の体験の意味は、瞑想を深く長く実践して体験した人たちの、理知の眼、さらには黙想の眼によってのみ十分に理解されるからです。自然科学のみが真理を知りうる手段だと信じてしまうと、瞑想＝休息と理解し、それ以上の意味はなにも見出すことができなくなってしまうのです。

ケン・ウィルバー

重要なことは、扱う対象に応じた適切な知の様式があるということです。物理的な現象においては肉の眼を、心の内的世界においては理知の眼を、トランスパーソナルな世界の現象については黙想の眼で観察することが大切です。

どの眼においても、指示、解明（理解）、確認（共同で検証）という三段階のプロセスを踏むことによって、客観性は保証されるとウィルバーはいいます。たとえば、特定の瞑想法のやり方の指示が与えられ、それに従って繰り返し実践し、瞑想状態で起こる体験を理解し、その理解を修行者集団のなかで検証し、体験の真正さを共同で確認するのです。

仏教の修行がしばしばサンガと呼ばれる集団でなされてきたのは、このような共同性によるチェック機能という意味があると考えられます。霊的な知識を正しく理解するためには、まず指示に従って自分が実践し、体験によって一定の理解をすることが必要です（一人称的理解）。理知の眼だけで霊的な領域の現象を判断しようとするのはカテゴリーエラーです。

トランスパーソナル心理学は、いうまでもなく霊的な領域の言説すべてを肯定しようとするのではありません。認識された現象のなかから誤認や妄想を識別し、適切な方法論で厳密に検証し、体験的な科学を基礎づけようとする試みなのです。

94. 存在の大いなる入れ子
The Great Nest of Being

　ウィルバーは、幅広い領域の膨大な学問的知識を総合し、宇宙の進化は図 94 のような構造で展開したと結論しました。

　はじめは物質だけだった宇宙に、物質 (A) を基礎として生命 (B) が誕生します。そして、生命 (B) のなかに心 (C) をもつものが生まれ、心 (C) のなかから魂 (D) が生まれ、魂 (D) のなかから霊 (E) が創発します。これらは、前の段階のものを基礎としながら、それを保存しながら次の段階へと超越します。単純なものから、より複雑で、より高次なものへと積み重なって進化してきたのです。この関係をふまえて、ウィルバーはより低次のものを**基礎的** (fundamental)、より高次なものを**優位** (significant) であると表現しました。優位なものは、基礎的なものがなければ存在できませんから、高次なものだけが重要という意味ではありません。しかし、高次なものは低次なものその内部に含んでいるので、より優位で、より深度が深いのです。

　このモデルが正しいとすれば、霊的な存在としての私たち人間は、私たちが共通認識として知る存在者のなかでは進化の最先端に立つ、もっとも優位な存在ということになります。反対に、人間は生態系をなす生命圏は人間よりも基礎的なので、環境破壊が進んで生命圏が崩壊すれば、有意な人間も存在できなくなり、絶滅していくということです。

　視点を大きな全体に移してみましょう。魂 (D) は霊 (E) の部分であり、心 (C) は魂 (D) の部分であり、生命 (B) は心 (C) の部分であり、物質 (A) は生命 (B) の部分を構成しています。どれも下位のものに対しては全体であり、上位のものに対しては部分なのです。このように全体であり、同時に部分であるという性質をもつものを**ホロン** (Holon) と呼びます。ホロンとは、哲学者アー

サー・ケストラーがギリシア語の holos（全体）と on（部分）を組み合わせた造語です。宇宙の構造は、丁度、大きな箱のなかに小さい箱があり、その箱にはさらに小さい箱が、というように、それぞれが全体／部分からなる**入れ子構造**で**階層的秩序**があるという見方です。

円の外側に記述された大文字の霊（Spirit）に注目してください。この霊（Spirit）は、この図でいうと紙そのものであり、入れ子構造のすべてを生みだし、すべてを内側に含んでいる**基盤**（Ground）です。霊（Spirit）はすべての根源であり、すべてを包み込んでいます。

個々の霊（spirit）(E) は、裂け目のない全体としての霊（Spirit）の一部です。したがって、このモデルによれば、石ころも、山も海も、草や木も、魚も昆虫も、鳥も猫も、私たちもすべて、あらゆるものは根源的な霊（Spirit）の顕現であるといえるのです。

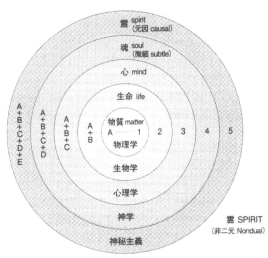

図94. 存在の大いなる入れ子構造 (Wilber, "Integral Psychology", 2000)

95. 前個-個-超個
Prepersonal-Personal-Transpersonal

　人間の発達も、**ホロン階層的な構造**(→94) になっています。この結論は、ウィルバーが無数の西洋心理学的発達論や東洋宗教の文献を比較検討し、合意できる共通項を抽出して結合することによって導かれました。

　それによると、もっとも大きく分けた場合に、人間の発達は、**前個**（プレパーソナル）**-個**（パーソナル）**-超個**（トランスパーソナル）という3段階のステップを踏んでいくといいます。

　3つのステップは、わかりやすいたとえで説明するとこうなります。

　私たちが夜、月を見ながら歩いていると、自分の方についてくるように見えます。前個段階の子どもは、お月様が自分の後を追いかけてくると思います。すれ違う他人にとってもお月様が一緒にいることなど考えも及びません。これは、自己中心的な前合理的な世界観だからです。

　大人になると、お月様がついてくるという子どもの見方は理解できますが、その見方を超えて、月はとても距離が遠いからついてくるように見えるのだと理解するようになります。これが個的な段階における合理的理解です。合理的世界観における事実といってもいいでしょう。

　超個的な発達を遂げた人ならば、前合理的な見方や、合理的な見方はもちろん理解できます。しかし、月を見たときに、月は自己そのものだと感じるでしょう。その人はすでに自分という小さなアイデンティティを脱し、世界全体の根源であるスピリットにまでアイデンティティが拡大しているので、黙想の眼によって、世界は自己であり、自己は世界であることを目撃するのです。スピリットの顕現としての月は、自己に他ならないことを直接的に

第9章 スピリチュアリティの心理学

体験するのです。これは、超合理的な神秘主義的世界観における事実なのです。

このたとえで分かるように、発達段階が異なれば、物事のとらえ方が違うので、生きている世界空間が異なっているのです。そして、高次の世界からは低次の世界を理解できますが、低次から高次の世界は理解できないという構造になっています。

ウィルバーは、どの発達段階でもつまづく可能性があり、そうするとその段階にに固有な病理に陥るとしました。その病理には、それにふさわしい心理療法があると提案しています（図95）。

前個－個－超個という段階は、前合理－合理－超合理、前慣習－慣習－超慣習などと、さまざまな発達の要素を入れ換えることができます。ウィルバーは、さらに詳細化した発達段階についても説明しています。

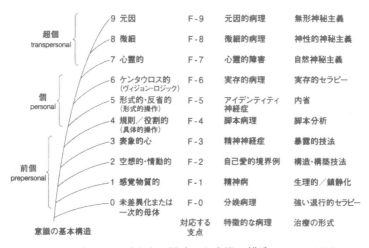

図95. 支点、病理および治療と関連した意識の構造 (Wilber, 1996)

96. ウィルバーの発達論
Wilber's Developmental Theory

　ウィルバーの詳細な発達論は、ここでは十分に内容を説明する余裕がありませんが、その要旨を表96にまとめましたので参考にしてください。詳しくはウィルバーの『進化の構造』、『万物の歴史』などの著作に書かれています。ウィルバーの統合的な発達論には、以下のような特徴があります。

・発達段階は階層状になっていて、高次な段階は低次な段階を「含んで超える」という性質をもっています。

・各発達段階には固有の世界空間が開かれています。それぞれの世界空間での現象は、すべてその段階において完全に**現実的**^{リアル}なものです。**現実は一義的ではない**ということは、霊性を理解する上で欠かせない知識です。

・各段階の境界は明確なものではなく、虹のような**連続的変化**です。

・発達には**重心**があります。その人がどの段階にいるのかは、どれほどその段階が恒常的に心の「**構造**」となっているかによって決まります。ひとりの人間は、いくつかの発達段階の世界空間を移り変わっていますが、それは一時的な「**状態**」に過ぎません。構造と状態の区別が重要です。言語に絶する美しい神秘体験をしたとしても、発達の重心は前個的でありうるのです。

・前個と超個は、ともに非合理的な世界なので、しばしば混同されています。すべてが神聖だと引き上げたり（**引き上げ主義**）、すべてが幼稚な退行だと引き下げるのです（**引き下げ主義**）。これを**前／超の錯誤**（pre/trans fallacy）と呼びます。

・すべての発達の進行は、内面化の増大、自立性の増大、自己愛の減少であり、アイデンティティが分化・拡大し、脱中心化することです。

第9章　スピリチュアリティの心理学

表96. ウィルバーの発達論（Wilber,1995、1996をもとに作成）

	意識の基本構造	解説・キーワード
前個	0. 未差異化または一時的母体	物質圏と融合・「自己とは物質のことである」・原初的未分化（ピアジェ）・原初的なナルシシズム（フロイト）・大洋的な非二元論世界（アリエティ）・プレローマ的溶解（ユング）
	1. 感覚物質的	物質的自己の孵化・物質圏から身体的自己を差異化・「毛布をかんでも痛くない・親指をかむと痛い」・生理的自己・母親や周囲の外界とも未分化・未二元論（adualism）・古層的世界観
	2. 空想的・情動的	情動的自己の誕生・自分の感情と他の感情を区別・生物圏への埋没からの超越・分離一個体化過程、幼児の心理的誕生、自己愛、誇大な万能幻想（マーラー）・疎外、基本的二元論、主客分裂のはじまり・リビドー的・アニミズム・プラーナ・おまじない・呪術的世界観
	3. 表象的心	概念的自己の誕生・言語による心の意志と身体衝動の差異化・生物圏から差異化して、本格的な心圏の出現・シンボル（2〜4歳）と概念（4〜7歳）、前操作的思考（ピアジェ）・「僕の魔術はもうきかない、でも神様ならやってくれる」・呪術―神話的世界観
個	4. 規則／役割的（合理的な社会の大多数の発達段階）	役割的自己の誕生・他者の役割から自己の役割を差異化・ルールに従った思考構造（四則演算等）・人の身になって考える能力・自己中心から社会中心のアイデンティティへ・民族中心・神話脚本・物語を文字通りに信じる・慣習的・「自分と同じ神話のメンバーなら救われる・そうでなければ呪われる」・神話―メンバーシップ段階・神話的／神話的―合理的世界観
	5. 形式的・反省的	社会中心性から差異化して自我を確立・思考についての思考・仮定に基づく推論をする能力・「もし〜だったら」・形式的操作的思考（ピアジェ）・生態的、相対性の理解、非人間中心の役割や規則を批評・慣習的から脱慣習的へ・役割中心、社会中心から世界中心のアイデンティティへ・青少年期に発生・自意識、内省、理想主義・フラットランド化・合理的世界観
	6. ケンタウロス的	観察する自己が心（経験的自己）から差異化・ペルソナ、自我、身体との排他的同一化から意識が超越・総合的・統一的意識・心身の高次の統合・実存的レベル・ヴィジョン・ロジック・統合―非視点的意識・ネットワーキング的、弁証法的・普遍的遠近法主義・人生の意味・エコロジカルな真の自覚・真の世界市民の出現・惑星的な文化の可能性・ケンタウロス的世界観
超個	7. 心霊的（psychic）	観察者、純粋な目撃者の出現・人格の超越・普遍的な自己（セルフ）、大霊、世界霊、一なるものの直接経験・「魂は個々の人間を知らない」（エマソン）・心身二元論の超克・物質圏・生物圏・心圏すべてを方眼・生態―理性的自己・全世界的な自己・自然のすべてを包含する自己・自己＝一切衆生・真の慈悲の源泉・コスモス意識・超常現象の出現・自然神秘主義
	8. 微細（subtle）	魂と神の深い内面の結合・サグナブラフマン、サンボカーヤ（報身）、内なる至福身との結合・真の超個的元型体験（ユングの大半の元型は含まず）・歓喜・空のなかに輝くスピリット・内的な光明、恍惚、微かな音やヴィジョン、内面の静寂と観照・至福感・時空間の感覚の超越・霊的婚姻（アビラの聖テレサ）・直接的な内的把握・超言語的な直感・神性神秘主義
	9. 元因（causal）	目撃者＝空・神と合一した魂が至高の実在へと超越・純粋意識、無形のスピリット、純粋な自己、アートマン＝ブラフマン・すべての顕現の源泉・創造的基底・ダルマカーヤ（法身）・道・涅槃・思考、二元性、時間、空間からの自由・不生不滅、無時間＝永遠・神を超えた神、深淵、原初の起源、無、心の媒介なしの純粋、神聖な無知（エックハルト）・私一私（ラマナ・マハリシ）・神秘・ニルヴィカルパ・サマディ・ネーティ、ネーティ・無形神秘主義
	非二元（nondual）	目撃者との脱同一化・顕現世界の再生起・全宇宙がハートに包まれる・ブラフマン＝世界・すべてが神・すべてを超え、すべてを含む・スヴァバーヴィカカーヤ（自性身）・つねにすでに、単純にある・純粋な「見」・真如・一味・色即是空、空即是色・非二元神秘主義

229

97. 偽りの霊性
False Spirituality

　「個の確立がなければ超個はない」「合理性がなければ超合理性はない」「常識がなければ超常識はない」、これが前個−個−超個というトランスパーソナル心理学の発達論の結論です。ところが、個を確立していない人や合理的知性を身につけていない人が、超合理的なことを理解したつもりになったり、常識を知らない人が超常識な自由人を振る舞うということがあります。これらは見かけはトランスパーソナルな装いであっても、実際には前個的、前合理的、非常識にすぎないのです。

　精神世界とかニューエイジと呼ばれるの思想の中には、真にトランスパーソナルな知識も含まれていると思われますが、前合理的な稚拙で妄想的な知識も少なくいというのが実情と思われます。いわゆる「スピリチュアル」好きなニューエイジ的な人たちのなかには、合理的な思考や知識を否定し、非合理的な現象や物語を安易に美化している場合も少なくありません。このような**引き上げ主義**は、**前／超の錯誤** (→96) であり、決して霊的なのではなく、単なる未成熟に過ぎません。

　ウィルバーはニューエイジを次のようにはっきりと批判しています。「彼らは善意の人であるかもしれないが、にもかかわらず危険人物だ。なぜなら、彼らは、必死の働きかけが必要な本当のレベル──身体的、環境的、法的、道徳的、社会経済的レベル──から、人びとの注意をそらしてしまうからだ」(『グレース＆グリット』)。

　霊的なことに関心をもつ人は、しばしば霊的防衛 (spiritual defense) という罠に陥る危険があります (バティスタ, 1996)。たとえば、カリスマ的な宗教的人物、教団、教義などへの盲信することが、霊的な成長と信じ込むことによって、かえって本来の自己表現や成長を妨げる場合があり、これを**防衛的霊性**といいます。

　一方で、自分が霊的に発達していることをほのめかして他者を支配しようとする、それによって自分への支持を取りつけようと

第9章 スピリチュアリティの心理学

する、有名人の名を頻繁に口にしたり師の地位を自慢する、霊的経験の頻度や深さを一方的に話して自分が高次の意識をもっていると主張して他人を怒らす、などの**攻撃的霊性**があります。

防衛的霊性も攻撃的霊性も、どちらも偽りの霊性であり、霊的防衛なのです。霊的防衛は、合理的な事実や社会的な現実を直視せず、エゴにとって心地のよい虚構の世界へと退行しているので、**霊的成長にはつながらない**ことが特徴です。特に、攻撃的霊性は、他者を傷つけたり、誤った道に引き込むなど、周囲に多大な迷惑をかけることがあります。

霊的な体験や知識は、それが真性のものであっても、荒唐無稽な妄想的なものであっても、**自我肥大**（ego inflation）を引き起こす可能性があります。霊的な体験をしたり、霊能力が発現したり、霊的な知識を得ると、自分が優越していると慢心しやすいのです。実際には、超個的な世界のごく一部を一時的にかいま見たに過ぎないのに（そのこと自体は意味がありますが）、それを過剰に意味づけ、とらわれ、劣等感を一気に挽回しようとして傲慢になるのです。慢心こそ、未熟の指標です。

真の超個的な霊的発達は、これとは正反対で、**自己欺瞞や慢心などの煩悩**（→132）**が減少し、慈悲心や智慧が増大**していくことです。そして、心の発達は一時的な「**状態**」ではなく、変化が「**構造**」となってはじめて定着するのです。

偽りの霊性を見分けることは、真の霊的な道を進むために不可欠です。神話を文字通りに頭から信じこむ信仰よりも、合理的な知性による無神論の方が、よりスピリチュアルなのです。自他未分化な自己愛的な世界観と、すべてをひとつに含み込む神秘主義的世界観は、どちらも非合理的で一体的ですが、質的には全く似て非なるものです。幼稚園と大学院を混同してはいけません。

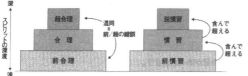

図96. 人間発達のピラミッド

表97．攻撃的霊性の例（石川『スピリット・センタード・セラピー』2013より抜粋）

□高い霊性の持ち主として自分が特別扱いされることを望む。

□自分は他人より霊性が高いということを証明し、誇示しようとする。

□高い地位の指導者、有名なメソッドや流派、聖地などの外的権威に頼る。

□外的な権威を攻撃して蹴落とすことによって自分の価値を高めようとする。

□他人の関心や尊敬を集めたり、支配することを密かな目的として、スピリ
　チュアルな教えを説く。

□他人の間違いを指摘したり、アドバイスをしたがる。

□他者の心身の状態や出来事について、その解釈、原因、解決法などを、直観
　と称して自信満々に断定的に伝える。

□困難に直面すると、周囲の人の霊性が低いためであると解釈する。

□周囲の霊性の低い人々にいつも迫害されていると感じている。

□自分のなかの怒り、憎しみ、悲しみ、嫉妬、劣等感などの否定的感情をを認
　められず、他者に投影または投影性同一視し、被害的または攻撃的になる。

□自分が苦しみを被るのは、自分に問題があるのではなく、周囲の人の未熟さ
　のため、あるいは彼らの苦しみを背負っているためであると解釈する。

□他人から素直に学ぶことができない。

□霊性が高い自己を演じるために、愛情深く、謙虚であるなどの仮面をつくり、
　慇懃無礼な態度をとる。

□自分の直観や感覚を絶対化し、なすべき合理的な検証や努力を怠る。

□なすべき現実的なことから逃避するために、霊的な世界に浸っている。

□増長したエゴの声を聖なる直観と取り違えている。

□自分の直観、感覚、感情、思考で一杯になり、他の視点に立って考えたり、
　冷静に検証することができない。

□人の目の届かないところでの地道な努力をしない。

□人間関係のトラブル、体調不良、事故や災難などにたびたび見舞われる。

□他者の霊性の高さを値踏みしたり、発達の度合いを独断で診断する。

□自分の弱さや欠点、偽りを認識することができない。

□表面を取り繕うことには熱心だが、実質的な緻密さや注意深さに欠ける

□一時的な評価を得ることがあっても、長期的には信頼されない。

コラム ❷
心は脳にあるか？

　よく「脳がわかれば心がわかる」と科学者がいっています。でも、本当にそうでしょうか？　心は脳にあるのでしょうか？　心臓には心はないのでしょうか？　手足や、おしりや、胴体にはどうでしょうか？　心は身体だけにあるのでしょうか？　身体が死んだら心はなくなるのでしょうか？　今日の科学で本当にわかっているのは、「心の働きと脳は密接な関連がある」というところまでです。脳を解剖しても、その人がなにを考え、何を見、なにを体験したのかはわかりません。アインシュタインの脳を分析しても、相対性理論は出てこないのです。心は、ノン・ローカル（物理的な場所や物質に縛られない）な現象であるという考え方もあります。心のありかは、まだ未解決な問題なのです。

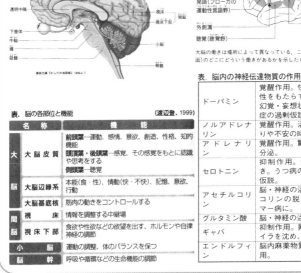

98. カルト問題
Cult Problems

　宗教カルトの出現も、偽りの霊性と関連する大きな社会問題です。

　カルト（cult）とは、神々の崇拝とか宗教的儀礼という意味のラテン語 cultus に由来する言葉で、本来は、礼拝、儀式、信仰などを意味します。1960 年代後半以降、**反社会的で閉鎖的な新興宗教集団**などを指して、米国で否定的な意味が付与されてカルトの語が用いられるようになりました。米国の精神科医ダイクマンは、カルトを「霊的・救世主的・治療的な見せかけをもち、信奉者たちに特有な信仰体系を植えつけるカリスマ的な指導者に率いられたグループ」としています。

　カルトには、表 98-1 のような基本的な行動が見られます。ダイクマンによると、カルトには、「われわれの一員となりなさい、そうすればわれわれはあなたを愛します。われわれを去るなら、われわれはあなたを殺す」という基本法が共通してみられると指摘しています。このようなカルト的な体質は、宗教団体以外にも、企業、政治団体、専門家組織、国家など、**あらゆる集団に出現する**ことがあります。カルトには、良性でカルト性の低い集団から、悪性で破壊的な集団までの連続体があります。したがって、単純にカルトとそうでない集団を二分することは困難です。私たちは、「**どの程度カルト的か**」ということのみが問えるのです。このような事情から、最近ではカルトという言葉を避けて、**CG**（Controversial Group；議論の多い団体）と呼ぶこともあります。

　悪性の破壊的カルトには、表 98-2 のような特徴が見られます。破壊的カルトに入会してしまった場合には、信者には一般的に次のような影響があらわれます。

①**人格破壊**：自発的な思考が停止し、教えられたこと以外考えられなくなります。これをマインドコントロールされているといいます。

第9章　スピリチュアリティの心理学

表 98-1. 4つの基本的なカルト行動（Deikman, 1996）

① 集団への遵守	指導者は全知全能となり、メンバーは何も知らない不適切で未熟な存在になる。指導者によってつくられた、集団で共有する信念を支持することで、メンバーは安心と保証を得て、心理的に庇護される。
② 指導者への依存	権威的、依存を奨励、自律を挫く、服従と忠誠を奨励、批判的思考は罰する、ペアで結びつくことを邪魔する、家族と恋人が次となる、強制された純潔、親を子供から引き離す、決められた結婚、長い別離、乱交、指導者との性的関係など。健全なリーダシップとはすべて正反対。
③ 反逆を避ける	反逆は、無謬の完全な指導者によって守られているという幻想を脅かす。反逆者や脱会者たちはしばしば悪魔の手に落ちたと宣告される。
④ 部外者をさげすむ	自分が部外者と違って善良かつ特別な価値があると認識する。現実の歪曲によって得た優越感によって、外部の人たちを慈悲深くあわれむ。

表 98-2. 破壊的カルト組織の特徴（JDCC［日本脱カルト協会］編『心の健康づくりハンドブック』1996）

① 集団としての特徴	a)	一般社会からの隔離・断絶（悪事の隠蔽や、信者をマインド・コントロールする必要のため）
	b)	独裁的・階級的縦構造（破壊的カルトは例外なく非民主的である）
	c)	ハーレム構造（教祖の欲望が大きい分だけ、信者は物欲も性欲も禁じられる）
② 教祖の特徴	a)	宗教教祖として：いかがわしい宗教的前歴／はったり、出まかせ、思いつき／誇大妄想／他者や社会への恨み
	b)	犯罪常習者との共通点：自分勝手／良心と感情の鈍さ／刹那主義
③ 信者の特徴（すべてマインド・コントロールの結果）	a)	教義と現実の逆転（阪神淡路大震災もサリンも本気で「敵」のしわざと信じる）
	b)	「現実」はいつも白か黒（この世は黒だから、だましても滅ぼしてもよい）
	c)	エリート心理（自分たちだけが真理と救済を知っている等）
	d)	教祖・教団のロボット人間（教祖・教団の言うまま）
	e)	恐怖感（教祖や教団を離れたら不幸や破滅が待っているという強い強迫観念）
④ 幹部の特徴	a)	教祖とトップ情報を共有（一般信者は知らされていない）
	b)	教祖の複製人間（生来の性格とは別に教祖の残虐性や虚言癖の一部を身につけてしまう）

②**家族との関係が破壊**：家族を信者に引き込むか、それができなければ、家族と連絡が取れなくなり、断絶する方向に向かいます。

③**社会との関係が破壊**：信者には限られた情報しか与えられず、教義に基づいた一面的なものの見方しかできなくなります。もともとは善良だった人でも、カルトが指示さえすれば容易に犯罪も犯します。

　このように、破壊的カルトは非常に危険です。実際に表98-3のような悲惨な事件が繰り返し起きています。

　カルトに入信してしまった人を脱会させるためには、多大な労力と決意を必要とします。自然に脱会するのを待っても、それはほとんど期待できません。ある研究によると、元カルトのメンバー276名への面接調査をしたところ、自然脱会したものは47名（内訳は自己啓発系23名、ビジネス・コミューン系15名、宗教系9名）、説得による脱会が229名（①肉親のみ：61名、②基本書等＋肉親：32名、③専門家指導＋肉親：59名、④専門家面接＋肉親：66名、⑤専門家＋元メンバー＋α：11人）となっているのです（高橋紳吾、2001）。

　脱会カウンセリングの指針を、表98-4に示しておきました。こうなる前に、カルトに入信しないための予防がとても重要です。

　宗教カルトの問題は、ウィルバーの用語でいうと、神話－メンバーシップ段階の病理です。つまりウィルバーの発達論のレベル4（図95、96）に相当する病理で、**トランスパーソナルな霊性とはまったく無関係**です。発達心理学では、徒党を組んで悪事をはたらく児童期を指してギャングエイジと呼ぶことがありますが、カルトはこの発達段階の病理なのです。

第9章　スピリチュアリティの心理学

表 98-3. 破壊的カルトの代表的な事件

団 体 名	中心人物	事件
マンソン・ファミリー	チャールズ・マンソン（米）	黒人と白人の終末戦争に生き残るという名目で多くの信者と共に共同生活を送る。1969 年、有名女優夫婦や金持ち夫婦を惨殺し天井の梁に吊した。
人民寺院	ジム・ジョーンズ（米）	終末思想を説く。南米ガイアナに共同体思想に基づく自給自足の理想郷を形成。1978 年、900 人以上が集団自殺した。300 人以上は他殺といわれる。
統一協会	文鮮明（韓国）	1964 年、日本で親泣かせの原理運動として社会問題化。87 年、霊感商法が社会問題化。93 年には山崎浩子脱会会見。マインドコントロールが話題に。96 年合同結婚式婚姻無効、97 年献金勧誘行為の違法性、2002 年霊感商法の違法性、03 年伝道の手口の違法性を認める判決（いずれも最高裁）。1987 ～ 2001 年の被害総額約 820 億円。日本最悪のカルト。今日も暗躍中。
ブランチ・ダビデアン	デービッド・コレシュ（米）	終末思想を信仰し共同生活。1993 年、連邦政府が武装警官を送ると教団は建物に自ら火を放ち集団自殺を遂げた。死亡者は子供 17 人を含む 86 人。
太陽寺院教団	リュック・ジュレ（スイス）	1994 年、スイスで 48 人、カナダで 5 人が集団自殺・虐殺された。95 年にはフランスで信者 16 人の黒焦げの死体が発見。97 年にカナダで集団自殺 5 名。
オウム真理教（現アーレフ）	麻原彰晃［松本智津夫］（日本）	1989 年、坂本弁護士一家誘拐殺人事件、死者 3 名。94 年、松本サリン事件、死者 7 名、負傷者多数。95 年地下鉄サリン事件、死者 11 名、負傷者数千人。

表 98-4. 脱会カウンセリングのポイント

・家族が脱会させるための不退転の決意をする。
・目標は完全な脱会とする。失敗は半永久的に家族や社会と別離状態につながる。
・頭ごなしに否定するのではなく、カルトとマインドコントロールについてよく知る。
・カルトの教義や主張には一切譲歩しない。
・脱会のための適切な場所・十分な時間・人員を確保すること。
・カルトに関する社会的・宗教的・心理的な専門知識が必要。
・脱会カウンセラー、宗教家、法律家、精神科医などとのネットワークが必要。
・オリジナルな心理的・霊的問題と反社会的カルトの問題を分けて理解すること。
・主体的な思考や感情を引き出す。堂々巡りのロボット的思考と感情の回路を壊す。
・教義やカルトの情報を徹底的に論破。反社会的な事実の事例や客観的証拠を見せる。
・カルトの反社会性と欺瞞を完全に確信したことを確認する。偽装脱会を許さない。
・脱会後のケアを行う。脱会は世界の崩壊として体験されることを理解する。
・脱会者同士の交流やシェアリングができると効果的。
・脱会者のもっている心理的・社会的リソースをフル活用して援助する。

237

99. 輪廻転生
Transmigration of the Soul

輪廻転生とは、人間が死後ふたたび生まれ変わり、これを繰り返すということです。輪廻の考えは、体系的な思想としては、紀元前6世紀頃、インドのヴェーダ聖典において結実した**ウパニシャッド哲学**がもっとも古いとされています。そこでは、死後の進路には五つの通過点があり、この世界から解脱する道とこの世界に戻る祖道の二つに分かれるとされています（五火二道説）。ウパニシャッドを背景とする**ヒンドゥー教**にもこの思想が継承され、永遠不滅のアートマン（真我）が輪廻するとされています。

仏教の創始者である**ゴータマ・シッダールタ (釈迦)** は、命あるもの（有情）は、自らの業（カンマ、カルマ）の結果として苦しみに満ちた迷いの輪廻を繰り返すが、修行によって**渇愛**（欲望）を放棄し、煩悩を滅尽すれば**無明**が晴れ、その結果、**涅槃**に至ると説きました (→ 127 〜 134)。多くの輪廻思想は、魂の永遠を説きますが、釈迦の説法においては、**解脱によって輪廻を終える**ことができるとしている点で注目に値します。

紀元前5〜6世紀頃の古代ギリシアでは、**ピタゴラスのオルフェウス教**、エンペドクレス、**プラトン**が輪廻に基づいた哲学を展開しました。中国の**道教**や、**一神教の異端思想**（中世キリスト教のカタリ派やユダヤ教神秘主義のカバラ思想）、**グノーシス主義**にも輪廻思想が見られます。

これらの輪廻説は、細部には多くの相違がみられますが、私たちが生死を繰り返しているという基本的な考え方は共通しています。

19世紀後半以降は、宗教的、思想的な輪廻転生だけではなく、**心霊研究協会や超心理学** (→ 92) が、死後の生についての経験科学的な検証を行うようになりました。もっとも注目すべき研究は、**スティーブンソン** (Ian Stevenson, 1918-2007) による、前世の記憶を想起した子どもの2千例以上におよぶ詳細な調査です。わが国でも、『前世を記憶する子供たち』（日本教文社）によってその成果を読むことができ

第9章　スピリチュアリティの心理学

ます。スティーブンソンは、催眠や薬物による前世記憶には懐疑的で、自然に想起された子どもの前世記憶を重視し、その記憶の客観性やについて非常に厳密な方法で検証しています。

　心霊研究や超心理学の研究は、注目すべき研究結果を積み重ねていますが、それでも輪廻転生の客観性を証明したとはいいきれず、**終わりなき真贋論争**（輪廻が真実か虚偽かの議論）が繰り返されています。

　臨床心理学の視点からすると、人生は一回限りで終わりと信じるのも、生まれ変わることを信じるのも、クライエントの自由に任されており、より重要なのは、どの世界観が真か偽かではなく、その世界観がどれだけその人を生きやすくしているか、充実した「今」を過ごせるようにしているかということだといえるでしょう。

表 99-1.「死んだらどうなるか」の調査結果（複数回答可）

回答内容	2001 年	％	2002 年	％	'01+'02	％
消滅する	102	24	69	26	171	25
霊・魂として残る	290	68	196	73	486	70
輪廻する	158	37	122	46	280	41
宇宙とひとつになる	39	9	31	12	70	10
その他	114	27	47	18	161	23
回答者数	424	—	266	—	690	—

（相模女子大学「心理学入門」受講生への調査）

表 99-2. 米国世論調査の結果

回答内容	はい（％）	いいえ（％）
死後の世界を信じる	67	27
輪廻転生を信じる	23	67

（ギャラップ社、1982 年）

表 99-3. 日本の調査結果

死んだら生まれ変わる	30％
死んだら別の世界に行く	24％
死んだら消滅する	18％

（読売新聞社調査、2008 年 5 月 17、18 日）

表 99-4. 世界観が個人に与える影響（あくまで傾向です。影響は個人によって異なります）

	プラス	マイナス
一回的人生観（人生は一回限り。近代合理主義や、一神教に多い考え）	人生をかけがえのないものとして自覚できる、濃密な生、前進欲、改革する意志、全力投球する、生産的になる、自由で解放された感覚、実存的な自覚	死の恐怖、むなしさ、ニヒリズム、快楽主義、刹那的、物質主義、現実を操作・支配しようとする傾向
輪廻転生観（魂は何度も生まれ変わる。東洋宗教に多い考え）	魂の不死性による安心、永遠の時間感覚、死の恐怖の解消、雄大な時間感覚のなかでの落ち着き、世の不条理に対する寛容さ（カルマの理解）、現状を肯定する力、文化・時代を超越した視点	現状を改善したり改革する意欲の減退、問題を先延ばしする、間延びした時間、非生産的、自発性の欠如

239

100. 臨死体験
Near Death Experience (NDE)

「体験したことのないような安らかな気持ちでした。居心地の
よいとても綺麗なお花畑にいて、前方には澄んだ小川が流れてい
ます。向こう岸では死んだ親類がおいでおいでと手招きしている
ので、向こうに渡ろうとしたら、後ろから子どもに強い口調で呼
び止められたので、まだ行かない方がいいのかと思って、こちら
岸に戻ってきました。その瞬間目が覚て、気づいたら、布団で横
になっていました。」

これは筆者の祖母が自宅で重い病に倒れていたときに、祖母か
ら直接聴いた話です。このように、病気や事故などで死にかかっ
た人が、生死の縁をさまよっているときにする不思議な体験を臨
死体験といいます。

臨死体験（Near Death Experience：NDE）は、アメリカの精神科
医レイモンド・ムーディが 1975 年に『かいまみた死後の世界』で
多くの実例を紹介し、世界中で一千万部のベストセラーになった
ことがきっかけで、一般に広く知られるようになりました。スピ
リチュアルケア (→ 90) の世界的権威のキューブラー・ロス (→ 118) の
臨死体験の研究も各方面に大きな影響を与え、国際的な研究組織
である国際臨死体験研究協会（International Association of Near Death
Studies：IANDS）が設立されました。今日では、臨死体験の学術的
研究によって、多くのことが分かってきています。

心理学者のケネス・リング（1980 年）は、死にかかって蘇生した
人 102 名にインタビューを行い、48％にあたる 49 名が臨死体験を
していることを突きとめました。臨死体験は希有な出来事などで
はなく、非常にありふれた体験であることが明らかにされました。
心臓医のマイケル・セイボム（1982 年）は、死にかかったが蘇生し
た患者 78 名にインタビューを行ったところ、42％にあたる 33 名

第9章　スピリチュアリティの心理学

が臨死体験者でした。セイボムは、臨死体験と年齢、性別、人種、教育程度、職業、宗教、信仰心などの関連性を調べましたが、なにひとつ相関がないことが明らかになりました。また、米国でもっとも有名なギャラップ社による世論調査（1982年）では、死にかかった人の35％が臨死体験をしたことが明らかにされ、全人口の5％が臨死体験を経験していると推定されました。

臨死体験は病的な幻覚ではないかという説もありますが、幻覚の場合は意識が混濁し、幻覚によって状態が悪化するのが普通であるのに対し、臨死体験の場合には意識が澄明で、論理的思考力も失われず、事後にはむしろ好影響を与えることが多いので、幻覚とは区別するのが妥当ではないか考えられます。

臨死体験は、その後に体験者の態度・信念・価値観を大きく変化させるという重要な**事後効果**があることが分かっています。もっとも多い変化は、**死を恐れなくなること、内面的な宗教性の高まり**（特定の宗教を深く信じるというよりは 霊 的 な普遍宗教へと気持ちが傾く）、**他者への受容性が増す、物質主義や競争主義的な傾向が弱まる**、などです。

臨死体験は、 霊 的 エマージェンス (→ 91) の一種と考えることも可能です。周囲の人は、臨死体験の話に無心に耳を傾けることが大切です。臨死体験への無理解から、病気扱いされることが多いので、誰にも話さないと心に決めている臨死体験者が実際にはとても多いのです。

表100.「臨死体験の内容（ring, 1980）

体験内容	体験率
安らぎに満ちた心地よさ	60%
物理的身体からの離脱（OBE）	37%
暗闇のなかに入る（トンネルなど）	23%
なんらかの超越的存在との出会い	20%
光を見る	16%
人生の回顧	12%
光の世界に入る	10%
死んだ親族や知人との出会い	8%

コラム **3**
地球環境問題と原発事故にみる人類の危機と病理

　地球に誕生した人類は、地上の豊かな動植物や物質的資源の恩恵を享受することによって、親から子へ、子から孫へと、今日まで生命のリレーを続けることができました。しかし、産業革命以後、人類はテクノロジーの発展によって自然環境を荒らし回り、資源の過剰な搾取に走り続けた結果、深刻な地球環境問題を招くこととなりました。地球温暖化、気候変動による異常気象、森林破壊と砂漠化、酸性雨、オゾン層破壊、生物種の大量絶滅、人口爆発、貧困、食糧問題、海洋汚染、水の汚染と枯渇、土壌汚染、化学物質・有害廃棄物汚染、エネルギー問題、軍事費の拡大と核兵器問題、等々です。

　そしてわが国では 2011 年の大震災を契機に原子力発電所の事故が起こり、放射性廃棄物が拡散し、5 年経った現在も周辺には人が住めず、多くの住民の生活は破壊されたままであり、取り返しのつかない状態となりました。汚染された大地が元通りに回復する見通しはありません。現在も福島の原発事故の原因は確定できておらず、今後事故を完全に防ぐ方法も見つからず、さらには放射性廃棄物を処分する技術はなく、安全な最終処分場も日本国内にはないといわれています。このような状況であるにもかかわらず、わが国は原発を再稼働し、さらに他国に原発を売って利益を上げようとしてます。

　物理学者のエイモリー・ロビンスによると、人類は今日あるテクノロジーを駆使するだけで、原発はまったく不要であるだけではなく、石油すら必要ないことをデータを挙げて論証しています（邦訳では『新しい火の創造』ダイヤモンド社、2012 年）。

　つまり、わが国の原発の政策は、人々が死んでも、自然が破壊されても、数万年にわたって子々孫々に過酷な運命を背負わせることになっても、今、たくさんお金を儲けたい、という事でしかないように思います。筆者の私見では、快楽に溺れて身を滅ぼしている覚醒剤中毒患者の方が、お金ほしさに非常に危険な原発に依存する日本国より遥かに健康なのではないでしょうか。

第9章　スピリチュアリティの心理学

　仏陀は、在家の商売であっても、毒を売ってはならない、武器を売ってはならないと説きましたが、日本人は、このどちらもおこなってお金を儲けようとしていますので、やがてこの悪業の結果（悪果）を受けることは免れないでしょう。

　そうならないよう、今すぐにでも、猛毒を排出し続ける原発をやめ、自然エネルギーや省エネを世界に広める国に、人を殺す武器で儲けるのではなく、武器で傷ついた生命を癒やし守る人道的・利他的な援助をする国になるよう、心から願っています。もしそうなれば、日本は善業の結果（善果）を享受し、世界からも尊敬され、ますます発展していくに違いありません。

　筆者は、2012年にブラジルのリオデジャネイロで開かれた地球環境サミットに参加したのですが、ある会場に入ると、広島、長崎、福島の核の被害の写真が多数展示されていました。「反核（Anti-Nuclear）」のパビリオンだったのです。主催者のブラジル人に、「日本は三度も核の被害にあっているのに、なぜ原子力を手放さないのですか？」と尋ねられたので、「日本人の多くは金の亡者になってしまって、なにが大切か理解できない愚民になってしまったのだと思います。日本人が世界に迷惑をかけて申し訳なく思います」と答えました。

　原発を含む核開発は、人類の手に負えないもっとも危険なものですが、それ以外の環境問題も、科学者のデータを見る限り、すでにかなり重病の段階にまで進行しているようです。

　図94の存在の大いなる入れ子をみるとわかるのですが、人間が滅びても、地球は滅びません。むしろ今のような人類ならば、滅びてもらった方が地球は美しい自然を早期に回復できるでしょう。一方、自然環境が破壊され尽くされたならば、それを基礎としている人間も滅びるのです。

　丁度、人体の中にあるがん細胞が無制限に増殖すると、宿主である人間が死亡するので、自らも滅びてしまいます。人類は今、地球という宿主を滅ぼすがん細胞になりかけているのです。そのことに気づき、早急に変わる必要があるのです。

243

コラム ❹
地球環境を救う道：ウィルバーの４象限から

　地球環境問題は人類が自ら引き起こし、対処を誤れば破滅を招く結果になります。地球環境問題の対策には、国や地域を越えて、地球規模で共同して取り組むことが不可欠です。ひとつの国がCO_2を削減しても、隣の国で増加すれば意味がないからです。地球に住まう人類がすべからく参加して協力することが必要であることが、地球環境問題の大きな特徴です。

　ウィルバーは右図のとおり、あらゆる事象には内側と外側（横軸）、個と集団（縦軸）に仕切られた４象限があり、一つの象限に問題を還元することはできないと述べています。地球環境問題でいうと、技術革新や政策は右側の領域になりますが、ひとりひとりの意識の変容（左上）や、私たちの集合意識の深まり（左下）も欠かせないのです。環境問題では、右側または左側の片方だけの対策では不十分であり、全象限で対策がなされる必要があるのです。つまり、地球環境問題は政治家や技術者だけが責任を負うのではなく、ひとりひとりの心のありよう（左側）も問われているのではないでしょうか。

　地球環境問題は詳細に見ると非常に複雑ですが、根本は非常にシンプルでもあります。地球環境問題は心身症のように、私たちの心を反映した症状なのです。私たちの内面のエゴイズム（自分のことしか考えないこと。過剰に欲しがる貪り。怒り対立し戦う非寛容な心。私たちが本質的にはひとつであり、地球に生かされていることを知らない無知など）の結果が、地球環境問題となって現実化しているのです。環境は人類の意識の映し鏡なのです。

　もしも私たちの心からエゴイズムが消え去り（左側）、必要な対策を打つならば（右側）、速やかに地球環境問題は解決し、美しい地球は蘇るでしょう。今私たちは、がん細胞と同じように、エゴの暴走をとめられずにみずから自滅するか、心を修正・進化させてすばらしい未来を切り開けるかどうかの分岐点に立っています。どちらに傾くかは私たちひとりひとりの心と行動にかかっています。この重大な危機は、

私たちがエゴイズムを減少させ、地上の生命全体の大いなる意志に目覚めるチャンスでもあります。危機をチャンスとして生かすことこそが、心身症としての地球環境問題への唯一の処方箋ではないでしょうか。

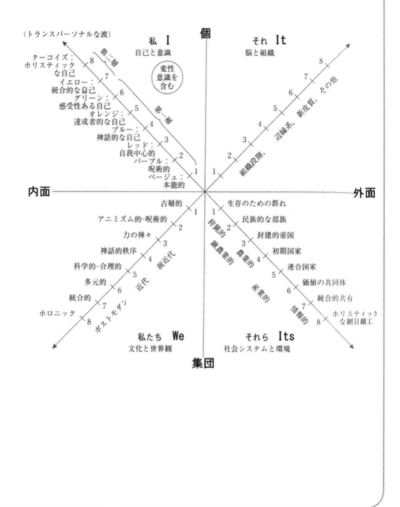

コラム **5**
心の学問は統合的な方法論へ

　心理学はその語源からして、プシュケー psyche（魂、霊、心）を探求する学問のはずでした。しかし実際には、19世紀後半から20世紀は客観主義を標榜する自然科学が圧倒的に強い時代であったために、心理学も自然科学であるべきだと多くの学者が考え、その結果、魂や霊はおろか、心も数量化できる表層的な部分だけに限定されて研究されることになってしまいました。自然科学主義による心理学は、一定の成果をあげましたが、プシュケーの奥深さに到達するには必ずしも十分ではありませんでした。期待して心理学を学んだにもかかわらず、腑に落ちずに失望したという人は少なくありません。その一因には、心理学が自然科学という方法に囚われてきたために、心の一部分しか研究できなかったという事情があると思われます。アカデミズムは方法論的反省を書いたまま、長年突き進んできたのです。

　こうした心理学の欠点を補うために、ユング心理学、人間性心理学、トランスパーソナル心理学などは、プシュケーの学を確立しようという模索をしてきました。今日では、数量化できない心の側面を、質的に研究することが心理学の世界でも認知されるようになってきました。しかし、魂、霊、心という形がないものを対象に、いかにして学問を成立させるのかというのは、依然として難しい問題です。

　ウィルバーは、すべての事象には、内側と外側、単数と複数という二軸で形成される四象限の側面があり、それぞれの象限は他に還元できない特質をもつとしています。このモデルに従うと、右図のように、学問においても四つの象限それぞれに適した方法論があるといえるのです。

　事象を四象限に整理することによって、自然科学的アプローチと現象学や解釈学のどちらが優れているのかという二者択一的な議論が無意味であることが明らかになります。なぜならば、明らかにしたい事象の象限に適した方法論がベストであるからです。別の角度からいうと、どの方法論も研究対象に適合する領域と不適合な領域をもち、万

第9章 スピリチュアリティの心理学

能な唯一絶対の学問的方法論はないということです。20世紀に全盛を誇った右側の客観主義も、厳密には成立しないことがすでに物理学において証明されているのです（観察者問題）。

西條剛央が体系化した構造構成主義（structural constructivism）と呼ばれる新しい思想では、一つの事象に対して異質な方法論で明らかにされた研究を包摂していくことが提案されています。心も霊性も、形がなく、時間や関係性によって変化する実に捉えがたい現象です。心に迫る学問は、今後さまざまな方法論を包摂する統合的なアプローチが欠かせなくなるでしょう。

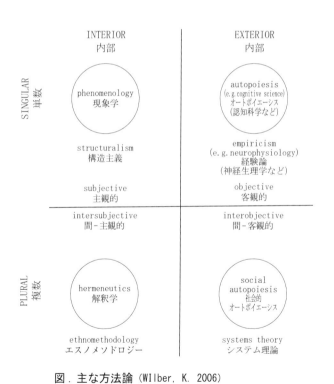

図. 主な方法論 (WIlber, K. 2006)

247

第 9 章　スピリチュアリティの心理学の主要文献

◎　ウィルバー『**アートマン・プロジェクト**』（吉福伸逸訳）春秋社、1997
年（原著 1980）

◎　ウィルバー『**意識のスペクトル 1・2**』（吉福伸逸訳）春秋社、1985 年（原
著 1977）

◎　ウィルバー『**グレース＆グリット**』（伊東宏太郎訳）春秋社、1999 年（原
著 1991）

◎　ウィルバー『**進化の構造 1・2**』（松永太郎訳）春秋社、1998 年（原著
1995）

◎　ウィルバー『**統合心理学への道**』（松永太郎訳）春秋社、2004 年（原著
1997）

◎　ウィルバー『**万物の歴史**』(大野純一訳) 春秋社、1996 年（原著 1996）

◎　江原啓之『**人はなぜ生まれいかに生きるのか**』ハート出版、200 年

◎　岡野守也『**トランスパーソナル心理学**』(増補改訂版) 青土社、2001 年

◎　グロフ＆ グロフ『**スピリチュアル・エマージェンシー：心の病と魂の成長
について**』（高岡よし子、大口康子訳）春秋社、1999 年

◎　島薗進『**精神世界のゆくえ：現代世界と新霊性運動**』東京堂出版、1996 年

◎　鈴木大拙、フロム、デマルティーノ『**禅と精神分析**』（佐藤幸治他訳）　東
京創元社、1960 年（原著 1960）

◎　スティーブンソン『**前世を記憶する子どもたち**』（笠原敏雄訳）日本教文
社、1990 年（原著 1987）

◎　スコットン、チネン、バティスタ編『**テキストトランスパーソナル心理学
／精神医学**』（安藤、池沢、是恒訳）日本評論社、1999 年（原著 1996）

◎　諸富祥彦『**トランスパーソナル心理学入門**』講談社、1999 年

◎　湯浅泰雄、春木豊、田中朱美監修『**科学とスピリチュアリティの時代：身体・
気・スピリチュアリティ**』ビイング・ネット・プレス、2005 年

◎　湯浅泰雄監修『**スピリチュアリティの現在**』人文書院、2003 年

◎　吉福伸逸『**トランスパーソナルとは何か**』春秋社、1987 年

◎　鈴木大拙『**日本的霊性**』岩波書店、1972 年

第10章
セラピーの未来と統合へ向けて

101. サイコシンセシス　　102. 前世療法

103. トランスパーソナル心理療法Ⅰ

104. トランスパーソナル心理療法Ⅱ

105. 相補・代替医学から統合医学へ

106. アニマルセラピー

107. 身体とサトルエネルギー

108. 中医学

109. ＴＦＴ（思考場療法）　　110. TFTの基本手順

111. アーユルヴェーダ　　112. ヒーリング

コラム **6** タイ・マッサージ（Thai Traditional Massage）

113. リラクセーションおよび心理療法としての瞑想

114. なにが人の心を癒やすのか？

115. スピリット・センタード・セラピー

116. セラピストの選び方

117. 心理療法家（セラピスト）のための覚え書き

101. サイコシンセシス
Psychosynthesis

　サイコシンセシスは、1910年頃にイタリアのユダヤ系心理学者・精神科医**アサジョーリ**(Roberto Assagioli, 1888-1974)によって創始された、もっとも先駆的で体系化されたトランスパーソナル心理療法です。より正確にいうと、サイコシンセシスは心理療法の枠に収まるものではなく、「人間の全体性を喚起し、新しくより包括的な人間の心の認識の枠組みを創造すること」(P.フェルッチ)を目的とする心理的・霊的な実践的技法です。今日では、世界32カ国に107ものサイコシンセシスの研究所が設置され、心理療法、教育、メンタルトレーニング、創造性開発など、各方面に影響を与えています。

　アサジョーリは8カ国語を操る語学の達人でした。フロイトの精神分析を学び、ユングと交流をもち、ウィリアム・ジェームズやアンリ・ベルグソンの哲学に関心を抱き、ブラヴァツキー夫人の神智学にも通じていました。さらに、さまざまなヨーガや瞑想法を実践し、諸々の霊的伝統や哲学に関心を持ちつづけていました。このような幅広い見識と実践を統合することによってサイコシンセシスは誕生したのです。

　サイコシンセシスは、健康な成人の発達段階に応じて、2つの段階から構成されています。第1段階は、**個人的サイコシンセシス**(**Personal Sychosynthesis**)で、パーソナルセルフを中心として人格を統合(synthesize)します(図101参照)。人格の統合は、心のなかにある下位の無意識や、下位の諸人格に同一化されずに、パーソナルセルフが目撃し観察することによって達成されます。この過程は**脱同一化**(**disidentification**)と呼ばれ、私たちの心理的な成長に欠かせない非常に重要なものです。次ページに脱同一化のワークがありますので、参考にしてください。

250

第10章 セラピーの未来と統合へ向けて

　個人的サイコシンセシスを達成した人は、第2段階の**霊的サイコシンセシス**（Spiritual Sychosynthesis）へと進みます。トランスパーソナルセルフとのつながりを確立し、霊的な発達を促します。パーソナルセルフとトランスパーソナルセルフは、水面に映った太陽と実際の太陽のような関係にあります。

　サイコシンセシスの特徴は、体験するとよく分かるのですが、欧州と東洋の香りが感じられるせいか、とても美しい技法です。サイコシンセシスの技法は、瞑想、イメージワーク、描画、音楽などが多く含まれています。

　サイコシンセシスは、今日でも依然として先駆的な、よくできた理論と技法です。アサジョーリは、現代の臨床心理学界から見れば、100年以上時代を先取りしたといっても言いすぎではありません。

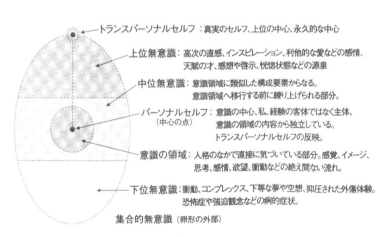

図101. アサジョーリの心のモデル

【脱同一化（disidentification）のワーク】

［準備］心身を心地よくリラックスして、「自分自身のなかにはいること」。瞑想的な状態にはいれればなお望ましい。

［第1ステップ：身体からの脱同一化］
　私は身体をもっています。しかし、私は私の身体ではありません。私の身体は、健康であったり病気であったりそのときによっていろいろな状態になります。また休息がとれていたり、疲れていたりします。しかし、それは、私のセルフ、真の『私』とは全く関係がありません。私は、自分の身体を、外界において体験し、行動するための貴重な道具として重要に思っています。しかし、身体は単なる道具にすぎません。私は身体を大切に扱い、よい健康状態を保つよう、心がけます。しかし、身体は私のセルフではありません。私は身体をもっています。しかし、私は私の身体ではありません。

［第2ステップ：感情からの脱同一化］
　私は感情をもっています。しかし、私は私の感情ではありません。私の感情は多様であり、変化するものであり、またときには相矛盾するものです。私の感情は、愛から憎悪へ、平静から怒りへ、喜びから悲しみへと動揺します。しかし、私の本質私の本性は変わりません。『私』は変わらず安定しています。もし、私が一時的に怒りの波にのまれるとしても、怒りの波はそのうち過ぎ去ることを私は知っています。ゆえに、私がこの怒りなのではありません。私は、自分の感情を観察し、理解することができます。さらに徐々に感情を方向づけ、利用し、調和をもったものに統合していくことができるので、そのような感情が私のセルフでないことは明白です。私は感情をもっています。しかし、私は感情ではありません」
　私は欲望をもっています。しかし、私は欲望ではありません。欲望は私の衝動（肉体的、感情的）やその他の影響によりひき起こされます。欲望はひきつけられるものや逆に憎悪を感じるものが変わるとともにしばしば変化し、矛盾しあいます。ゆえに欲望は私自身ではあり

ません。私は欲望をもっています。しかし、私は私の欲望とは異なるものです。

［第3ステップ：知性からの脱同一化］
　私は知性をもっています。しかし、私は私の知性とは異なります。私の知性は、発見と表現の大切な道具です。しかし知性は私という存在の本質ではありません。知性の内容は、新しい概念、知識、経験をとり入れるにつれて絶えず変化します。私にしたがうことを拒むこともしばしばです。それゆえ、知性と私が同一ではあり得ません。知性は、私の内界と外界に関する知識の器官です。私のセルフではありません。私は知性をもっています。しかし、私は知性ではありません。

［第4ステップ：同一化］
　私自身すなわち〈私〉を脱同一化したあとに感覚、感情、思考など意識の内容から、私は、純粋な自己意識の中心であることを認識し、確信します。私は、すべての心理的過程と私の肉体を観察し、方向づけ、活用できる意志の中心なのです。

　それなら私は一体何者なのでしょうか。私自身を、私の肉体、感覚、感情、欲望、知性、行動から脱同一化したあと残るのは何でしょうか。それは私の本質純粋な自己意識の中心です。それは、私の個体としての生において絶えず変化する流れのなかで、永久不変の要素なのです。

　それは、私に存在、永遠、内的バランスの感じを与えてくれるものです。私は自分のアイデンティティがこの中心にあることを確信し、その永遠性、そのエネルギーを認識します。この中心は静的な自己意識をもっているだけでなく、力動的なパワーをもっています。心理学的過程と身体のすべてを観察し、支配し、指揮して利用することができるのです。私は気づきとパワーの中心なのです。

（アサジョーリ『サイコシンセシス』誠信書房、1997 より）

253

102. 前世療法
Past Life Therapy

　前世療法の存在は、米国の精神科医**ワイス**（Brian L. Weiss）の著書『前世療法』(1988 年) がベストセラーになることによって、広く一般に知られるようになりました。『前世療法』には、ワイスがキャサリンという患者に一般的な退行催眠を行っていたら、偶然に前世に退行してしまい、その後のいくつもの前世体験を詳細に語りだし、症状も完全に治癒していった過程が詳しく記述されています。さらに、催眠中にマスターとよばれる霊的存在がキャサリンを通して語った内容も記載されています。ワイスは、前世療法の効果として、リラクセーションや感情のカタルシスという身体的・心理的効果に加えて、自分のなかの神聖な力に目覚め、魂の不死を確信し、死の恐れから解放されて愛に目覚めるなど、霊的な効果が認められると述べています。

　ここでは、前世療法に関するポイントを整理しておきたいと思います。

①前世記憶の客観性

　退行催眠の手続きを踏めば、全員ではありませんが、多くの人が今生とは時代や文化の異なる違う人生を体験することができます。これは指示通りに実施すれば確認可能な事実です。

　次に問題になるのは、はたしてそれが客観的な意味での前世の記憶かどうかということです。結論からいうと、現時点では催眠による前世体験が客観的な記憶であるという証拠は十分ではありません。少なくとも、前世療法で想起されるイメージのなかには、日常的出来事を素材としたイメージや、自分が見たい物語の再現でしかないものが含まれています。

　一般に、退行催眠によって想起される記憶は、数時間前であれ

幼少期のものであれ、客観性は保証されません。認知心理学では、実際にはなかった出来事の記憶（**偽記憶 false memory** といいます）を植え付けることが可能であることが実験によって証明されています。催眠状態での記憶は、フロイトもすでに気づいていたように、客観的な現実ではなく、しばしば心の世界における現実（**心的現実**）であることが多いのです。

　しかし一方では、前世療法による前世体験が、すべて偽記憶とか、心的現実の反映に過ぎないとする証拠もありません。

②わが国の状況

　インターネットで調べたところ、現在日本には前世療法を行うセラピストが100名以上います。しかしセラピストのもつ資格や文章から推測すると、その多くは、臨床心理学の基礎的知識や技能をもたない、いわゆる**素人心理療法家**（**レイセラピスト**）であり、危険な状況であると思われます。

③前世イメージ療法として

　前世記憶の客観性が保証されないことと、前世療法の臨床的効果とは別に考えなければいけません。少なくとも、催眠によって前世のイメージが浮かび、そして治癒的な効果が見られる事例があることは事実です。そこで筆者は、前世記憶が客観的であるか否かは、心理療法家の仕事の範疇外であるために判断を棚上げし、前世というモチーフを巡るイメージ療法として「**前世イメージ療法**」（**Past Life Image Therapy**）と呼ぶべきであると学術論文において提唱しました（石川、2004年）。

　前世イメージの真正性を客観的に検証するのは容易ではありませんし、輪廻転生などの世界観にまつわる判断は、心理療法家が決めることではなく、最終的にはクライエントに委ねられるべきことだからです。

103. トランスパーソナル心理療法 I
Transpersonal Psychotherapy I

①ホロトロピック・ブレスワーク Holotropic Breath Work
　ホロトロピック・ブレスワークは、チェコスロバキア生まれの米国の精神科医**グロフ**（Stanislav Grof, 1931-）が、1970 年代に妻クリスティーナとともに創始した心理療法です。グロフは国際トランスパーソナル学会の初代会長であり、トランスパーソナル学創設の中心人物の一人です。

　グロフはチェコスロバキアで、**LSD** という**サイケデリクス**が人間に及ぼす影響について大規模な研究をしていました。その後、1967 年に米国に移り、サイケデリクスの使用が法的に禁止されたことから、非薬物的な技法の開発に迫られたのです。グロフは、早くて深い激しい呼吸法に、音楽とボディーワークを組み合わせ

表 103. グロフの意識の作図学

① 抽象的な美的体験	魂（psyche）への旅の前に通過する感覚的障壁。幾何学模様が見えたり、音に敏感になるなどの知覚変化。いわゆるサイケデリックな体験。単なる生理学的効果で、深い意味はないとされる。
② 精神力動的体験	個人の過去や抑圧された幼児期の傷つきなどが再体験される。回想的・自伝的な体験領域。
③ 基本的分娩前後の体験	周産期の体験には、死と再生などの重要な哲学的・霊的次元があるとされる。BPM（Basic Perinatal Matrices）と呼ばれ、次の 4 段階に分類される。 BPM I：子宮内の段階。原初的な一体感。宇宙的合一。「悪い子宮」の体験もありうる。 BPM II：分娩開始の段階。楽園からの追放。生命の危機、絶望、実存的危機。出口なし、地獄の体験。 BPM III：子宮が収縮し産道へ進む。強烈な身体的苦痛、物理的圧迫。酸素の欠乏。不安、火山的エクスタシー。性的イメージ。悪魔的、サド・マゾ的、スカトロジカルな経験。煉獄。爆発。大量虐殺。死と再生の葛藤。 BPM IV：誕生の段階。産道の葛藤の頂点。最初の呼吸。絶望、解放、勝利、自我の死、死と再生の体験。
④ トランスパーソナルな体験	他者との融合。動植物や物質との同一化。全生命圏や地球の意識の体験。宇宙との合一化。体外離脱（OBE）。遠隔知覚。テレパシー。予知。過去生や祖先とのつながり。死者との交信。アストラル界での体験。サトルエネルギーの知覚（オーラ・チャクラ、気、クンダリーニの覚醒など）。指導霊や超人間的存在との接触。種々のシンボル。元型的体験。宇宙意識。原初の無、空、沈黙との出会い。等

ることによって**変性意識状態**（ASC）に導き、深層を解放すること
に成功しました。これを、ホロトロピック・ブレスワークをいい
ます。ホロトロピック holotorpoic とは、ギリシア語の holos（全体）
と trepein（向かう）を組み合わせた造語で、「全体性へ向かう」と
いう意味をもっています。

　グロフは、約 4 千例の LSD セッションと、2 万回以上のホロトロ
ピックセッションの観察から、心の深層を四つの主要な体験領域に分
類しました（表102）。このような体験領域を徹底的に通過することで、
心理的・霊的に解放され、全体性へと向かっていくと考えられています。

②プロセス志向心理学 Process-Oriented Psychology（POP）

　POP はユング派の心理療法家であった**ミンデル**（Arnold Mindell,
1940-）が、シャーマニズム、道教、易経、物理学等の影響を受けな
がら創始した心理学です。出来事の背後には原因があり、解決の
ためには原因を突きとめなければいけないという因果論的な考え
方ではなく、出来事には必ず意味や目的があり、それをプロセス
のなかからいかに受け取ることができるのかを重視し、それを援
助する技法です。ユングの**目的論的な立場**（→ 59）を踏襲し、さらに
発展させたといってよいでしょう。

　たとえば、鳩尾の痛みに苦しむ人が、その感じに意識を向けて
瞑想をしたら、もっと本音をはっきり言いたいと自分が感じてい
ること、それが痛みとなって表現されていたことに気づいたりし
ます。このように、たとえ苦痛をともなう問題だとしても、起こっ
ていることには意味があり、そのプロセスに寄り添いながら深く
探っていくと、意味深いメッセージを得ることができると考える
のです。出来事は、視覚、聴覚、身体感覚、動作、関係性、世界
という 6 つのチャンネルのどれかを通して現実化するとされてい
ます。 POP は、個人、集団（ワールドワーク）、精神病状態や昏睡
状態の人など、幅広い分野を対象に実践されています。

257

104. トランスパーソナル心理療法 Ⅱ
Transpersonal Psychotherapy Ⅱ

①コスモスセラピー Cosmos Therapy/Cosmology Education

岡野守也（1947-）が独自に創案したセラピーあるいは教育法です。現代科学の定説をつなぎあわせることによって、宇宙と私がつながっているということ、私が宇宙であるということ、150億年の進化の積み重ねで今の私の存在があるという事実を平易な言葉で示しています。これによって、物質主義的なばらばらコスモロジーから、かさなり・つながりコスモロジーへと転換し、エゴイズムやニヒリズムから脱却することを目的としています。ウィルバーの理論や唯識説が背景にあります。

②システミック・ファミリーコンステレーション
SFC（Systemic Family Constellation）

SFCはドイツ人の**ヘリンガー**（Bert Hellinger, 1925--）が創始したトランスパーソナルな**家族療法**です。SFCの方法は非常に画期的で驚くべきものです。家族に何が起きていて、どうすることが解決につながるかは、セラピストや理論が示すのではないばかりか、クライエントが自己発見するのでもありません。SFCは、魂の**付置（Constellation）**がその場にあらわれ、自発的に動き出す方法を発見したのです。家族の問題の本質は、クライエントが語らなくとも、その場で一目瞭然になります。原理は不明ですが、シェルドレイクの形態形成場と関連があるといわれています。欧州では絶大な人気と影響力をもつセラピーです。

③エニアグラム Enneagram

エニアグラムとは、ギリシア語で「9の図」を意味します。その起源は古代ギリシアに遡るといわれ、**グルジェフ**（Georges

258

Ivanovitch Gurdjieff, 1913-1949）を通じて知られるようになり、1960年代に9つの性格のタイプ論が形成されました。エニアグラムは単なるよくあたる性格のタイプ論ではなく、秘教的伝統の霊的な知恵を備えています。日本エニアグラム学会は、エニアグラムを深く学ぶことによって、自己理解、自己受容、他者理解、他者受容が深まり、人間関係が改善し、自己実現の過程を促進するとしています。

図104. エニアグラム

④ダイアモンド・アプローチ Diamond Approach

クウェート生まれの**アリ**（A. Hameed Ali, 1944-）が米国で創始したトランスパーソナル心理療法です。アリは、人間は生まれたばかりのときには誰でも霊的な本質（エッセンス）と完全に接触しているけれども、成長する過程で自我が発達するにつれてその本質（エッセンス）を喪失していくと考えました。心理学的な技法によってその本質（エッセンス）との再接触を可能にし、霊的な自覚をもたらそうとするのが**ダイアモンド・アプローチ**です。

⑤ハコミセラピー Hakomi Therapy

ハコミセラピーは、1970年代に米国の**クルツ**（Ron Kurtz）が創始しました。ハコミ（Hakomi）とは、ネイティブアメリカンのホピ族の言葉で、「日常のさまざまな側面にどのように関わっていますか？」という意味です。自分の内面の思考、感情、身体の感覚などに継続的に気づいているマインドフルネスという状態を利用して、自分を制限している思いこみや決めつけを手放し、成長していくことを助けます。

105. 相補・代替医学から統合医学へ
From Complementary and Alternative Medicine（CAM）to Integrative Medicine

　今日の日本では、医学といえばたいていの場合近代西洋医学のことを指しています。健康保険の適用も、漢方薬や鍼灸、柔道整復などの一部を除いては、西洋医学に限定されています。

　しかし実際には、西洋医学は数ある医学大系や健康法の一つに過ぎないばかりか、歴史的にも比較的新しいものです。一般市民の間では、西洋医学普及以前からの長い歴史をもつ東洋医学などの体系的な伝統医学や、ホメオパシーやシュタイナー医学などの独立した医学大系、さらに新旧のさまざまな民間療法、健康法などが多く普及しています。このような非西洋医学の治療法・健康法は、今日、**代替医療**、**代替療法**、**相補医療**、**補完療法**などと呼ばれ、世界的に注目されています。米国では CAM（Complementary and Alternative Medicine；相補・代替医学）と呼ばれることが多くなっています。

　米国の調査によると、1990 年の時点で米国国民の 3 人に 1 人が過去 1 年間に代替医療を利用し、その後も利用頻度が増加していることが明らかになりました。これを受けて、米国政府は国立健康研究所（NIH；National Institute of Health）に代替医療調査室（OAM）を設置、1999 年には代替医療専門の研究センター（NCCAM）に発展させ、年間 1 億ドルもの予算をつけて重点研究を行ってます。今日では、ハーバード、コロンビアなどの 13 の主要大学に CAM 研究所が設立され、2／3 以上の医学校で CAM の講座が設置されています。欧州各国でも CAM の研究所やクリニックが開設され、中国では**中国伝統医学**（→108）と、インドでは**アーユルベーダ**（→111）との統合が図られています。このように西洋医学は CAM と連携した**統合医学（Integrative Medicine）**へと発展しつつあるのが、今日の世界的趨勢なのです。

　西洋医学が重篤な疾患へ治療で多大な貢献していることは疑う余地がありません。しかし、依然として治療困難な難病が多いことや、生活習慣病、慢性病への対応が不十分などの欠点も明らかになって

きました。一方 CAM には、ひとりひとりの**個性を重視**、身体・心・霊性（スピリチュアリティ）の**全体的（ホリスティック holistic）な人間理解、未病への対応**、バランスの重視など、西洋医学にはない有益な視点が多々含まれています。CAM には、その効果や安全性など、課題も多いため、今後厳しく検証されていくことも不可欠です。統合医学においては、西洋医学と CAM が互いの長所と欠点を補い合い、よりよい治療・健康法へと統合・発展することが期待されています。

表 105-1. NIH による CAM の 4 大領域（NIH ホームページより［2009 年 1 月現在］）

生物学に基づく実践	ダイエット・サプリメント、機能食品、ダイエット製品
エネルギー医療	マグネットセラピー、ヒーリングタッチ、霊気（REIKI）
整体や身体を基礎とした実践	マッサージ、脊椎の徒手整復術（カイロプラクティックなど）、リフレクソロジー
心身医療	瞑想、ヨガ、太極拳、気功、イメージ療法、創造的表現（芸術、音楽、ダンス）

表 105-2. バリー・キャシレスの検証項目（代替医療ガイドブック』春秋社、2000 年］）

第1部 健康と心の充足を求めて	アーユルヴェーダ、中国伝統医学、ホメオパシー、アメリカ先住民の治療法、ナチュロパシー
第2部 食餌療法と薬草療法	栄養補助食品、断食とジュース療法、フラワー・レメディ、薬草療法、マクロビオティック、菜食主義
第3部 心に働きかける	バイオフィードバック、催眠術、イメージ法と視覚化法、キルリアン写真術、瞑想、プラシーボ効果、気功
第4部 生物学的代替療法	ミツバチ療法、がんの生物学的療法、生物学的歯科医学、細胞注入療法、キレーション療法、大腸／解毒療法、酵素療法、代謝療法、神経療法、酸素療法、サメおよびウシの軟骨療法
第5部 ボディワークによる痛みとストレスの緩和	指圧療法、アレキサンダー・テクニック、カイロプラクティック、頭蓋仙骨療法、水療法、マッサージ、リフレクソロジー、ロルフィング、太極拳、ヨーガ
第6部 五感に働きかける治療法	アロマテラピー、芸術療法、ダンス・セラピー、ユーモア療法、光線療法、音楽療法、音響療法
第7部 外的エネルギーによる健康回復	クリスタル・ヒーリング、電磁療法、信仰療法、祈りとスピリチュアリティ、シャーマニズム、セラピューティック・タッチ

表 105-3. 代替医療の分類（上野圭一＋ CAMUNet、1998 年）

各国の伝統医学	大伝統医学：アーユルヴェーダ（→111）、中国医学（→108）、チベット医学、ユナニ医学（アラビア医学）
	小伝統医学：世界各地のシャーマニズム
現代医学に対抗的な医学大系	ホメオパシー、オステオパシー、カイロプラクティック、シュタイナー医学など
広義の民間療法	経験的に効果が認められ、一定の支持者をもつ種々雑多な療法
その他の心身相関技法	サイコセラピー的なもの、ボディワーク的なもの、エネルギー療法的なもの、五感を活用するもの、イメージ療法、バイオフィードバック、催眠療法、アレクサンダー・テクニック、フェルデンクライス・メソッド、ロルフィング、アロマテラピー、バッチ・フラワーレメデ

106. アニマルセラピー
Animal Therapy

　人間と動物とは太古から深い関係で結ばれてきました。狩猟、戦闘、運搬、農耕、牧畜、食用、愛玩など、さまざまな場面で人間は動物のお世話になってきましたが、今日のストレス社会では、心身の癒しに役立ってもらおうとしています。**アニマルセラピー**（Animal Therapy）は、動物との関わりによって人間の心身の健康を向上させる営み全般を指す言葉です。米国のデルタ協会は、アニマルセラピーを**動物介在活動**（Animal Assisted Activity）と**動物介在療法**（Animal Assisted Therapy）とに分類し、それぞれの定義を行っています（表106-1）。欧米ではアニマルセラピーに関する組織的な研究が行われており、さまざまな人々を対象としたセラピーが実践されています（表106-2）。日本でも少しずつですが、犬、猫、鳥、魚などが病院や老人ホーム等の施設で活躍したり、ホースセラピー（Horse Assisted Therapy, Hippo Therapy）やイルカセラピー（Dolphin Assisted Therapy）も一部で行われています。

　アニマルセラピーの研究によると、人が動物と交流することによって、血圧の降下、生存率の増加、病院の利用回数の減少などの生理的効果が報告されています。さらに、リラクセーションや安心感の増加、気力の充実などの心理的効果や、人間関係の潤滑油になるという社会的効果も報告されています。

　しかし動物は、身体をもつ生命の宿命で、人間と同様に世話に手間がかかり、病気や死を避けられないという問題があります。そこで最近では、動物型ロボット（アザラシ型ロボット「パロ」など）による**ロボットセラピー**も登場しています。便利で手のかからないロボットセラピーの利点は確かに少なくありませんが、血の通った生命同士の連帯感をロボットに感じることができるのだろうかという疑問は残ります。

　アニマルセラピーによって癒されるのは素晴らしいことですが、根本的な考え方を誤らないことが大切です。動物もかけがえのない生命ですから、人間の利己的な目的のための一方的な搾取や利

用であってはなりません。今日、多くの人々がペットを飼っていますが、自分の都合でいらなくなれば、いとも簡単に捨てているという現状を見逃してはなりません。環境省のデータによると、日本で2013年度に保健所等に持ち込まれて**殺処分**されたのは、犬28,570頭、猫99,671頭、合計128,241頭に上ります。40年前に比べると、殺処分はおよそ10分の1に減少しているのですが、それでも人間の身勝手による動物の大量殺戮であることに変わりありません。動物は物ではなく命ですから、人間が責任を持って関わらなければいけません。動物は人間の予想以上に深い思いやりの行動をすることが知られています。人間と動物が相互に思いやり、信頼の絆を築いた結果として、両者がともに癒されるというアニマルセラピーが理想であると思われます。上下関係を暗示するペットという呼び名ではなく、**コンパニオンアニマル**（伴侶動物）という表現も生まれています。癒やしはつねに相互的なものでなければなりません。

表106-1. デルタ商会によるアニマルセラピーの定義 （横山章光『アニマルセラピーとは何か 1996年）

動物介在活動 Animal Assisted Activity ＝AAA	基本的にペットと人間が表面的に触れ合う活動で、病院や施設などでの特別なプログラムの中に存在するものではない。治療上の特別なゴールが計画されず、活動する人たちも詳細な記録は取らなくてよい。
動物介在療法 Animal Assisted Therapy ＝AAT	治療上のある部分で動物が参加することが不可欠である。医療側の専門職（医者や看護婦、ソーシャルワーカー）、作業・心理・言語療法士などがボランティアの協力をもとに治療のどこで動物を参加させるかを決定する。治療のゴールが存在し、活動においては記録が必要であり進歩も測定されなくてはならない。

表106-2. アニマルセラピーの対象者 （横山章光『アニマルセラピーとは何か 1996年）

子ども	一人っ子、不登校、精神的・身体的・性的虐待児、親がいない子どもなど
高齢者	独居、老人ホームなど
終末期医療	癌、エイズ患者など
後天的慢性疾患	事故や病気など
先天的慢性疾患	精神遅滞、ダウン症、自閉症、脳性麻痺など
身体機能障害者	視覚・聴覚・言語障害者、手足の不自由な人、てんかん患者など
犯罪傾向にある人	囚人、医療刑務所など
精神障害者	認知症、精神分裂病、躁うつ病など

107. 身体とサトルエネルギー
Body and Subtle Energy

　ヨーガ、禅、気功の伝統では、「調身、調息、調心」といいます。身を調え、息を調え、そして心を調えよという教えです。身体と心を調えることは、霊的(スピリチュアル)な成長のための基礎条件になるのです。

　最近では、身体を通して心の癒しを目的とするさまざまな身体心理療法（Body Psychotherapy）や**ソマティック心理療法**（Somatic Psychotherapy）が注目されていますが、そのなかには、肉体だけではなく、肉体を取り巻く**微細エネルギー(サトル)**あるいは**微細ボディ(サトル)**を扱うものがあります。サトルエネルギーは、世界中の伝統で経験的に知られていました。気（日本、中国）、プラーナ（インド）、マナ（ポリネシア）、タネ（ハワイ）、アンク（古代エジプト）、アルンキルサー（アボリジニ）など、さまざまな名称があります。催眠療法の元祖メスメル (→ 39) の提唱した動物磁気や、フロイトに破門されたライヒのオルゴンエネルギー (→ 49) は、今日から見れば微細エネルギー(サトル)であると考えられます。メスメルは学説が否定されて失墜し、ライヒは刑務所で獄死という悲惨な結末を迎えましたが、彼らの説は今後再評価される可能性があるでしょう。

　中医学では、人体を流れる気の通り道を**経絡**（meridian）と呼び、詳細な地図を描いています。気のエネルギーは、人体内を流れるだけではなく、外界とも交流が行われていて、その出入り口を**経穴**（いわゆるツボ）と呼んでいます。経絡には、主要な通路である十二経脈（腕に6本、足に6本）や、奇経八脈（任脈、督脈など）などがあり、五臓六腑をはじめ、人体を網の目ように分布し、体内のすべての機能を調節しています（図107）。

　気そのものは今日でも科学的に測定することはできていません。さらに経絡や経穴も目に見えず、解剖しても発見することはできません。にもかかわらず、気や、経絡・経穴を使用するセラピーの効果は十分に実証されているのです。たとえば WHO（世界保健機関）は、鍼治療によって効果が上がる病気を 1979 年に 43 疾患、1996 年には 49 疾患認定しています。

第10章 セラピーの未来と統合へ向けて

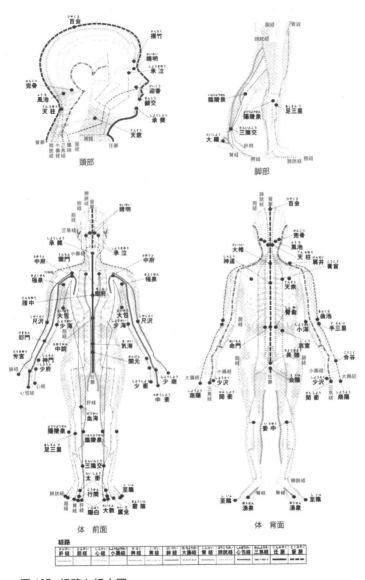

図 107. 経路と経穴図

108. 中医学
Traditional Chinese Medicine

　中医学（中国伝統医学）は、**漢方薬、薬膳、鍼、灸、気功治療、推拿按摩**（中国流のマッサージ）などの多くの治療法で知られています。日本では**鍼灸師**が国家資格として認定され、各所に治療院があるので、私たちには比較的馴染み深い伝統医学です。

　中医学の理論の根底には、**陰陽五行論**など、古代中国の自然哲学があります。**陰陽**とは、万物を陰陽の対立から成り立つという考えです（表108）。**五行論**とは、すべては**木・火・土・金・水**という5つの要素の運動と変化によって生成するという思想で、自然界のあらゆる性質や、人間の感情や内臓なども5つの性質に分類して、その相互関係を理解しようとします（図108）。

　中医学の診断や治療では、気の量の過不足や、流れの善し悪しを重視します。気が過多（**実**）ならば抜き（**瀉法**）、不足していれば（虚）補い（**補法**）、滞りがあれば流れるように働きかけます。西洋医学が身体を部位ごとに分けて見るのに対して、中医学では経絡と気でつながれた身体全体のバランスを見ることが特徴です。

　治療や養生を目的とする**気功法**には、体内の気を練る**内気功**と、外部に気を流す**外気功**があります。内気功は、自己治癒や健康増進の方法としても有効で、**静功と動功**に分けられます。静功とは、動かずに行う瞑想気功のことで、站椿功、小周天、放鬆功などがあります。動功とは動きのある気功法で、甩手、香功、自発動功などがあります。内気功を実践することによって、やがて誰でも気を感じられるようになってきます（気感）。そして、姿勢や動き（調身）、呼吸（調息）、意図やイメージ（調心）をしっかり伴った動きができるようになると、意図したとおりに気を操り（意念）、健康や癒しに応用できるのです。さらに気はボーダレスな性質があるため、気を通して人体（小宇宙）は自然の大宇宙とつながるのです（**天人相関**）。

266

表108. 陰陽対立表

陽	天	日	昼	動	外	上	明	気	熱	男	精神	背中	上半身	体表	六腑	活動	⋯
陰	地	月	夜	静	内	下	暗	形	寒	女	肉体	お腹	下半身	体内	五臓	休息	⋯

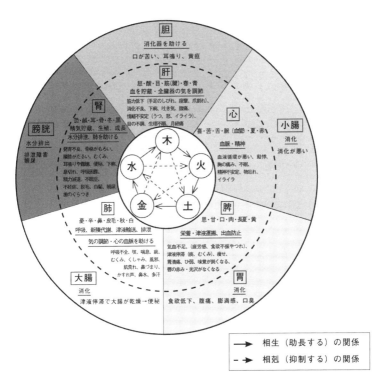

図108. 陰陽五行図

109．ＴＦＴ（思考場療法）
Thought Field Therapy

　ＴＦＴ（思考場療法 Thought Field Therapy）とは、米国の臨床心理学者キャラハン（Roger J. Callahan）が創始したエネルギーセラピーです。

　キャラハンによると、1980 年のメアリーの症例がきっかけとなってＴＦＴ は生まれました。メアリーは、雨が降ると家を出られない、水の入った浴槽が恐ろしい、シャワーもストレスになるなど、重度の水恐怖症でした。催眠療法 (→39, 40)、行動療法 (→62～64)、認知療法 (→65)、論理療法 (→66)、クライエント中心療法 (→72～75) など、さまざまな心理療法を試しましたが、まったく効果がありませんでした。あるとき、行動療法の一種である暴露療法を試すために、プールサイドで面接を行いました。メアリーは「これは拷問そのものだわ」といって動転し、「みぞおちに響くんです」といいました。キャラハンは、中医学の知識があったので、胃の経絡上の最終経穴 (いわゆるツボ) (→107) である目の下をさして「ここを叩いてみてください」といいました。すると、「なくなっちゃったわ！ もう怖くないんです」といって、メアリーはプールの端に座って、自ら顔に水をかけ始めたといいます。驚いたことに、その後 20 年間、恐怖症は再発していないということです。

　キャラハンは、当時は何が起きたのか理解できませんでしたが、研究を積み重ねて解明し、次のようなことがわかってきました。第一に、複数の治療スポットを叩く必要がある場合があり、しかも順序があること。第二に、ある決まった心理的障害には決まった叩き方 (アルゴリズム) が要求されること。第三に、身体的疾病にも効果があること。第四に、生理的な変化も測定できること (心拍変動：Heart Rate Variability：HRV) です。こうしてキャラハンはＴＦＴ の方法を徐々に確立していきました。

　ＴＦＴ は、不安、恐怖、嗜癖的衝動、心的外傷、怒り、罪悪感、強迫、パニック、抑うつ、身体的疼痛、恥、イメージの困難さ、時差ぼけなどに効果があることが報告されています。

TFTの治療原理は、やや難解ですが、非常にユニークで斬新です。TFTでは、はじめにもっとも不快な場面をイメージすることによって特定の**思考場**（Thought Field）と呼ばれる場にアクセスします。次に、経絡に沿って存在する特定の治療ポイント（経穴）を指で軽く叩くことによって（タッピング）、身体のエネルギーシステムに影響を与えます。TFTでは、症状の根本原因は、思考場に存在する活動的情報（active information）である**パータベーション**（perturbation）にあると考えています。パータベーションは、凝縮された情報をもつエネルギーであり、特定の思考場にくっついています。特定の思考場にアクセスした状態で、正確な経穴を正確な順序で刺激することにより、あたかも暗号を解くようにパータベーションは分離され、その結果、症状が解消すると考えられています。TFTの理論と技法は、臨床心理学、量子力学、生物学、中医学、アプライド・キネシオロジー、ＮＬＰなどを統合することによって確立されています。

TFTは、方法が非常にシンプルであること、効果が直後からはっきりあらわれること、短時間で実施可能（たいていは数分、長くても30分程度）なこと、高い治癒率、副作用がないなどの特徴があります。これらは、従来の常識を大きく覆すものなので、TFTで実際に症状が解消しても、すぐには信じられないことがよくあります。施術後に「それについて考えられなくなった」「またぶり返すだろう」「何が問題だったか思い出せない」「こんな簡単なことで治るはずがない」「最初からそれほど怖くなかった」などと合理化してつじつまを合わせようとする人が多々います。キャラハンはこれを**頂点問題**（Apex Problem）と呼びました。

したがって、TFTを実施する前には、TFTについてよく説明を行い、TFTによって急速な治癒することがあるとあらかじめ伝えておくことが必要です。はじめにと終わりに症状のつらさを点数化してもらったり、恐ろしかった場面に実際に直面して治癒効果を確認してもらうことも有効な方法です。

110. TFTの基本手順
TFT Algorithm

　ここでは TFT アルゴリズムの具体的方法をフローチャートによって紹介します（図110-1, 2参照）。ＴＦＴのアルゴリズムとは、多くの人に有効であることが確認された具体的な手順のことです。心理的問題の内容によってタッピング等の手順は変わるので、それぞれに特定のアルゴリズムがあります。アルゴリズムによって、多くの人がセルフケアとして TFT を活用できます。

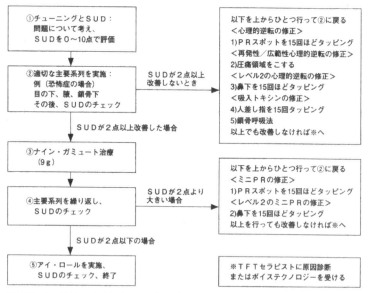

図 110-1. TFT の手順（アルゴリズムレベル）

＊ＳＵＤ（Subjective Unit of Distress）：「苦痛の主観的単位」とも訳されます。クライエントに問題について考えてもらい、その恐怖・同様・不快感の程度を 0 〜 10 点の 11 点法で評価してもらいます。10 点を最大の苦痛とし、0 点がまったく苦痛がない状態とします。

第10章 セラピーの未来と統合へ向けて

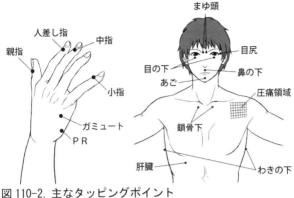

図110-2. 主なタッピングポイント

* 主要系列（ｓｑ：Sequence of Majors）：経絡ポイントを使う施術を意味する語。例えば恐怖症では「目の下、脇の下、鎖骨下」が主要系列になります。ＴＦＴは、「主要系列－９ｇ－主要系列」(holon) という構造をもちます。
* 主な主要系列の例単純な恐怖症、単純な不安、ストレス：「目の下－脇の下－鎖骨下」心的外傷：「眉－目の下－脇の下－鎖骨下」、怒り：「小指－鎖骨下」罪悪感：「人差し指－鎖骨下」、身体的疼痛：「ガミュート（30～50回）－鎖骨下」
* 心理的逆転（ＰＲ：Psychological Reversal）：身体が治癒に向かうのをブロックされている状態です。ＴＦＴにおいてＰＲの概念は非常に重要です。ＰＲしている時にはＴＦＴが効かないので、タッピングによってＰＲを修正しなければいけません。
* ナイン・ガミュート（９ｇ）：ガミュートをタッピングしながら、次の９つのステップを行います。ⅰ目を開ける、ⅱ目を閉じる、ⅲ目を開けて左下を見る、ⅳ右下を見る、ⅴ目をぐるりと回す、ⅵ反対方向にぐるりと回す、ⅶハミングする、ⅷ１～５の数字を数える、ⅸ再びハミングする。
* アイ・ロール（ＥＲ：floor to ceilinf eye roll）：床から天井への目の運動。ガミュートスポットを叩きながら視線を下に向け、ゆっくりと目を天井の方へ向けていきます。顔が動かないよう注意。単独でもリラックス効果があります。

271

111. アーユルヴェーダ
Ayurveda

アーユルヴェーダ（**Ayurveda**）は、5千年の歴史をもつといわれる、インドの伝統医学です。サンスクリット語のアーユス（生命）とヴェーダ（知識）が合わさった言葉であり、「**生命の科学**」が原義です。

インドの古典『チャラカ・サンヒター』によると、「アーユルヴェーダの目的は、健康な人の健康を保ち、病人の病気を鎮静すること」（総論編30章）です。アーユルヴェーダでは、病気の治療法だけではなく、健康の維持・増進の理論と方法が体系的に整備されています。さらに、生命とは何か、真の自己とは何かといった、**ヴェーダ**（B.C.1000年頃～ B.C.500年頃に編纂されたインドの聖典）の根本的な宇宙観や生命観まで盛り込まれています。

アーユルヴェーダでは、すべての物質の基礎にはエネルギーが働いていると考え、これを**ドーシャ**と呼びます。人間の身体は、**ヴァータ**、**ピッタ**、**カパ**の三種類のドーシャからなり（表111-1）、これらのエネルギーのバランスがよいと健康になり、アンバランスになると心身に不快な症状が出ると考えます。また、私たちは生まれつき優勢なドーシャがあり、それによってヴァータ体質、ピッタ体質、カパ体質、それらの複合体質に分類されています。自分の体質をよく知ることで、未然に病気を防いだり健康を保つことができます。

心の基礎となるエネルギーは**グナ**と呼び、**サットヴァ**、**ラジャス**、**タマス**の三つのグナ（**トリ・グナ**）があるとされています（表111-2）。ラジャスやタマスが増加するとドーシャのバランスが崩れ、健康に悪影響を及ぼすので、サットヴァに満ちた生活を心がけることが推奨されます。

アーユルヴェーダでは、人体に流れる究極の活力エネルギーをオージャスと呼びます。ドーシャのバランスがよいとオージャスが生成され、病気や治り、健康が増進します。さらにオージャスがテージャスに変容するとスピリチュアルな発達を促すとされています。一方、ドーシャがアンバランスになると、**アーマ**と呼ば

れる未消化物が蓄積して滞り、病気や老化が促進されるのです。

　このようなアーユルヴェーダの基礎理論を通して、私たちは自分の体質やドーシャバランス、アーマの蓄積度などを知り、自分に適した処方箋を得ることができます。

　アーユルヴェーダの治療法は、**食事療法、薬草療法、鎮静療法、浄化療法**（パンチャカルマなど）、季節・時間・ライフステージに応じた詳細な**生活指導、オイルマッサージ**（アビヤンガ）、**乾布摩擦**（ガルシャナ）、**アロマセラピー、プラーナーヤーマ**（呼吸法）、**マントラ療法、ヨーガ、瞑想**など、非常に多岐にわたっています。

　アーユルヴェーダは、人間一人一人の個性を理解し、意識・身体・心を**ホリスティック**（全体的）にとらえ、治療のみならず**予防**や**健康増進**に対応する広い総合性があることから、西洋医学の欠点を補完する優れた医学体系として注目されています。日本でも正確な知識を修得した専門家による普及が望まれるところです。

表 111-1. 身体（シャリーラ）のトリ・ドーシャ

ドーシャ	5大元素	作用	アンバランスによるトラブル
ヴァータ (風のエネルギー)	風空	体内の流れを起こす力 運動のエネルギー 運搬、循環	脱水症状、乾燥肌、皮膚のトラブル、老化現象など
ピッタ (火のエネルギー)	火水	熱の発生と保持 変換のエネルギー 消化、代謝、知性	消化力の低下、体温の変動、汗かき、視力低下、吹き出物、心配やイライラなど
カパ (水のエネルギー)	水地	構造や体力の維持 結合のエネルギー 同化作用	栄養不良による痩せ、関節のゆるみ、張りのない体、インポテンツ、妬み、頼りなさ、不寛容など

表 111-2. 心（マナス）のトリ・グナ

グナ	性質	作用とトラブル
サットヴァ	純粋性 静的原理 光 至福 健康の基礎	トリ・ドーシャをバランスさせる。増大すると、汚れのない最高に純粋な心、愛情や優しさ、正しい知性など
ラジャス	動性 動的原理 熱 喜怒哀楽 発散	ヴァータとピッタに影響を与える。増大すると、過活動、刺激を求める、不満足、怒り、イライラなど
タマス	安定性 惰性 停滞的原理 無気力 迷妄、闇	カパに影響を与える。増大すると、怠惰、無知、貪欲、不合理、破壊的な考え、自虐的、精神活動の沈滞など

112. ヒーリング
Energy Healing

　祈りや手かざしによる癒しは、多くは宗教的な儀式として、古くから世界各地で行われてきました。今日、宗教と分離し、近代化された方法で、エネルギー療法としてさまざまなヒーリングの技術が整理・体系化され、欧米では社会的に浸透し始めています。

　ニューヨーク大学看護学教授の**ドロレス・クリーガー**（Dolores Krieger）は、ドーラ・クンツの助力を得て、「数種類の古代の治療法を現代の観点から解釈し直したもの」して**セラピューティック・タッチ**（Therapeutic Touch：TT）を開発しました。セラピューティック・タッチの効果として、リラクセーション、疼痛の軽減、治癒の促進、心身相関症状の緩和があるという科学的データを蓄積したことにより、医学会にも認知され、セラピューティック・タッチは1990年の時点で、米国の80以上の大学や、数多くの病院、保健医療施設、生涯教育の場で教えられています。また米国以外の68カ国でも教えられてます。

　バーバラ・ブレナン（Barbara Ann Brennan）は、子どもの頃、森の中で木や小動物の生命エネルギー・フィールド（いわゆるオーラ）を見ていました。大学では物理学を学び、大学院で修士号も取得し、卒業後 NASA の研究員になりました。その後カウンセラーとなり、瞑想を重ねて**超感覚知覚力**（High Sense Perseption：HSP）を磨き、人間の 7 層のオーラ・フィールドとチャクラの状態を見分けられるようになります（図112-1, 2）。そして、他人のエネルギーフィールドに作用し、不健康なエネルギー・バランスを修正する方法を発見したのです。彼女はエネルギー・フィールドとチャクラについて研究を重ね、ヒーリング技法を確立し、1982年には4年制ヒーリングスクール（BBSH）を創設しました。

　看護師の**ジャネット・メンゲン**（Janet Mengen）は、さまざまなヒーリングを体系化した**ヒーリングタッチ**（Healing Touch）のプログラム

第10章 セラピーの未来と統合へ向けて

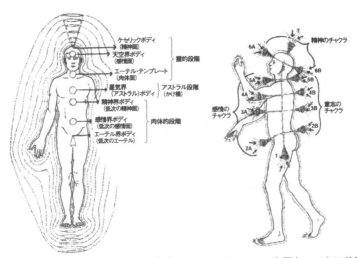

図112-1. 7層からなるオーラボディ　図112-2. 7つの主要なチャクラ前面
のシステム　　　　　　　　　　　　と背面を観る（診断的見地）
(Barbara Ann Brennan, 1987)　　　　(Barbara Ann Brennan, 1987)

表112. 主要な7つのチャクラの性質 (Barbara Ann Brennan, 1997より作成)

チャクラの 伝統的名称	部位	内分泌腺	支配する部位	心理的機能	渦の数	色
7. サハスラーラ	頭頂部	松果体	脳上部、右目	全人格と人生の統合	972	青紫−白
6. アージュニャ	頭部	脳下垂体	脳下部、左目、耳、鼻、神経系	A 視覚化し理解する能力 B アイディアを実行する能力	96	藍
5. ヴィシュッダ	喉	甲状腺	気管支、発声器官、肺、消化管	A 受容と同化 B 社会における自己の感覚	16	青
4. アナーハタ	心臓	胸腺	心臓、血液、迷走神経、循環系	A 愛、生命の寛大さ B 意志	12	緑
3. マニプーラ	鳩尾	すい臓	胃、肝臓、胆嚢、神経系	A 喜びと開放感、霊的な知恵 B 治癒・健康への意志	10	黄
2. スヴァーデュシュターナ	仙骨	性腺	生殖器	A 異性への愛の質 B 性的エネルギーの量	6	オレンジ
1. ムーラーダーラ	ベース	副腎	脊柱、腎臓	物理的エネルギーの量、生きる意志	4	赤

275

を 1980 年代に設立しました。ヒーリングタッチは、術後ケア、精神医療、健康増進、ホスピス、小児科、老人のケアなどの現場で幅広く実践されています。メンゲンは、ヒーリングタッチによる功績が称えられ、1988 年に米国ホリスティックナース協会（AHNA）から、ホリスティック・ナース・オブ・ザ・イヤーを授与しました。現在、ヒーリングタッチは、北米、アジア諸国、ヨーロッパ、アフリカなど、世界各国に広まり、教育と実践が行われています。

　この他にも、英国のロイヤルアルバートホール 7000 席を埋め尽くして奇跡的な公開ヒーリングを行い、数多くの医師から 600 通もの相談を受け、王室関係者にもヒーリングを行ったという伝説のスピリチュアル・ヒーラーの**ハリー・エドワーズ**（Harry Edwards 1893-1976）をはじめとして、英国の**ベティ・シャイン**、米国の**ロザリン・ブリエール**牧師など、優れたヒーラーとして知られる人が数多くいます。

　英国では 1991 年に、医師の依頼があれば公的な保険でヒーリングを受けられるようになりました。米国ではいくつかの州でヒーリングに健康保険が適用され、多くの人がその恩恵を受けてます。洗練されたヒーリングは単なる物理的なテクニックではありません。ヒーラーとヒーリーの心と身体が大きく関与するからです。特に、ヒーラーの抱く**意図**（intentionality）、身体的状況、霊的なコネクションによって、ヒーリングの質は大きく変わります。今日ヒーリングはさまざまな技法、流派に分化・発展してきましたが、ヒーリングの本質は普遍的かつシンプルです。ヒーラーが純粋な愛の意図を持ち、心身を空にして瞑想状態になるならば、適切な癒しが湧き起こるのです。ヒーラーとヒーリーはひとつのエネルギーフィールドにいますから、癒しは双方に起こりえます。ヒーリングの効果は肉体、感情、思考、スピリチュアルな領域にまで及びます。今日の科学ではヒーリングの原理の解明はまだ多くの困難が残されていますが、ヒーリングは未来を先取りした美しい癒しの技ではないかと期待されます。

第10章 セラピーの未来と統合へ向けて

コラム❻
タイ・マッサージ (Thai Traditional Massage)

タイ・マッサージは、お釈迦様の医師であった約2500年前のインド人ジィーヴァカ・コーマーラバッチャ (Jīvaka Komārabhacca) に始まったとされています。タイ政府は、アーユルヴェーダや中医学の影響を受けたタイ伝統医学を近代化し、1990年代より普及を推し進め、現在では国内の病院で実施されてるほか、バンコクでは町中に数え切れないタイ・マッサージ店がひしめいています。海外にも広く進出し、日本でも最近タイ・マッサージ店が急増し、2007年現在、国内に810店もあります。

タイ・マッサージは、身体に走る10本のエネルギーのライン［センと呼ぶ］に沿って指圧で刺激し、プラーナ（気）の流れを活性化します。センは中医学の経絡と近いですが、若干の違いがあります。指圧に加えて、ストレッチや整体・矯正の手技がバランスよく組み合わされているのが特徴です。効果としては、身体のコリや疲れが軽減されるほか、老化防止、リラクセーション、呼吸調整、身体の歪みの調整、慢性病予防効果があるとされています。心理的な緊張も解け、滞ったエネルギーの解消に役立ちます。

タイ・マッサージは、ジーヴァカや仏へのワイ（タイ語でお祈りの意）に始まり、ポジションと体勢が細かく決められたさまざまな手技が連続します。習熟したマッサージ師からタイ・マッサージを受けられれば、半醒半睡の非常に心地よい意識状態を体験できます。標準は二時間ですが、快適なのであっという間です。タイ・マッサージは完成度が高いので、「世界一気持ちよいマッサージ」「二人で行うヨーガ」「なまけもののヨーガ」などと呼ばれています。

実際には、マッサージ師の技量や応対の質は、人によってばらつきがあり、当たり外れがありますが、それは西洋医学からCAM（相補・代替医療）すべてに共通する課題といえるでしょう。

113. リラクセーションおよび心理療法としての瞑想
Medetation as Relaxation and Psychotherapy

　欧米では今日、心身の健康法として、心理療法を補完する方法として、瞑想が広く認識されるようになりました。瞑想を行うと、リラクセーションによるストレス軽減効果があり、さらに仕事の生産性向上、感情の統御力向上、思いやりの増進、創造性開発などの効果があることが注目されているのです。

　近年の欧米では特に、入門程度であれば比較的容易に体験できる**マインドフルネス瞑想**とよばれる瞑想法が大流行し、寺院や教会（宗教領域）、病院や心理相談室（医学領域・臨床心理領域）に瞑想室や瞑想プログラムが開かれているだけではなく、グーグル、インテル、ツイッター、ナイキなどの有名企業の社員向け研修や（ビジネス領域）、ハーバードやコロンビアなどの有名大学のカリキュラムにも瞑想が取り入れられ（教育領域）、『TIME』誌で特集されるなど、欧米社会の中枢において広範に瞑想が実践されるようになったのです。日本もこの流行を追うように、最近一般市民が瞑想に触れる機会が少しずつ増えてきています。

　マインドフルネス（Mindfulness）とは「**気づき**」という意味で、今ここで起きていることにありのままに注意深く十分に気づいているということです。もともとパーリ語の原始仏典にでてくるサティ（Sati）の英訳の一つで、伝統的には「念」と訳されていた言葉です。

　欧米で瞑想が普及の端緒は、1960年代の対抗文化最盛の時期に、**禅、チベット仏教、上座部仏教**などの僧呂や、**TM（超越瞑想）**の指導者が欧米で活躍したことです (→89)。それ以降、今日までに2千本以上の膨大な学術研究によって、瞑想は、**リラクセーション効果、ストレス軽減効果、認知の肯定的な変容、不安やうつ状態の改善、至高体験を促進する効果**、痛みや過食などへの好影響など、多くの効果が実証されました（表113-2参照）。

　瞑想をすることは、特定の宗教の信者になることではないので、

278

第10章　セラピーの未来と統合へ向けて

キリスト教徒や無神論者も瞑想をしますし、自分にあった方法を求めて複数の流派の瞑想を体験する人もたくさんいます。瞑想の本来の目的は**悟り**であり**解脱**なのですが、多くの一般市民が瞑想をするようになると、リラクセーションや心理療法の技法として瞑想が普及したのです。

　瞑想法は数多くありますが、二種類に分けられることが一般的です。第一は、身体や物質など一定の対象に注意を集中し続ける**集中型のサマタ瞑想**、第二は内外に起こることをありのままに観察し続ける**マンドフルネス型**（あるいは洞察型）の**ヴィパッサナー瞑想**です。伝統的には、前者を「**止**」または「**凝念**」（ダーラナー）、後者を「**観**」または「**静慮**」（ディヤーナ）と呼びます。

　実際には、瞑想をこのように完全に区分することは困難で、習熟すれば自然と「止」から「観」へ移行し、さらに止観が同時に働くようになります。澄んだ意識で深く集中し、雑念がまったくなく、心の動きが完全に静まった状態を「**三昧**」（サマーディ）といいます。

表113-1. 瞑想の代表的な定義

瞑想とは、推論的な思考をやめて非分析的に注意を集中しようという意図を有する点で共通する技法の総称である（Shapiro, D. H., 1982）

瞑想とは、より高度の意識状態や健康を引き出すため、精神的プロセスを整えることを目的とする、注意の意識的訓練である（Walsh, R. N., 1982）

瞑想とは、伝統的により高度な意識状態あるいはより高度な健康とされる状態を引き出すため、精神的プロセスを整えることを目的とする注意の意識的訓練のことであるが、現代においてはリラクセーションを目的としたり、ある種の心理的治療を目的として行われることもある（安藤治、1993年）

表113-2. 瞑想の生理的・心理的効果

生理学的効果：酸素消費量、二酸化炭素排出量、心拍数、血圧、血中の乳酸塩、代謝量の低下。脳波がβ波（13Hz以上）からα波（8〜13Hz）へ移行。熟達者ではθ波（4〜8Hz）が出現。脳波の同期化。（ただし、これらが瞑想だけの特異的な効果だとは認められていない）

心理学的効果：知覚の感受性が高まる。心理的習慣（心の癖、認知）への洞察、自己理解が深まり、自己コントロール力が発達する。

治療的効果：心理的・心身症的障害（不安、恐怖、外傷後ストレス、筋緊張、不眠、中等度うつ病、薬物濫用、高血圧、喘息、扁桃痛など）の改善、老化防止、創造性の向上などの報告あり。

起こりうる副作用：現実からの疎隔感、イメージや感情の氾濫、不安・退屈・憂鬱感の増大、実存的苦悩、霊的エマージェンシー（禅病、クンダリーニの覚醒、シャーマン的危機など）等。

社会問題への好影響：一定数の人々による集中的瞑想によって、犯罪率、暴力による死、交通事故、テロが減少したという報告がある（TM）。「現実が意識の一領域」であることを示唆する研究か？

リラクセーションとしての瞑想では、簡単には三昧は体験できませんが、三昧を深く繰り返し体験すると、それが悟りや解脱に向かうための、本来の瞑想の出発点になります（→135,136）。

114. なにが人の心を癒やすのか？
What Heals Human's Mind?

　ここまで、ずいぶんたくさんの心理療法について見てきました。
はじめから順番に読んでこられた方は、あまりの考え方の多様さ
に、頭が混乱しているかもしれません。今日心理療法のモデルは
少なくとも 250 以上あるといわれていますので、本書で紹介して
いる心理療法は、代表的な流れはおおよそ網羅していますが、ま
だまだ他にもいろいろあるのです。

　これほど多くの心理療法がひしめきあっているのですが、本当
のところ、どの心理療法がもっとも効果的なのでしょうか？　ア
メリカのある研究グループは、膨大な数に上る最近 40 年間のさま
ざまな心理療法の論文を調査し、どの心理療法がもっとも効果的
なのかを分析しました（S. D. Miller, B. L. Duncan, M.A. Hubble, 1997）。
その結果、非常に興味深い結論に到達したのです。

　統計的なデータから見る限り、「**治療モデルは、治療結果にさほ
どの違いをもたらさない**」というのです。学界では、特定の心理療
法の有効性が盛んに主張され、多くの心理学の教科書にその主張が
そのまま記載されています。しかし、この大規模な調査結果は、そ
れらの宣伝文句をすべて真っ向から否定する結果になったのです。

　彼らは、そもそも心理療法が本当に有効なのかについても調査して
います。それによると、心理療法は、たんなる暗示ではなく、統計的
に有意な改善の効果を示していました。心理療法家という職業が、イ
ンチキな詐欺師ではないことも、数値ではっきりと証明されたのです。

　さらに、心理療法によってクライエントが本当に改善されている
のだとすると、いったい何によって問題が改善されたのかというこ
とを調査しました。その結果、さまざまな心理療法に共通する、次
のような 4 つの治療要因をつきとめたのです。（治療要因の後ろのパー
セントの数値は、治療的変化に寄与するおおよその割合を示しています）

第 10 章　セラピーの未来と統合へ向けて

Ⅰ　治療外要因 40％：クライエントの資質や、クライエントの周囲
　の環境的条件
Ⅱ　治療関係 30％：クライエントとセラピストの共同性、信頼関係、
　人間関係
Ⅲ　治療技法 15％：セラピーとしてすること、具体的な技法や手順
Ⅳ　期待・希望・プラシーボ 15％

　　　（ミラー、ダンカン、ハッブル『心理療法・その基礎なるもの』より）

　この結論からは、とても多くのことが読み取れます。どの学派、
どの技法が優れているかというのは治療にはそれほど重要ではな
いという結論は、クライエントにとっては安心ですし、技法に命
をかけている心理療法家にはショックな結果かもしれません。
　最近の学界では、**証拠に基づいた**（エビデンス・ベイスド）（Evidende
Based：EB）治療といって、高い治療効果が実証された技法だけを
適用しようという主張が声高に叫ばれています。しかし、この研
究が示す共通治療要因を見る限り、治療技法はたった 15％しか治
療的変化に影響をもたらさないので、 EB という考え方は、非常
に限られた範囲での正当性しかないことが分かります。技法は、
どんな心理療法家が、どんなクライエントに対して、どのような
意図をもって、どのような意識状態で、どのような状況と関係性
において用いるかによって、有効にもなれば、無効、あるいは有
害にすらなりうるのです。もしも、データだけを信じるロボット
のような EB 主義の心理療法家が増えるとすれば、心理療法の世
界は衰退するのではないかと危惧されます。心は愚鈍な物質では
なく、とても複雑であり、一般化できない個性があり（唯一の**実存**
である）、無数の関係性のなかで時々刻々と流動変化するので、心
理療法家は、それを汲み取るための、注意深く柔軟なあらゆる総
合力が求められているのです。

281

115. スピリット・センタード・セラピー
Spirit Centered Therapy

　スピリット・センタード・セラピー（Spirit Centered Therapy：SCT）とは、その時到達できる自己のもっとも高い意識の場（スピリット）から、心身の問題に光を当てて、深くから癒す自己治癒法、自己成長法、心理療法、対人援助の根本原理のことです（石川勇一、2011、2014 年）。

　SCT は、新しい技法のセラピーではありません。他者への心理的援助や自己治癒においてもっとも重視すべきなのは、**技法（ハウツー）ではなく意識のあり方である**という新たな視点の提供なのです。スピリット・センタードとよばれる精妙な瞑想意識において、あらゆる対人援助、自己援助をするならば、より意味深い変容が起きるという、直接の技法としては表面化しない**暗黙知**あるいは**メタスキル**の提案なのです。

　スピリット・センタード・セラピーでは、そのとき抱えている問題を、日常的な自我意識において理解し介入するよりも、そこから離れた精妙な意識から眺めることができれば、癒やす力が大きく高まるという臨床経験から導き出されたものです。これを、「**心の問題は心を超えた意識で解決せよ**」という標語で表現しています。

　人間の意識は、粗大から精妙、果ては非二元に至るまでの幅広いスペクトルがあります。それは図 115 の 5 段階のように簡略にまとめることができますが、それぞれの段階は連続しているので、虹のように無段階という方が的確かもしれません。心の問題は、同一次元の心で対処しようとしても限界があり、対処療法の域を出ないことが多いのです。それに対して、より高次あるいは精妙な意識において、その問題を観察することによって、根本的な癒やしや解決へと導かれるのです。

　瞑想的な意識（スピリット・センタードな状態）で問題を観察することができると、次の 6 つの効果が現れやすくなります。すなわち、

第10章 セラピーの未来と統合へ向けて

①問題があってもそのままでよいと感じられたり、問題が問題でなくなる、②問題が変容し始める（観察はエネルギーを動かす）、③問題が存在する理由を理解できるようになる、④問題は自分のプレ・マインドが作り出していたことに気づく、⑤思いもよらぬ仕方で状況が変わることが増える（シンクロニシティ現象）、⑥内面（感覚、感情、思考、記憶の再生等）と外界の影響から離脱し、巻き込まれなくなる、という効果です。

　他者援助の際は、まずセラピストがスピリット・センタードな意識状態で安定してそこに存在することによって、クライエントも同様の意識状態に導かれやすくなり（**同期化作用**）、問題を高次の瞑想意識で観察できるようになり、理想的な変容を惹起します。セラピストの主な仕事は、**スピリット・センタードな場をつくる**ことなのです。

　SCTは問題解決に効果的なだけではなく、問題をひとつの契機として、自我中心の狭く小さな自己から、より限定の少ない広く大きな自己への**存在様式の転換**を促します。つまり、SCTは、**自己意識を拡大し、霊的な成長を促し**、新しい次元において自由で深い生き方ができるように、**生き方の刷新**を図るのです。

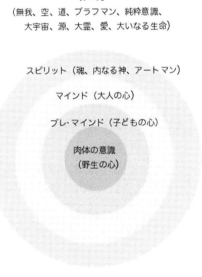

図115. 意識の多次元世界（石川勇一、2014）

283

116. セラピストの選び方
How to Choose a Therapist

　実際に専門家に心理相談をしたいと思ったときには、どんな心理療法家／カウンセラーを選んだらよいでしょうか。自分の重要な問題を相談し、相応の料金を支払うことも多いので、信頼できるよい専門家に出会いたいと思うのは当然です。実際に、十分な技量のない心理療法家に相談してかえって増悪することも残念ながらあるのです。人生の重要な問題を相談したり、長期にわたって相談する場合には、自分にあった心理療法家に出会うことは重要です。そこで、心理療法家を選ぶときの目安を呈示してみたいと思います。これらを参考にして、総合的、直感的に選ぶならば、実り多い心理相談となる可能性が高まるでしょう。

　第一は、なるべく**公共性の高い資格**を持っていることです。

　心理療法家やカウンセラーに関する資格は、専門家がもっている基礎的な知識と技法の目安になります。表4-1（9頁）に示したように、資格取得の条件も比較的整備され、比較的公共性の高い、臨床心理士や公認心理師などがあれば、基本的な教育を受けていることが保証されると考えられます。表4-2（9頁）のような学会、NPO、社団法人認定のさまざまな資格も、一定の目安にはなるでしょう。その他の民間資格や海外の資格は、かなり本格的なものから、紙切れ同然のものまで、多種多様です。また、専門家であれば、いくつかの学会か研究会には参加して研鑽を積んでいるのが普通ですので、それも分かれば目安になります。

　ただし、資格はあくまでも基礎知識の有無を示すに過ぎません。資格があるから必ず有能とは限りませんし、能力があったとしても相性が合わないこともあるでしょう。

　反対に無資格者であっても、有能な人はいます。ユング (→第5章) やロジャース (→71〜75) はもともと心理療法家の資格制度には反対

284

でした。第二は、自分の癒しと成長にとってふさわしいと感じられる人であることです。実際に会ってみて、「自分の気持ちを的確に理解してもらえる」「会って話すと安心できる」「リラックスできる」「この人には自分の問題を話してみたい」などの受容される感じや、「的を射たアドバイスをしてくれる」「背筋が伸びる感じがする」「自然と自分の問題が浮かび上がってくる」「学べるところが沢山ありそうだ」「誠実な感じだ」「人間としての器の大きさや深い知恵が感じられる」など、信頼できる感じがあれば、良好な関係の中で、効果的な心理相談ができる可能性が高いでしょう。一方で、「この人といると息苦しい」「疲れる」「ありのままのでいられない」「一方的に説教される感じ」「自分が縮こまってしまう感じ」「頼りない感じ」「説得力がない」「うさんくさい」などと感じられたら、実りある相談にはならない可能性も高いでしょう。

　ポイントは、単に心地よいか否かではなく、**自分の癒しと成長のために本当に適切な人かどうか、直観で感じ取る**ということです。厳しいと感じられても、その方が成長のためにはよい場合も少なくありません。このような直観を働かせること、それに気づくこと、直観の声に従えるかどうかが、心理療法のひとつの正否を握っています。

　資格の条件が客観的な目安だとすると、第二の条件は主観的、直感的な目安です。主観と客観のバランスをもって判断することが大切です。そのほか、**相談したい内容と心理療法家（セラピスト）の専門性が合致しているか**どうか、その心理療法家の評判がいいかどうか、専門があっていない場合は**適切な関係機関へ紹介する準備があるか**どうか、**料金が適切か**どうか、などが判断基準になるでしょう。心理療法家（セラピスト）のホームページや著作があれば、それを読むことによって多くの情報を得ることができます。心理療法家（セラピスト）選びから、心理療法はすでにはじまっているのです。

285

117. 心理療法家のための覚え書き
8 *Important Points to Remember for Psychotherapists*

　心理療法家やカウンセラーが、心身の援助活動を行う際に、忘れずに心得ておくべき8つのことを自戒の意味を込めてを提示します。

1. 他者援助のための基礎的な知識と技能（臨床心理学やその周辺領域）をよく学び、体得し、日々研鑽し、向上発展に務めること。

　心理療法を実践するためには、スーパービジョン（ベテランによる指導）や**事例検討会**、関連する学会などに参加して、必ず専門家の指導をうけなければなりません。複数の指導者について学び、複数の技法や理論を学ぶこともとても重要です。専門の書物や学術論文にも目を通して、学び続ける必要があります。心理療法は、密室で行われることが多く、独りよがりに陥る危険性が高いので、相互研鑽の場が欠かせないのです。

2. 常識、教養、人格を備えた良識ある地球人として向上に努めること。

　心理療法家である前に、一人の社会人、地球市民（あらゆる生命の一員）として、ときにはいろいろ苦労して悩みながらも、まっとうに努力して生きている、ということが大切です。自分の人生を真剣にしっかり生きていなければ、他人の心の問題を適切に理解したり、受けとめたり、導くことはできません。心理療法家が人生経験を積み、教養、技能、人間観、人生観、世界観、判断力、直感力、意志、意欲、気力、愛、強さと弱さの自覚、諸々の能力、智慧、人格、人徳、霊性を高めれば、すべてがクライエントを支えるための有益な資源となり得るのです。

第10章　セラピーの未来と統合へ向けて

**3．自ら大きな苦しみ、傷つき、挫折を味わった体験は、それを
　よく自覚し、立ち直った後には、他者援助のためのよい資源、
　財産とすること。**

　「**傷ついた治療者**」(Wounded Healer) こそ、他者の痛みを良く
理解し、情熱をもって援助することできます。自らの苦悩の体験
こそ、他では得られない最善の研修となるのです。ただし、自ら
の体験にとらわれすぎるとバランスを欠き、誤った導きをしてし
まう危険があります。自らの傷を冷静に客観化でき、いつでも脱
同一化できる能力が必要です。

**4．他者のために役立ちたいという純粋な動機 (無償の愛、慈悲の心)
　が今、自分のなかにあるかを確かめ、高めるよう努力すること。**

　動機が不純になっていないか、すなわち支配、押しつけ、優越、
一体化、相手の脱価値化、自立と成長の阻害、視野の狭小化など
を指向していないかを虚心にチェックします。

　純粋な愛からは、受容する力、明晰な理解と共感、適切な距離
感、見守る力、支え励ます力、指導する力、クライエントの成長
と自立を願う気持ち、あらゆる創意工夫などが自然と生まれてき
ます。無償の愛、慈悲の心は、努力によっても向上さえることが
できます。

5．害を与えないことに心を砕くこと。

　心理療法は、薬物療法同様、副作用があります。それをいかに
少なくするかということに細心の注意を払いましょう。うまくいっ
た事例だけを見るのではなく、失敗した事例 (中断を含む) につい
てよく吟味し、反省すべき点を修正していくことが大切です。心
理療法の限界を知り、過信することなく、心に対する謙虚さと畏
敬の念を忘れないことです。「愛と情熱さえあればうまくいく」
ほど対人援助は簡単ではありません。

287

６．お金、名誉・支配欲，シナリオという３つの罠に注意する。

　３つの罠とは、儲けるためにセラピーをするという金銭欲（商業主義）、上から指導をして従わせたいという名誉欲や支配欲（権威主義）、こうすれば人は治る、癒やされる、治るなどの硬直したステレオタイプのシナリオ・学説・教義にクライエントを当てはめようとすることです。罠にはまっているとき、心理療法は心理療法家（セラピスト）のエゴや野心を満たす道具あるいは実験道具になっています。心理療法は、クライエントの癒しと成長のための営みであるという基本に、何度も立ち返ることが必要です。そもそも、なぜ心理療法家（セラピスト）になりたい、セラピーを行いたいと思ったのか、動機をよく吟味しておくことも必要です。

７．癒やしが起こりやすい場（内外の環境）を調えること。

　内面に目を向け、心を解放するのにふさわしい安全な外的・内的環境を整えることは非常に重要です。それは重要な治療構造 (→48)の一部です。組織のなかでは、他のスタッフとの連携や、心理療法の位置づけに関する合意などが重要で、環境構築のための努力が必要です。

　面接室は心理療法が安全に行われるための重要な器です。毎日心を込めて掃除するのはもちろんのこと、プライバシーが守られ、インテリアや装飾品にも気を配り、落ち着いたついた雰囲気をつくることが重要です。

　さらに、心理療法家（セラピスト）自身が純粋なセラピーの動機と意図を力強く発動し、心身を鎮め、安定させていることが、癒やしが起こりやすい内的な場（エネルギー的な場）をつくります。

８．瞑想の修行を深める。

　心理療法などのヒューマン・ケアは、**スピリット・センタード・セラピー** (→115)であるべきだと筆者は考えています。それを実現

第10章　セラピーの未来と統合へ向けて

するためには、**セラピストや対人援助者は皆、毎日瞑想を実践する**（→ 113, 136）のがよいでしょう。

　深い瞑想意識に慣れ親しみ、日常意識にも瞑想意識が浸透してくるようになると、セラピーにおいても自然と精妙な意識が保ちやすくなり、クライエントへの受容力、共感力、尊重する力が向上するだけではなく、自我を越えたところからの智慧が現れやすくなり、援助が質的に向上することは確実であると思われます。筆者の場合は、セラピーを実施する前には、必ず瞑想することが長年の習慣になっています。瞑想の意識がセラピーの場にあると、セラピストだけではなくクライエントの意識を精妙にすることにもつながり、心身を安定させ、問題に対する気づきや洞察を得やすくさせるでしょう。　1時間まったく雑念なく座れるくらいの集中力がつくと、その効果をはっきりと感じ取れるようになると思います。

　瞑想的な意識（スピリット・センタードな意識）の場でセラピーが展開されると、「セラピストの自我」対「クライエントの自我」の関係性から、「セラピストのスピリット」対「クライエントのスピリット」の関係性へと移行し、よい変容が促進されるのです。後者の関係性においては、両者のスピリットが融合し、一つのスピリットとなって場を導くでしょう。

　理解のあるクライエントには、瞑想を薦め、瞑想の指導ができるとよいでしょう。ただし、その場合には、心理療法家が十分に瞑想を修行し、落とし穴や危険性などをよく知っていることが大切です。

289

第 10 章セラピー未来と統合へ向けての主要文献

◎ アサジョーリ『**サイコシンセシス**』誠信書房、1997 年
◎ 安藤治『**瞑想の精神医学**』春秋社、2003 年
◎ 鈴木大拙『**日本的霊性**』岩波書店、1972 年
◎ ミンデル『**プロセス指向心理学**』（高岡よし子訳）春秋社、1996 年（原著 1985）
◎ 諸富祥彦編『**トランスパーソナル心理療法入門**』日本評論社、2001 年
◎ キャラハン『**ＴＦＴ〈思考場〉療法入門：タッピングで不安、うつ、恐怖症を取り除く**』（穂積由利子訳）春秋社、2001 年
◎ ミラー、ダンカン、ハブル『**心理療法・その基礎なるもの：混迷から抜け出すための有効要因**』（曽我監訳）金剛出版 2000 年（原著 1997）
◎ 久保隆司『**ソマティック心理学**』春秋社、2011 年
◎ フェルッチ『**内なる可能性**』（国谷誠朗訳）誠信書房、1994 年（原著 1983）
◎ ブレナン『**光の手：自己変革への旅上下**』（三村寛子訳）河出書房新社、1995 年（原著 1987）
◎ ワイス『**前世療法： 米国精神科医が体験した輪廻転生の神秘**』（山川紘矢訳）ＰＨＰ研究所、1991 年（原著 1988）
◎ 石川勇一『**スピリット・センタード・セラピー：瞑想意識による援助と悟り**』せせらぎ出版、2014 年

第11章
偉大な魂の足跡

118. エリザベス・キューブラー・ロス

119. 生と死の真実

120. ライフレッスン

121. マザー・テレサ

122. ダライ・ラマ法王 14 世

123. アンマ

124. 死

125. 愛

118. エリザベス・キューブラー・ロス
Elisabeth Kübler-Ross

　　キューブラー・ロス（Elisabeth Kübler-Ross, 1926-2004）は、数万人の死にゆく人々を天才的な愛情深さで看取り、生と死について率直で力強いメッセージを語り続けた女性です。**死生学**や終末期医療（今日でいう**スピリチュアルケア**）（→90）の先駆者的な活躍をした精神科医で、著作は25カ国語以上に翻訳され、世界中の大学から20を越える名誉博士号を受けています。一方で、霊的存在との遭遇、降霊会、チャネリング、体外離脱、宇宙意識など、豊富な神秘体験のもち主でもあります。彼女の重要なメッセージは、「死は存在しない」「人生に偶然はない」「いのちの唯一の目的は成長すること」などです。

　　キューブラー・ロスは、1926年にスイスのアッパーミドルクラスの家庭に三つ子の三姉妹の長女として生まれました（お兄さんもいます）。彼女は、子どものときから、父の強硬な反対に屈せず将来医師になると断言したり、理不尽で暴力的な牧師の顔に聖書を投げつけたりと、権力に屈しない果敢な行動力をもっていました。青年時代には、第二次大戦直後の危険地帯にのりこんで、精力的な難民救済活動をしています。そのときマイダネックのナチス強制収容所跡を訪れています。まだ死臭の漂う施設内を歩いていると、建物の壁に描かれた無数の**蝶の絵に遭遇**します。25年後に、彼女は蝶の意味を理解することになるのです。

　　キューブラー・ロスは、医学部を卒業後、夢見ていたカントリードクターを一時期経験します。現金のない人は籠に山盛りの果物や野菜を持参したり、手作りのドレスや、花などをもってきたので、にぎやかな診察室になったといいます。診察の合間には、孤独な患者を訪ねて励まし、一緒に過ごしていました。彼女はここで、医学にはおのずから限界があることと、慈悲の心がほとんどすべてを癒すことを学ん

第11章 偉大な魂の足跡

表118. キューブラー・ロス略年表

1926年	7月8日、3つ子の長女として生まれる
1945年頃	国際平和義勇軍へ単身で参加
1957年	チューリッヒ大学医学部卒業
1958年	マニーと結婚、式後アメリカに渡る
1967年	「死とその過程」セミナーをはじめる
1969年	『死ぬ瞬間』が世界的に有名になる
1977年	ヒーリングセンター「シャンティニラヤ」(やすらぎのついの住み処)建設
1984年	ヴァージニア州の農場へ移住。「ヒーリング・ウォーターズ・ファーム」
1985年	エイズ感染児を養子にする計画を発表
1991年	『死後の真実』
1994年	放火され、すべてが灰燼に帰す
1995年	脳卒中で倒れ、半身不随状態になる
1997年	自伝『人生は廻る輪のように』
2000年	『ライフ・レッスン』(共著)
2004年	8月24日没。(享年78)

だといいます。

その後、大学で知り合った米国人マニーと結婚し、渡米します。米国では、新しい文化への適応、精神病棟勤務、二度の流産と出産、父の死など、多難な時期を過ごします。

病院では、患者のベッドに腰掛け、手を握って、何時間も話しました。彼女はそこで、瀕死の患者はみな愛や交流を渇望していること、患者はかならず自分の死を知っていることに気づいたといいます。一方で、精神科の薬に頼った治療法や、学術論文によって地位が決まるシステムに納得がいかず、学生への教育に熱を注ぐようになります。やがて**「死とその過程セミナー」**を開催しはじめます。これは瀕死の患者に教室にきてもらい、いま感じていることを語ってもらうという画期的な授業でした。セミナーはいつでも満席となり、大反響を呼びましたが、病院内では「患者を食い物にする」セミナーとして白眼視されていました。実際には患者に拒否されたことは一度もなく、患者たちは新しく与えられた教師の役割に大きな喜びを感じていたのです。キューブラー・ロスの人生は、最期までこのような強力な批判にさらされ続けます。しかし彼女は、権威ある父や牧師に屈しなかったように、一度も外部の圧力に屈することはありませんでした。

293

119. 生と死の真実
The Truth on Life and Death

　キューブラー・ロスは、1989年に処女作『死ぬ瞬間』を執筆し、世界的なベストセラーになります。『死ぬ瞬間』には、死に瀕した患者や、喪失に悩む人たちが辿る心理的なプロセスを記しました。はじめに衝撃を受け、その後**否認**、**怒り**と憤り、神との**取り引き**、引きこもって**抑うつ**を通過し、最終的には安らぎと**受容**の段階にいたるとしています。どの段階でも、回復への**希望**を持ち続けているといいます（図119）。

　キューブラー・ロスは、怒り狂っていた人でさえも、最期のときには例外なく、独特の静かさが訪れることに気づきました。臨終間際には、先に**亡くなった人たちと再会**し、生き生きと対話する人々もたくさんいました。このとき彼女は、強制収容所の蝶の意味を知るのです。死にゆく人は、さなぎが蝶になるように、肉体を抜け出すことを時期が近づいたことを知っていたのです。彼女は断言しています。「死の経験には苦痛も、恐れも、不安も、悲しみものない。あるのはただ、蝶へと変容していくときのあったかさと静けさだけなのだ」と。

　臨死体験（NDE）（→100）を語る患者にも数多く出会いました。死んだ両親に出会った人、事故で視力を失ったのに目が見えるようになった女性、存在を知らされていなかった生前に亡くなった兄に抱かれたと語る少女など、驚くべき逸話が数多くあります。

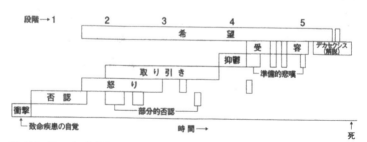

図119. 死に行く過程のチャート (E. Kübler-Ross、1969)

第11章 偉大な魂の足跡

さらに、キューブラー・ロス自身が、死者と出会い、対話をする体験をして、はじ

表 119. 死後の過程 (E. Kübler-Ross、1997)

第1期	体外離脱（OBE; Out of Body Experience）する。エーテル状の霊妙な身体をまとい、明晰な意識がある。身体は完全な姿である。
第2期	死後の世界に行く。家族や友人のもとに一瞬で移動できる。守護天使やガイドに出会い、愛に包まれる。先だった両親、祖先、友人たちと再開する。
第3期	トンネルや門などを通過し、綺麗な川などの心地よいイメージがあらわれる。やがてまぶしい光を目撃する。光は宇宙のエネルギーの本源であり、もっとも純粋な愛であることがわかってくる。
第4期	至上の本源に面前する。すべての知識がそこにあると感じる（全知感）。霊妙な身体が不要になり、霊的エネルギーそのものになる。存在の完全性を経験。走馬燈のように生涯を回顧する。生前のすべての行動、意志決定、思考、他者に与えた影響が明らかにされる。

めは信じていなかった**死後の生命**を疑うことができなくなりました。後に、数万人の人との対話をもとに、**死後の過程**の四段階にまとめています（表119）。

　キューブラー・ロスは、40代半ばで窮屈な病院を辞し、後半生はワークショップや講演などを中心に活動しました。その後、**チャネリング**（死者の魂、宇宙的意識などからメッセージを受け取ること）、**体外離脱**（OBE）、離婚、詐欺や殺人未遂被害、ヒーリングセンターの設立、放火による焼失、脳卒中など、実に波瀾万丈な人生を送ります。しかしキューブラー・ロスのメッセージは衰えるどころか、ますます力強く、確信に満ちたものになっていきました。死の真実を通して、生について語ったのです。

　死は怖くない。死は人生でもっとも素晴らしい経験にもなりうる。そうなるかどうかは、その人がどう生きているかにかかっている。

　すべての試練は、実際には神からの贈り物である。それらは成長の機会であり、成長こそがいのちのただひとつの目的なのだ。まず自分を癒さなければ世界を癒すことはできない。

　今日は昨日したことに、明日は今日することによって左右される。今日一日、自分を愛したか？　花を敬い、花に感謝したか？　小鳥をいつくしんだか？　よろこびをもって山をみあげ、畏怖を感じたか？

　毎日が人生最後の日だと思って生きなさい。

（キューブラー・ロス『人生は回る輪のように』）

120. ライフレッスン
Life Lessons

　キューブラー・ロスは、人生で経験する感情は、その根源を辿っていくと、**「愛と恐れという二つの感情しかない。**あらゆる肯定的な感情は愛から生まれ、あらゆる否定的な感情は恐れから生まれる。愛からは幸福、満足、平和、喜びがわきあがり、恐れからは怒り、憎しみ、罪悪感がわきあがる」（『ライフ・レッスン』）といいます。私たちは一瞬一瞬、愛か恐れかの、どちらを選択するか迫られています。私たちは、孤独、失敗、拒絶、愛されないことなどを恐れ、実にさまざまな恐怖を多くの場合選択してしまっています。もし恐れがさっぱりなくなれば、私たちの人生は大きく変わるでしょう。ほとんどの恐れの根源が死の恐れに帰結するのだとすると、**「死は存在しない」**ということを知れば、恐怖そのものが力を失い、恐れから解放されるのです。恐れは本質的に幻想なのです。

　キューブラー・ロスは、「死にゆく人たちが教えてくれる第一のレッスン」は、**毎日をフルに生きる**ということだといいます。

　　死にゆく人たちが、「もう一度だけ星空が見たい」「もう一度、しみじみ海をながめたい」というのをきくとき、わたしたちはいつもハッとさせられる。海のそばに住んでいる人はたくさんいるが、しみじみ海を眺め、海を味わいつくす人はほとんどいない。私たちは本当に人生にふれ、味わい、堪能しているだろうか？（中略）毎朝、目がさめるたびに、あなたは経験すべき人生を、もう一日だけあたえられたのだ。

　一日をフルに生きることができる人は、「この瞬間に、過去を手放し、現在だけに意識をむけて、現在をじゅうぶんに堪能し、自己の人生を真に生きること以上に素晴らしい経験は考えられなく」なります。ひとつの瞬間にひとつのことをなし、現在に完全

296

に集中すると、私たちが「そのなかに住み、そこで迷っている、**時間という構造そのものを手放す**」といいます。時間から解放、時間の脱落体験といえるでしょう。

キューブラー・ロスは、愛の重要性を説く女性でしたが、単なるヒューマニストではありません。**もっとも深い癒しは、人間関係のなかにではなく、孤独において神によって与えられる**という霊的（スピリチュアル）な真実をよく知っていたのです。「世界中で、何百万、何千万という人が配偶者、恋人、パートナーに恵まれている。だが、どれだけの人が神の手のひらに憩う快感となぐさめを感じているだろうか？」

キューブラー・ロスは、教会の建物に閉じこめられた神は信じませんでしたが、自然の美しさにあらわれる神は疑うことがありませんでした。

地球が生まれてこのかた、いまほど衰弱した時期はない。あまりにも無思慮な搾取によって、地球は長いあいだ虐待されてきた。神の庭園の恵みをむさぼる人類が庭園を荒らしつくしてきた。兵器、貪欲、唯物論、破壊衝動。それらがいのちを支配するルールになっている。恐ろしいことに、いのちの意味について瞑想する人たちによって世代をこえて受けつがれてきたマントラ（真言）は力を失ってしまった。まもなく地球がこの悪行をただす時期がくると、わたしは信じている。人類の所業に報いる大地震、洪水、火山の噴火など、かつてない規模の自然災害が起こるだろう。わたしにはそれが見える。（中略）それ以外に、人びとが目覚める方法はないのか？ 自然をうやまうことを説き、霊性の必要性を説くためにとはいえ、ほかに道はないのか？ （『人生は回る輪のように』）

彼女の予言とも警告ともとれる、自然災害と天変地異の恐ろしいビジョンは、現在次々と、確実に現実のものとなっているように思われます。

121. マザー・テレサ
Mother Teresa

マザー・テレサ（**Mother Teresa**）は、1910年にアルバニア人の両親のもとにユーゴスラビアのスコピエ（現マケドニア）で誕生しました。人種、文化、宗教、歴史が複雑に交錯するこの地域で育ちます。父は建設会社を経営する教養ある紳士で、母は敬虔なキリスト教徒でした。裕福な家庭の三人兄弟の末っ子として育ち、子ども時代は明るく陽気で、いたずら好きだったそうです。18歳の時、ロレット修道会に入会し、インドに派遣され、コルコタの学校で地理の教師となります。

1946年9月10日、汽車の中で、マザーは突然、神の声をききました。

　　病人や死にゆく人、飢えた人、服や家のない人の世話をしなさい。もっとも貧しい人々への神の愛を実践しなさい。

マザーはこの突然の**神の召命**（**calling**）に応える決意を固め、ロレット修道女会を去ります。資金も、協力者も、計画もないままに、ただひとり、コルコタの町に出ました。マザー38歳の時です。

当時のインドは、ヒンドゥー教徒とイスラム教徒の対立が激化し、非暴力によってインドを独立に導いたマハトマ・ガンジーが暗殺され（1948年1月30日）、インドがパキスタンと分裂したため、大量の難民がコルコタ（カルカッタ）に流れ込みました。町は極度の貧困、混乱、不衛生の状態になり、世界でもっとも住みにくい町とさえいわれました。マザーが町を歩くと、生きたままウジに食われ、異臭を放って倒れている男性に出会いました。マザーは彼の身体を洗い、食べ物を与え、優しい言葉をかけました。こうして、誰からも見捨てられて死んでゆくひとりひとりにマザーは

第11章　偉大な魂の足跡

表 121. マザー・テレサ主要年表

1910 年	8 月 27 日、アルバニア人の両親のもとにユーゴスラビアのスコピエ（現マケドニア）で誕生。本名アグネス・ゴンジャ・ボヤジュ。
1929～1948 年	コルコタ（旧カルカッタ）の聖マリア高等学校で地理の教師を務める。1937 年に神に一生を捧げるという終生誓願を立て、テレサという修道名を受ける。マザーは尊称。1944 年に校長になる。
1946 年	9 月 10 日ダージリンに向かう汽車のなかで「もっとも貧しい人の間で働きなさい」という神の声をきく。「決意の日」Inspiration Day
1950 年	「神の愛の宣教者会」Missionaries of Charity 設立
1952 年	最初の「死を待つ人の家」（ベンガル語でニルマル・ヒリダイ、Home for Dying Destitutes）を開設［ホスピスの先駆け的施設］
1955 年	「子どもの家」（ヒンドゥー語でシシュ・ババン）開設
1968 年	ハンセン病患者のコミューン「平和の村」を開設
1975 年	シュバイツァー国際賞受賞
1979 年	12 月 10 日、ノーベル平和賞を受賞
1985 年	アメリカ合衆国大統領自由勲章受賞
1996 年	アメリカ合衆国名誉市民権受賞
1997 年	9 月 5 日、他界。享年 87。インド政府による国葬。

声をかけ、世話をして救済してゆきました。宗教、人種、性別、人種などにかかわらず、必要な人にはすべて微笑みとともに仕えていきました。死にゆく人には、その人の信じる宗教を聞き、そのやり方を尊重して看取りました。学校に行けず、教育を受けられない子どもたちには、広場に集めて文字や知識を教えました。マザーの活動に触れて、食糧を分け与えてくれたり、場所を提供してくれる人たちが次第に現れるようになりました。マザーの活動を聞きつけ、元生徒たちも協力したいといって集ってきました。このような協力者たちに支えられ、1950 年、マザーは活動の拠点として**神の愛の宣教者会**を設立します。

　やがて、マザーの活動に感銘を受けて協力したいという人々が、インド中、世界中から集まるようになり、活動規模はコルコタからインド全土へ、そして世界 124 カ国以上に拡大していきました。貧困者、病者、子どもたちを救済するための施設は 500 以上設立

されました。

　神の愛の宣教者会では**清貧**が貫かれています。シスターたちはもっとも安価な（三本の青いラインが入った）白い木綿のサリーを纏い、施設には扇風機、給湯器、絨毯、洗濯機すら置きません。個人からの献金は喜んで受け取りましたが、政府からの援助金、給料、謝礼は受け取らず、マザーの名による募金を禁止し、すべての活動を無報酬で行っています。マザーは次のように言います。

　私たちがどれだけ空っぽであるかということが大切なのです。

　あなた方の持つものが少なければ少ないほど、あなた方は、持っている以上に与えることができ、あなた方が多くを持てば持つほど、与えることが少なくなるのです。

　余った物、残り物は要りません。私たちが仕えている貧しい人たちは、あなた方からの憐れみも、見下すような態度も必要としていないのです。彼らが必要としているのは、あなた方の愛と親切なのです。

マザーは「私はただ神の手の中の小さな鉛筆に過ぎません」と表現するとおり、自分を空っぽにしてすべてを神に委ねていました。それゆえ、活動の困難や資金のことで心配したことは一度もないといいます。コルコタでキリスト教の宣教をしていると誤解され、武器を持つヒンズー教徒に囲まれたとき、マザーは彼らに向かって、「どうぞ、殺したいなら殺しなさい。でも、私が死ん

平和の祈り（聖フランシスコ 1181 or 1182-1226 年）

神よ
わたしをあなたの平和の道具としてください
憎しみのあるところに　愛を
争いのあるところに　和解を
分裂のあるところに　一致を
疑いのあるところに　信頼を
誤りのあるところに　真理を
絶望のあるところに　希望を
悲しみのあるところに　喜びを
暗闇のあるところに　光を
もたらす者としてください
神よわたしに
慰められることよりも　慰めることを
理解されることよりも　理解することを
愛されることよりも　愛することを
望ませてください
わたしたちは　与えることによって与えられ
許すことによって許され
死ぬことによって永遠の命に生きられるからです
アーメン

だあとは、あなたがたでこの施設での仕事を続けてください」と堂々と言い放ち、誰もマザーには手を出すことができなかったのです。神へ身をゆだねることを決意したマザーには、命を含め、失うものはなにもなかったので、あらゆる心配や恐れから解放されていたのでしょう。

　マザーはヒューマニズムの実践家ではありません。

　　私は福祉事業をしているのではありません。ただ目の前のイエス・キリストに仕えているだけです。

と明言されているとおり、マザーの活動はあくまでも神の鉛筆となって働く信仰の実践なのです。シスターたちの毎日は、早朝の礼拝にはじまり、毎日四時間熱心に祈ります。聖フランシスコの平和の祈りは、マザーが子どもの頃からのお気に入りで、毎朝唱えられる祈りのひとつです。

　マザーは、組織的・効率的な援助を好みませんでした。

私は数には興味がありません。何人の飢えを救ったかでなく、一人の人の魂を救えばそれでいいのです。

　大切なのは、どれだけたくさんのことや偉大なことをしたかではなく、どれだけ心をこめたかです。

と語っています。形ではなく、内的な愛を重視したのです。

　マザーはその活動が認められ、世界中から数多くの賞や名誉学位を受けました。1979年の**ノーベル平和賞受賞**のときには、「私は受賞者に値しませんが、貧しい人々に代わって、この名誉ある賞をいただきます」と述べ、豪華な晩餐会への出席は辞退し、賞金はコルコタの貧しい人々のために使いました。

　1981年にマザーが日本に初めて訪れた際、

　人間にとって最も大切なのは、人間としての尊厳を持つことです。パンがなくて飢えるより、心や愛の飢えのほうが重病です。豊かな日本にも貧しい人はいると思いますが、それに気づいていない人もいるでしょう。

と語りました。マザーに惹かれて多くの日本人がインドへ赴きましたが、インドよりも日本で身近にいる多くの心の貧しい人や愛に飢え乾く人々に仕えるようマザーは諭したのです。

　マザー・テレサは文字通り、「貧しい人の中でももっとも貧しい人々に仕える」生涯を送りました。マザーの没後十年以上が経った現在でも、神の愛の宣教者会への志望者やボランティアが世界中から集まり続け、活動は継続されています。マザーが地上に蒔いた愛の種は、今なお成長し続けているのです。

第 11 章　偉大な魂の足跡

122. ダライ・ラマ法王 14 世
The 14th Dalai Lama

　ダライ・ラマ（Dalai Lama）とは、チベットの政治・宗教両面の最高指導者に与えられる称号です。チベットでは、ダライ・ラマは観音菩薩の化身と信じられ、ダライはモンゴル語で「大海原」、ラマは「教師」を意味します。

　現在のダライ・ラマ法王 14 世（本名テンジン・ギャツォ）は、1935 年にチベットの小さな村の牛舎で生まれました。二歳の時、先代ダライ・ラマの持ち物を選び出す検査などによって、13 世の生まれ変わりと認定されました。子ども時代は、ダライ・ラマになるための厳しい英才教育のため、同年代の友人がもてずに孤独でしたが、大人相手にもいたずら好きで、冗談ばかりいう陽気で活発な少年だったそうです。

　ダライ・ラマ法王 14 世は、青年期になると時代の荒波に巻き込まれていきます。1949 年に中国がチベットを侵攻し、チベットを立て直すために弱冠 16 歳で政教両面の最高指導者になりました。しかしまもなく、占領と大規模な弾圧のため、インドへの亡命を余儀なくされるのです（1959 年）。その後半世紀以上が立ちますが、ダライ・ラマ法王 14 世は故郷チベットに戻ることはできずに、インドのダラムサラに樹立した亡命政府に留まり続け、内外のチベット人の心のよりどころとなっているのです。

ダライ・ラマ法王 14 世は、チベット仏教の僧侶として、個人的所有物のない質素な修行生活を送っています（表 122-2）。その一方で、最新の政治や学問にも精通し、世界 62 以上の国々を訪問し、各国の大統領、首相、国王と会見し、さまざまな宗教の指導者や著名な科学者との対話を行っています。一般民衆へ向けても、平易な言葉で心に関する多数の講演を世界中で行っています。ダラ

303

表122-1. ダライ・ラマ14世年表

1935年	7月6日、チベット北部アムド地方の農家に誕生。ラモ・ドゥンドゥップと命名
2歳	ダライ・ラマ法王13世の転生者と認定
1950年	チベットの政治と宗教の最高指導者となる
1951年	中国人民解放軍、ラサを占領
1959年	3月10日、ラサでチベット蜂起（大規模抗議運動）、中国は武力鎮圧。ダライ・ラマとともに8万人のチベット人がインドへ亡命。チベット亡命政府樹立
1987年	「5項目和平プラン」提案
1988年	「ストラスブール提案」独立ではなく真の自治を要求
1989年	ラサでデモが激化。中国側は戒厳施行。平和への貢献からノーベル平和賞受賞
2008年	3月10日、ラサ抗議運動が激化。世界各地の北京五輪聖火リレーで大混乱

表122-2. ダライ・ラマの1日

4:00〜5:30	起床、真言、洗顔、着替え、瞑想
5:30	五体投地、祈り、庭の散歩
6:00〜9:00	別の部屋で瞑想（1日6、7回）
9:30〜12:30	勉強（教典や書物の読書等）、機械いじり、植物を育てるなど
12:30	昼食（菜食主義ではない）
午後	議員などとの公式会合
18:00	飲茶（夕食はなし）、TV視聴
20:30〜21:00	瞑想と祈りを捧げ、就寝

イ・ラマ法王14世の著作は70冊を越え、一般向けのものから、修行者向けや専門的に高度なものまで、内容は非常に多岐にわたっています。

ダライ・ラマ法王14世は、「**私の本当の宗教は、慈悲の心です**」と述べ、慈悲の心、やさしさ、許し、満足、自己を律することの重要性を説き続けています。敵は外には存在せず、**敵は内なる煩悩のみ**であること、**カルマ**を知ること、**無常**を自覚すること、**死と向き合う**こと、**菩提心を抱く**こと、心の訓練や**瞑想**、**空性の理解**の重要性などについて、具体的な方法論を交え、詳細かつ論理的に説明しています。

ダライ・ラマ法王14世は、すべての主要な宗教は役立つ重要なメッセージを携えていて、多大な恩恵を私たちに与えていると捉えています。一方で、宗教がしばしば対立や流血の火種にもなっていることから、今日では多種多様な宗教の共存と調和を図り、**多元主義**を受け入れることが必要であるといいます。ダライ・ラマ法王14世が来日したときに、伊勢神宮に参拝して深い祈りを捧げるなど、他宗教に寛容で、積極的に交流を行っています。仏教は、利己的な心や煩悩を減じ、**利他心**や**慈悲心**を養い、**悟りへと至るための具体的で実践的な方法**であるとして、「仏教の知識を生活の糧を得るための手段や学問として扱ってはいけません」と警告しています。

第11章　偉大な魂の足跡

　今日の深刻な環境問題や経済問題については、「地球上の全人類をして『私たち』と考えなければならない時代」であるとして、人類の未来が私たちひとりひとりの肩にかかっていることを各人が自覚することの重要性を説いています。これを「**地球的規模の責任感**」とか、「**普遍的責任感**」が必要であると表現しています。

　ダライ・ラマ法王14世は、いかなる困難に直面しようとも、人間はそれを解決する力を持っているといいます。人間の心は通常は煩悩に覆われていますが、心の本質は本来清浄なものであるからです。すべての人の心の中に、徳の可能性が眠っており、慈悲と利他の心があることは決して疑うことができない断言しています。

　チベット問題について、ダライ・ラマはこれまで、時には大幅な譲歩もしながら、さまざまな具体的提案をしてきました。残念ながら、現実は今日も大変厳しい状況におかれたままですが、一貫して**非暴力の姿勢**を前面に打ち出しながら、チベットと中国の双方に有益な形での解決を模索し続けています。現在でも毎年数千人のチベット人がヒマラヤを越えて命がけの亡命をしているといわれていますが、チベット人にとってダライ・ラマはチベットの象徴として、希望として、深い崇敬の念を集めています。

　以上のように、ダライ・ラマ法王14世は、伝統宗教のなかで胡座をかくことなく、さまざまな現代的な諸問題に明確な指針を示し、自ら率先して行動し、さらに慈悲の心、非暴力主義、地球規模での責任感、宗教観の相互理解などの平和へのメッセージを世界規模で発信し続けてきました。この活動が認められ、1989年には**ノーベル平和賞**を受賞しました。その他にも、30以上の名誉博士号、名誉市民などの数多くの賞を受賞し、国際的な名声を得ています。ダライ・ラマは、つねに自らを「一介の僧侶」と前置きし、人間の根源的な問題も、愛嬌のある表情やユーモアを交えて、ポジティブに、熱く、明快に語ります。それゆえ、ダライ・ラマは、宗教、民族、国家の枠を越えて、世界の人々から愛されているのです。

305

123. アンマ
Amma (Amachi, Shri Mata Amritanandamayi Devi)

卓越した愛情と霊性(スピリチュアリティ)の持ち主であるために、世界中から人々が会いに集まってくるインドの女性がいます。彼女は**アンマ**（**Amma**）と呼ばれ、人々に親しみやすくやさしい言葉で語りかけ、相手に応じた適切な仕方で導きを行います。神々や自然を深く愛し、「**私の宗教は愛です**」といいます。アンマは、すべての神々および宗教はひとつの真実の多様な現れであることを強調するので（**万教同根**）、排他性がまったく

くありません。ひとりひとりを抱きしめる**ダルシャン**と呼ばれる儀式では、アンマは希望する人を一人も断ったことがなく、何日かかっても決して休むことなく抱きしめ続けます。現在まで世界中で 3400 万人以上を深い愛で抱きしめ、多くの人に感激と癒しをもたらし、霊的(スピリチュアル)な啓発を与えてきました。アンマの前では、人も動物も、自然と心が開かれていきます。

　アンマの提供するプログラムは、完全に無償で行われます。欧米諸国ではアンマの活動が映画化され（『Darshan』2003 年）、マスコミにも頻繁に取り上げられ、「**抱きしめる聖者**」として有名です。貧しい人、病める人、教育を受けられない人、家のない人などへの**慈善事業**でも、莫大な実績を上げ、国際的に高い評価を受けています。国連等での基調演説を行ったり、ガンジー・キング平和賞（2002 年）、ゴールデン・グッディ賞（2015 年）なども受賞しています。

　アンマの本名はスダーマニといいますが、地元で話されるマラヤラム語で「母」という意味の「アンマ」、あるいは「アマチ」（尊い母）と親しみをもって多くの人に呼ばれてます。公式的には「無限の至福」を意味するマーター・アムリターナンダマイと呼ばれます。以下、『マーター・アムリターナンダマイの伝記』（スワミ・アムリダスワルーパーアナンダ著）の記述から、アンマの生い立ちを簡単に

第11章　偉大な魂の足跡

紹介します。

表123-1. アンマ主要年表

1953年	9月27日、南インド、ケーララ州の村に父スグナーナンダンと母ダマヤンティのもとに誕生。スダーマニ（「芳香の宝石」の意）と名づけられる。
4歳	バジャンを自分でつくって歌う
7歳	バジャンを歌いたびたび至福の境地に入る（三昧）
9歳	母親が健康を害し、家事に明け暮れる生活
13-16歳	召使いに出される。慈悲の行為と度重なる虐待。
1975年	クリシュナ・バーヴァ出現。ダルシャンに大勢集まる。真実を求める人に霊性修行の生活を伝授しはじめる。デーヴィ・バーヴァ出現。
1981年	マーター・アムリターナンダマイー・ミッション設立
1987年	最初のワールドツアーを開始
1993年	国連「宗教者会議」基調演説
1995年	国連「創立50周年記念異宗教間会議」基調演説
2000年	国連「ミレニアム世界平和会議」基調演説
2002年	国連「宗教および精神性を導く女性リーダーによる世界平和会議」基調演説
2002年	「ガンディー・キング平和賞」受賞
2003年	仏でアンマの活動が映画化『Darshan』世界で劇場公開
2004年	世界宗教会議基調演説
2006年	ニューヨーク・インターフェイスセンター賞受賞

アンマは1953年9月23日、南インドのケーララ州の村で、アラビア海の海辺の小さな小屋で生まれました。肌は両親と異なる暗青色で、泣き声を上げず優しく笑みを浮かべて生まれたといわれています。アンマは誕生の時から、あらゆる点で普通の子どもと違っていました。生後六ヶ月で走り始め、母国語のマラヤラム語を話し始めました。二歳の時に、誰の指導も受けていないのに、お祈りを唱え始め、クリシュナ（インドで人気の高い神の名）を称える歌を歌い、家族をとても驚かせました。

アンマは幼少時から活発で、神への深い信愛（バクティ）と周囲への気遣いがぬきんでていたので、村の人々から「クンジュ」（かわいい子の意味）と呼ばれて愛されました。小学生になると、授業で一度きいたり、自分で読んだものはすべて暗唱し、全教科で満点を取り、優れた知性と記憶力を示しました。勉強だけではなく、詩にメロディをつけて歌い、それにあわせて優美に踊るので、先生たちからもかわいがられました。

家が狭かったこともあり、住む家のない人とともにアンマは牛小屋で暮らしました。アンマのもとには、いつも大勢の子どもたちが慕って近寄ってきたので、一緒に遊びました。

アンマは家事をよく手伝いましたが、時間があれば一人で座り、神の瞑想に耽り、我を忘れて三昧（サマーディ）の境地に至っていました。

通常は何年も厳しい修行を積んでやっと到達できるような、瞑想に

よる歓喜と至福の状態に子どもの頃から繰り返し浸っていたのです。

　クリシュナ神をこよなく愛し、肖像画をいつも持ち歩き、祈りの歌を歌って恍惚状態のまま踊ることも度々でした。アンマの美しい歌と、気高く哀れみ深い性格に惹かれて、村人は皆彼女を敬うようになりました。しかし、両親や兄はアンマのことを理解出来ず、統合失調症 (→20) による異常行動だと考え、辛く当たりました。

　アンマが9歳の頃、母が体調を崩し、家事をすべて任せられることになりました。毎日朝三時に起きて掃除、水汲み、料理、洗濯、家畜の世話、乳搾り、草刈りなど、夜まで惜しみなく働きました。重労働のため学校に行けなくなり、小学校4年修了で中退を余儀なくされました。母親はアンマの暗い色の肌が受け入れられず、小さなミスを見つけては過酷な体罰を与えました。

　13歳になると、アンマは親戚の家々に召使いに出され、四年間働き通しになります。アンマは、召使いの家まで歩くときには祈りの歌を歌い、重労働の間は途切れることなくクリシュナ神の名を口ずさんでいました。毎日牛や山羊のエサをもらうため三、四十軒の家を回るのが日課でしたが、そのときに人々の貧困、病気、苦しみ、悲しみを見ます。するとアンマは傍らに座り、彼らのために祈り、家のものを持ち出して貧しい人に与え、温かい風呂と食事を与え、服を着せてやりました。アンマの父、母、叔母、兄は、アンマの行為を知って激怒し、冷酷に虐待しました。アンマは母が殴ろうとすれば手を押さえ、蹴ろうとすれば足を押さえて抵抗しましたが、母はついに噛みついたといいます。

　母が「おだまり」といえばアンマは即座に「私は話します」といい、「それをするんじゃない」といえば「私はやります」と答えました。飢えている家族に、アンマが自分の家にあった金の腕輪を与えたことを知った父は、アンマを木の幹に縛りつけ、血が出るまでたたきました。しかし、何度激しくたたかれても、アンマが困っている人々に施しや慈悲を示すのをやめることはありませんでした。

　1975年9月のある夕方、アンマはクリシュナ神との完全な一体化を体験します。至福状態に我を忘れ、無上の喜びで踊り、アン

マの姿や動作はクリシュナそのものになったといわれています。これを**クリシュナ・バーヴァ**（Krishna Bhava）といいます。バーヴァとは、サンスクリット語で、〜になる、誕生、生起、起源、存在、神聖などを意味する言葉です。

アンマはこの状態で、内なる声を聞きました。「この世の無数の人々が悲哀に沈んでいます。わたしと同一であるあなたを通してわたしがやらねばならないことがたくさんあります」。それ以来、インド各地からアンマに会うために、ダルシャンに大勢の人が集まるようになりました。病気や経済的問題の解決を求めて来る人、好奇心から来る人、献身や霊的な智慧を求めて来る人などさまざまで、アンマに会って帰依する者も日増しに増えました。アンマは「わたしは誰のことに関しても、すべてを知ることができました。（中略）私は語られなくても、帰依者たちの悲しみを知っていました」といっています。

なかには、アンマを利用して儲けようする者、執拗にダルシャンを潰そうとする人々、暴力、黒魔術、毒をもって殺害を企てる者など、多くの妨害者も現れました。しかし、アンマは即座にその意図を見抜き、不屈の落ち着きと寛容さによって揺らぐことがなく、すべての妨害の企ては失敗に終わりました。

その後、アンマはデーヴィ（女神、聖母、原始の至高エネルギー）を激しく追慕してやまなくなり、ついにデーヴィとの完全な一体化を体験します。これを**デーヴィ・バーヴァ**（Devi Bhava）といいます。この状態で、アンマは再び内なる声を聞きました。「わたしの子よ、わたしはすべての生き物の心に宿り、特定の居場所はありません。あなたが生まれてきたのは、ただ、『自己』の純粋な至福を享受するためだけではなく、苦悩する人間を慰めるためなのです。これから先は、すべての生き物の心に宿る私を敬い、彼らを世俗的な存在の苦悩から救いなさい」。「その日を境に、わたしは、私自身の無形の『自己』と異なって見えるものはなにもありませんでした。そしてその『自己』の中には全宇宙が小さな泡のように存在しているのです」。アンマは、彼女の選択によって、あらゆる神と一体化できるようになりました。

309

表 123-2. アンマの主な慈善事業

【人道的援助】
・災害救援（津波の復興支援、等）
・無償住宅（身寄りのない女性、高齢者、障害者などのための住宅の供給無償プロジェクト）
・孤児院（アムリタ孤児院：500 人の寄宿生と学校、等）
・食料、医療、生活保護（食料の無料提供、スラムの刷新、アンマズ・キッチン［東京］等）

【医療】
・アムリタ医療施設（エイムズ総合病院、アムリタ・クリパ病院、アムリタ病院、等）
・慈善病院（慈善診療所、無料メディカルキャンプ、健康管理プログラム、在宅介護、等）
・ホスピス（アムリタ・クリパサガル、癌ホスピス、アンブ・イルム［老人の家］等）
・アーユルヴェーダによる自然医療（アムリタ・アーユルヴェーダ医科大学病院、研究所、アムリタ・ヴィシュッディ・アーユルヴェーダ診療所）

【教育】
・学校（アムリタ学園［英語による小・中・高等学校］、サンスクリット語小中学校、等）
・アムリタ大学（工科大学、薬科大学、看護大学、経営大学院、等）
・アムリタ学院（アムリタ・アーユルヴェーダ・メディカル・スクール＆リサーチ・センター、アムリタ・コンピュータ技術院、アムリタ教員養成学校、等）
・職業訓練（暮らしの自立学校、産業訓練センター、職業技術センター、洋裁学校、アムリタ女性のための社会復帰センター、等）
・特殊教育（アムリタ発話・聴力開発学校、少数民族のためのプロジェクト、等）

【スピリチュアルカルチャー】
・アムリタプリのアシュラム（17 の寺院、ブラマスタナム寺院［万人に開放するスピリチュアルセンター、異なる神々の根本的な統一性を強調］、アムリタ芸術文化センター、等）
・スピリチュアル・ライフ（文化教室、アイアム瞑想、ヨーガ教室、インド文化の紹介、等）
・自然保護（グリーンフレンズ、アムリタフォレストプロジェクト、等）

　このような至高の境地に到達したアンマの元には、世界中から弟子や帰依者が続々と集まるようになり、1981 年にアシュラム（マーター・アムリターナンダマイー・ミッション）を設立しました。1987 年にはワールドツアーを実施し、以来今日まで、アンマは世界中でダルシャンを行い、世界中で無私無欲の奉仕による慈善事業を展開していきました（表 123-2）。

　アンマの教えはとてもシンプルで明快です。その一部をここで紹介したいと思います（『アムリタジョーティ』『愛する子どもたちへ』より）。

〈神について〉

　多くの人々が質問します、『神様はいますか？　もしいるのならどこにいるのですか？』と。彼らにたずねてみてください。鶏が先か卵が先か、椰子の葉と椰子の実のどちらが先に存在していたのかと。誰がそのような質問に答えることができるでしょう？　椰子の実や椰子の木の存在を超えた根源の力が存在します。それが神なのです。（中略）水が氷になり、また溶けて水になるように、神は神自身の意志でどんな形にもなることができるし、また本然に戻ることができます。（中略）各自が、自分の文化や好みによって神を理解し、

310

崇拝します。その時の必要性や人々の様々な好みに応じて、偉大な聖人が同じ神を違った形でみせてくれたのです。

〈真の自己について〉

　アンマは「アンマや天の神を信じるべきだ」とは言いません。（大いなる）自己を信じれば十分です。すべてはあなたの内に在るのですから。（中略）真の自己を知ることによって、私たちは人生から何も得ることがなくとも満たされるのです。人生は完全になります。

〈カルマヨーガ〉

　もし、心に少しの思いやりをもってさえいたら、私たちはどんな形にせよ一日のうちに三十分だけでも苦しむ人々のために働こうと努力するでしょう——これが、アンマからのお願いです。今日、世界は、言葉と行為において善を表現する人々を必要としています。そうした尊い先駆者が他者の模範となるなら、今、社会を覆っている暗闇も晴れることでしょう。

〈瞑想について〉

　瞑想は私たちの活力を増し、知力を強めます。美しさが高まり、心が明快になり、健康が増進されます。人生の問題にしっかり向き合うだけの、不屈の精神力や忍耐力を得ます。だから瞑想をしなさい。瞑想を通してのみ、私たちが探し求めていた宝をみつけることができるのです。

〈人生の目的〉

　人生の最終目的は神実現です。そのために努力しなさい！傷の汚れをすべて洗って清潔にしてから薬を塗らなければ、傷は治るどころか膿んだり、他へ感染するかもしれません。同様に献身の水でエゴを洗い落としてから、知識を与えるべきです。その時にこそ、霊　性　の向上が起きます。

　（注：神実現＝自己実現、自己＝アートマン＝ブラフマン）

124. 死
Death

　私たちの多くは、死を恐れ、忌み嫌います。私たちは皆、必滅の身体をもって生きているにもかかわらず、自分が死ぬということについては、どこか人ごとのようで、直視できないことが多いのです。

　アンマはいいます。「体と、この世への強い執着が、死ぬことへの痛みと恐怖を作り上げるのです。ほとんどの人が死は完全な消滅であると信じています。」「自分のエゴとピッタリ同化して生きている人にとっては、死ぬことは恐ろしい体験になります」。

　ところが、これまで紹介してきた愛と智慧の深い人々は、死の恐れは幻想であると口をそろえています。キューブラー・ロスは、数万人の死を看取る経験から、「死は存在しない。」「死は怖くない。死は人生でもっとも素晴らしい経験にもなりうる」(『人生は廻る輪のように』)と語りました。マザー・テレサは、「死は、悲しいことではありません。私たちが悲しむべき唯一のことは、自分が聖なる者になっていないという事実だけです」(『愛と祈り』)といいました。アンマは、「体への執着を超越できれば、死は苦痛でなくなるばかりか、それは至福の体験になります。自分の体の死に、自分が立ち会うことができます」(『フロムアマズハート』)といいました。ダライ・ラマ法王14世は、「(普段から)死を意識していると、人生が有意義になり、死期が迫ると喜びを感じ、なんの心残りもなく死ねます」(『瞑想と悟り』)と断言しています。

　慈悲と智慧を体現している彼らは、これほどまでに一致して、自然に迎える死を肯定的な出来事として受けとめているのです。人生で体験する苦痛の多くは、その根源を辿れば自らの欲望による執着から生じているように、死への恐怖もまた、実は現世の諸事物(地位、財産、快楽、人間関係、身体など)への執着がつくりだし

ている幻影なのかもしれません。マザー・テレサ、ダライ・ラマ法王14世、アンマは、私物をひとつも持たないだけでなく、愛と慈悲、神や仏など、自己を超え、生死を超えたものへ全人生を捧げていることが共通した特徴です。彼らのように、エゴイズムを乗り越え、人格を陶冶し、執着を完全に断つことができたならば、死は祝福された通過儀礼として経験されるのかもしれません。

ダライ・ラマ法王14世は、私たちが死を自覚することは、非常に有益であると説きます。「もし、自分は死とは無縁だという気持ちが頭にしっかり根を下ろしていると、けっして修行には身が入らず、心を磨く道を少しも先に進むことがありません。自分は死なないという思い込みこそ、精神の進歩にとって最大の妨げです」。「（死を意識しないと）名声や、物質的な豊かさや、成功・繁栄にすっかり心がとらわれてしまいます。（中略）こうして欲や怒りをはじめとする煩悩が、川に溢れるようにふえていきます。（中略）その結果、来世ではより下等な世界に生まれ変わる羽目になります」。

私たちの身体が死の宿命を与えられているということは、実は祝福なのかもしれません。自分の死と向き合うことによって、限りある身体のある生の時間でなにをすべきなのか、本当に価値があることはなにか、という生の本質が見えてくるのです。死を回避し、忌み嫌うことは、世界を片目を塞いで眺めるようなものかもしれません。死という逃れられないスパイスは、私たちが生死を超えた価値や意味を希求するように動機づけているのです。そういう意味では、自分の死こそ、霊性（スピリチュアリティ）発現の基礎なのです。ダライ・ラマは、「死が訪れたとき唯一役に立つのは、それまでの人生で得たあわれみの心と、諸存在の真の意味での本性『空』の理解です」と説いています。私たちに与えられた真の課題は、世俗や生死を超えて真に意義のあるものに気づき、腹の底から悟れるかというところにあるのではないでしょうか。

125. 愛
Love

　「私たちは、愛し、愛されるために神に創られました」とマザー・テレサはいいました。私たちは、十分な地位や金銭を稼ぎ、さまざまな欲望を満たしても、愛がなければ、即座にむなしさを味わうことになるのです。マザーは続けます。「では、愛はどこではじまるのですか。家庭からです。どういうふうに愛するのですか。祈ることからです。祈りは清い心を与えてくれるからです。そして、清い心は神を見ることができるのです。もし、神を見るならば、それは祈りのはじまりです。もし神を見るならば、愛することはやさしくなります。愛することも、分かち合うことも、傷つくまで与えることも、むずかしくなくなるのです」「愛は私たちの心を清くするいちばんよい純化方法です。」(『生命あるすべてのものに』)。

　「愛の反対は憎しみではなく、無関心です」というマザーの言葉も有名です。無関心が蔓延した冷たい空気が、人々から生きる勇気や希望を奪い、絶望感を与えているのです。それ故、傷つくのを恐れずに愛することが必要なのでしょう。「傷つくまで愛しましょう。それは、どれほど多く与えるかではなく、どれほど多くの愛を注いで与えたかによるのです。そして、私たちがお互いにどれほど近くなるかによるのです。」(『マザーテレサ愛は限りなく』)

　ダライ・ラマ法王 14 世はいいました。「私たちの通常の愛情や親切心は、たいていの場合、執着に基づいています。そして、その執着は無知に基づいています。このような愛は健全ではありませんし、正しくありません。真実の親切心と真実の愛は、筋の通った考えと明晰な意識に基づかなければなりません」。カウンセリングにおいても、ロジャースがセラピストの 3 条件で指摘したように、愛は所有欲のない愛情 (non-posessivelove) でなければなりません (→73)。私たちはみなエゴが強いので、不純な愛をすぐに 0 には

第11章　偉大な魂の足跡

できないかもしれません。しかし、与える愛でも、受け取る愛でも、愛の中に、不純物が混入していることに気づき、それを減らしていく努力が大切です。そして、偽りの愛や、所有欲やエゴの思惑や不安による愛の不純物を、私たちは受け取る必要も義務もないことを知らねばなりません。私たちが愛の不純物を受け取らなければ、それは与えようとした人が持ち帰ることになるのです。心の病や悩みを抱える人の中には、あまりにも優しすぎて、家族などの親しい人からの不純な愛を受け取りすぎてしまった人が多いのも事実です。純度の高い愛を与え、受け取れるよう、注意深くある必要があるのです。

　アンマはいいます。「愛は複雑ではありません。シンプルで自発的なものです。私たちの本当の姿です。ですから、愛は仕事ではないのです。（中略）愛は決して疲れることも、あきあきすることもありません。そればかりか、ハートにエネルギーを注ぎ入れてくれます。純粋な愛は、あなたを花のように軽くしてくれます。重さや重荷はエゴが創り出すものなのです」（『フロムアマズハート』）。アンマが休みなしに何十時間も、時には数日にわたって何人でもハグし続けられるのは、それが純粋な愛の行為だからなのでしょう。

　豊かな現代日本で暮らす私たちは、しばしば退屈を感じています。アンマはいいます。「退屈は愛のないところに生じます。それで人は変化し続けたいと思うのです。ある場所から別の場所へ、あるものから別のものへ、というふうにです。愛があると、古くなるものは何もありません。すべてが永遠に新しく、新鮮です。」（『フロムアマズハート』）純粋な愛や慈悲がすべての闇を払い、新鮮に純化してくれるのです。

　純粋な愛や慈悲の心、言葉、行為は、やがて必ずよい結果をもたらします。本当に愛し愛されることができたとき、私たちは絶望や退屈から無縁になり、深く満たされるのです。

第 11 章　偉大なる魂の主要文献

＜キューブラー・ロス＞

◎ キューブラー・ロス『**死後の真実**』（伊藤ちぐさ訳）日本教文社、1995 年

◎ キューブラー・ロス『**死ぬ瞬間：死とその過程について (新訳改訂版)**』（鈴木晶訳）読売新聞社、1998 年 (原著 1969)

◎ キューブラー・ロス『**人生は廻る輪のように**』（上野圭一訳）角川書店、1998 年 (原著 1997)

◎ キューブラー・ロス、ケスラー『**ライフ・レッスン**』（上野圭一訳）角川書店、2005 年（ 原著 2000)

＜マザー・テレサ＞

◎ 中井俊已『**マザー・テレサ：愛の花束**』ＰＨＰ研究所、2007 年

◎ マザー・テレサ『**生命あるすべてのものに**』講談社、1982 年

◎ マザー・テレサ（渡辺和子訳）『**マザー・テレサ　愛と祈りのことば**』PHP 研究所、2000 年

＜ダライ・ラマ法王 14 世＞

◎ ダライ・ラマ『**ダライ・ラマ自伝**』（山際素男訳）文芸春秋、2001 年

◎ ダライ・ラマ『**ダライ・ラマの仏教入門：心は死を超えて存続する**』（石浜裕美子訳）光文社、2000 年

◎ ダライ・ラマ『**チベット仏教の教え**』ダライ・ラマ法王日本代表部事務所、1998 年

＜アンマ＞

◎ スワミ・アムリタスワルーパーアナンダ『**マーター・アムリターナンダマイの伝記**』（稲垣・鈴木訳）Mata Amritanandanayi Mission Trust、1994 年

◎ スワーミ・アムリタスワルーパナンダ『**聖母アマチとの対話**』（西田隆夫編訳）知玄社、2003 年

◎ 西田みどり『**聖母アマチの教え： ヴェーダの叡智（改定新版）**』知玄社、2004 年

◎ マーターアムリターナンダマイー『**愛する子供達へ**』Mata Amritanandamayi Mission Trust, 1993 年

◎ マーターアムリターナンダマイー『**アムリタジョーティ**』日本 MA センター、1996 年

◎ スワミ・アムリタスワルーパーアナンダ『**フロムアマズハート**』日本 MAセンター、2006 年

第12章

仏教心理学

126. 仏教と心理学

127. ゴータマ・ブッダの生涯

128. 日本への仏教の伝来：南伝仏教と北伝仏教

129. 最高のよりどころ：四聖諦と八正道

130. 三十七菩提分法

131. 業と業果、縁起の法

132. 誰もがすべきではないこと：悪業と煩悩

133. 誰もがなすべきこと：善業と波羅密

134. 無上の幸せと四無量心

135. 修行としての瞑想：禅定

136. 呼吸の気づきの瞑想：出入息随念

126. 仏教と心理学
Buddhism and Psychology

　仏教の開祖、ゴータマ・ブッダは次のように説きました。

　心は、動揺し、ざわめき、護り難く、制し難い。英知ある人はこれを直くする。──弓矢職人が矢柄を直くするように。

　水の中の住居から引き出されて陸の上に投げすてられた魚のように、この心は、悪魔の支配からのがれようとしてもがきまわる。

　心は、捉え難く、軽々とざわめき、欲するがままにおもむく。その心をおさめることは善いことである。心をおさめたならば、安楽をもたらす。

　心は、極めて見難く、極めて微妙であり、欲するがままにおもむく。英知ある人は心を守れかし。心を守ったならば、安楽をもたらす。

　心は遠くに行き、独り動き、形態なく、胸の奥の洞窟にひそんでいる。この心を制する人々は、死の束縛からのがれるであろう。

　心が安住することなく、正しい真理を知らず、信念が汚されたならば、さとりの智慧は全からず。

　心が煩悩に汚されることなく、おもいが乱れることなく、善悪のはからいを捨てて、目覚めている人には、なにも恐れることが無い。

(Dhammapada 33-39)

　こころを安定させよ。うろついてはならない。あとで後悔するようなことをやめよ。怠けてはならぬ。（中略）

　多く眠ってはならぬ。熱心に努め、目ざめているべきである。ものぐさと偽りと談笑と遊戯と淫欲の交わりと装飾とを捨てよ。

(Suttanipāta 925-926)

　愚かに迷い、心の乱れている人が百年生きるよりは、智慧あり思い静かな人が一日生きる方がすぐれている。　(Dhammapada 110-119)

　欲望と結びついた楽しみの喜びは、下劣で、卑しく、凡俗的で、聖

なるものではなく、[最終的な]利益をもたらすものではないから、そういう楽しみの喜びに夢中になることは、苦しみをともない、悩みをともない、愁いをともない、ひどい苦悩をともなう。つまり、これは間違った道である。それゆえ、心が乱れる。

　一方、欲望と結びついた楽しみの喜びは、下劣で、卑しく、凡俗的で、聖なるものではなく、[最終的な]利益をもたらすものではないから、そういう楽しみの喜びに夢中にならないなら、苦しみをともなわず、悩みをともなわず、愁いをともなわず、ひどい苦悩をともなわない。つまり、これは正しい道である。それゆえ、心が乱れない。

（『無諍分別経』MN,139）

　仏陀の言葉に示されているとおり、仏教は、制し難い心を制し、まっすぐに清らかに整え、揺るぎない安らぎに至ることを目的としています。

　仏陀の教えは、心の究極の安穏にいたるための具体的な方法（仏道）と、それによって得られる境地を明らかにしています。仏教はもともと、もっとも実践的な、**究極の本格心理学**なのです。

　大乗仏教 (→ 128) が浸透していた日本では、西洋の心理学が輸入されても、それだけに染まることはなく、**森田正馬**が禅の影響を受けて独自の**森田療法**を創始し (→ 82 ~ 84)、**吉本伊信**は浄土真宗の身調べを参考にして**内観療法**を確立しました (→ 85)。

　すでに述べたように (→ 89, 113)、20 世紀半ば以降の西洋では、仏教が実存的な苦しみを解決する優れた実践的方法として広く一般に受け入れられ、仏教の修行・研究・教育・臨床が精力的に行われています。

　最近では、**仏教心理学**という分野が誕生し、諸領域で瞑想への関心が高まってきました。日本でも、仏陀の教えの価値に気づく人々が増え始め、心理学と仏教の交流が活発に行われるようになってきています。

127. ゴータマ・ブッダの生涯
The Biography of Gautama Buddha

①生誕（ルンビニー）と出家修行

　　ゴータマ・シッダッタ（仏陀の本名）は、今からおよそ2500年前に、ルンビニ（現ネパール）の地で、釈迦族の王スッドーダナとマーヤー婦人の間に生まれました。養母マハーパジャーパティに育てられ、城の中で王子としてなに不自由のない暮らしでした。王子のために季節ごとに別の宮殿が用意され、最上の食事と衣と花が与えられ、女性だけの伎楽に囲まれ、昼夜とも傘がさされ、裕福で心地よい、恵まれた環境でした。16歳の時にヤショーダラーと結婚し、後に息子ラーフラをもうけます。

　　このように物理的、経済的、社会的、家庭的には完全に充足していましたが、シッダッタの心は満たされませんでした。善を求め、老病死を超えた安穏と真理の道をもとめて、父母の制止を振り切って、29歳の時にすべての富、地位、親族を捨てて、髪を剃り、**出家**したのです。

　　出家修行者（沙門といいます）となったシッダッタは、当時もっとも名高かった二人の仙人を尋ねました。はじめに、**アーラーラ・カーラーマ仙**の指導を受けると、短期間のうちに「無処有処」(→135)という非常に高度な**禅定**（精神の統一）(→135)に到達し、次に**ウッダカ・ラーマプッタ仙**から指導を受けると、やはり短期間のうちに「非想非非想処」(→135)というさらに高度な禅定を体得しました。どちらの仙人からも後継者になるよう頼まれますが、まだ完全な覚りには至っていないとして彼らのもとを去りました。

　　次にシッダッタは、真理をもとめて修行仲間と共に激しい苦行を行います。何日も断食を続けて瞑想を行い、悪魔の誘惑も完全に退けますが、あばら骨や血管が浮き出て、骨と皮だけになり、何度も仮死状態に陥ります。そこで、極端な苦行は、行き過ぎた贅沢と同様に、かえって真理から遠ざかるのではないかと悟り、適度な**中道**の道を選ぶのです。

第12章 仏教心理学

②成道（ブッダガヤー）

　苦行を捨て、体力を回復すると、**ブッダガヤー**の菩提樹の下で、深い瞑想に入りました。**四つの禅定**（→135）に入り、宵の口（前夜）には、幾多の自分の過去の生涯（前世）を思い出します（**宿命通**）。中夜（夜更け）には、あらゆる**衆生**（「命あるもの」の意 satta）が**業**（→131）に従って生死を繰り返す様子を観察します（**天眼通**）。明け方（後夜）になると、一切の心の汚れの滅尽に関する智慧を得ます（**漏尽通**）。もはや**煩悩**（→132）が尽き、修行が完成し、二度と生まれ変わることがない、つまり**解脱**したとシッダッタは知ったのです。これを**成道**といいます。35歳の時でした。最終的な覚りを得て**仏陀**となった瞬間です。パーリ語でブッダ（Buddha）とは、目覚めた人、究極の真理を悟った人という意味です。

③初転法輪（サールナート）から布教の旅へ

　仏陀は成道の後、解脱の喜びに浸りつつ、3数週間瞑想を続けました。悟った真理（**法** Dhamma）は深遠で見難く、微細であるから、欲に執着している**衆生**たちには到底理解できないだろうと考えていました。そこに**梵天**（ブラフマー神）が現れ、真理を世の人々に伝えて欲しいと三度請願されたため（**梵天勧請**）、仏陀は法を説くことを決心しました。

　仏陀は、かつての苦行仲間がいる**サールナート**（鹿野苑）に向かい、初めての説法を行いました（**初転法輪**）。その後、45年間布教の旅を続け、多くの出家者と在家の帰依者を得、解脱する弟子も次々に誕生します。多くの寄進によって教団や寺院が設立され、仏法が広まりました。

④入滅（クシナガラ）

　80歳の時、**クシナガラ**の地で、満開の花を咲かせた沙羅双樹の間で横たわり、亡くなられました（**入滅**）。仏陀の最期の言葉は次の通りです。

　もろもろの事象は過ぎ去るものである。怠ることなく修行を完成しなさい。

321

128. 日本への仏教の伝来：南伝仏教と北伝仏教
The Introduction of Buddhism into Japan :
Southern and Northern-Route

　お釈迦様は修行によって覚りを開いて**仏陀 (Buddha)** となり、入滅まで教えを説き続けました。仏陀の教えを**仏教**と呼びます。教えをきき、出家し、修行に励み、完全な悟りを開く人たちが当時、多く現れました。彼らを**阿羅漢**（パーリ語のアラハン arahant の音写）といいます。

　仏陀の教えは、弟子達の口伝によって精密に記憶されていました。仏陀が亡くなった（仏滅）三ヶ月後に、五百人の阿羅漢がラージャガハ（王舎城）という場所に集まり、互いに記憶した内容を確かめ合いました（**第一結集**）。そして、教えを五部に分類し、**パーリ聖典（原始仏教経典）**としてまとめました。

　仏陀の肉声（直説）に非常に近いといわれるパーリ聖典を、加筆も修正も認めずに厳格に守り、聖典に忠実に従って今日まで出家修行を続けているのが**上座部仏教 (Theravāda Buddhism)** です。上座部仏教は、スリランカ、ミャンマー、タイ、ラオス、カンボジアなどの南方諸国に根づいているので、**南伝仏教**ともいいます。

　仏滅後百年経ったころ、二回目の集会が開かれ（**第二結集**）、戒律の変更・緩和などについて議論しますが、意見が合わずに決裂し、教団が分裂します（**根本分裂**）。戒律の変更・緩和に賛成したのが大衆部、反対したのが上座部でした。分裂はさらなる分裂を呼び、紀元前 100 年頃には 20 もの部派に分裂していきました（**部派仏教**）。

　大衆部の各派が、やがて大乗仏教となります。大乗仏教では、パーリ聖典とは別に、独自の解釈や見解を自由に加えて、膨大なサンスクリット語の経典を次々と創作しました。これらの大乗経典が中国で漢訳され、朝鮮半島を経て、日本に仏教として伝わったのです。インドから北方の地域に伝わったので**北伝仏教**ともいいます。

　仏陀が覚りを開いてから、およそ千年の月日をかけて、6 世紀頃、日本に仏教が伝わりました。長大な時間、距離、解釈、民俗

322

信仰、翻訳を介しての伝来だったので、日本に伝わった北伝仏教は、仏陀の教えとは異なる部分が少なくありませんでした。

それでも、604年に**聖徳太子**が制定した**十七条憲法**には、その第二条に「篤く**三宝**を敬へ。三宝とは**仏・法・僧**なり」と書かれています。日本国の根幹である憲法に、7世紀にはやくも仏教の精神が取り入れられたのです。その後、仏教は日本で独自の展開をしながら多くの宗派ができ、各地に寺院が建立され、国民の間にも浸透し、日本人の精神性・霊性に多大な影響を与えてきたのです（表128参照）。

日本に広まって独自の展開をした北伝の大乗仏教は、仏陀の教えから豊かに発展したという見方もありますし、一方では、仏陀の説いた法（真理Dhamma）から遠く離れ、思弁的・民俗的・呪術的・現世利益的に変質してしまったという、両極端の見方があります。

大乗仏教に千四百年以上馴染んできた日本人ですが、平成になって歴史上はじめて、誰もが仏陀の直説に近い上座部仏教やパーリ聖典（原始仏典）を学び、実践できる状況になったのです。その結果、さまざまな議論が起こり、新しい日本の仏教の歴史が今はじまろうとしています。

表128. 日本における大乗仏教の主な13宗派と上座部仏教

		宗　　派	開祖	発祥/伝来	本尊など	主な経典など
大乗仏教（北伝）	奈良仏教系（南都六宗）	法相宗	道昭	奈良	唯識曼荼羅、弥勒菩薩、など	解深密経、唯識論、般若経、華厳経
		華厳宗	審祥	奈良	毘廬舎那仏	華厳経
		律宗	鑑真	奈良	盧舎那仏	四分律、梵網経、法華経
	密教系	天台宗	最澄	平安	釈迦、阿弥陀、大日、薬師如来	法華経、大日経、摩訶止観
		真言宗	空海	平安	大日如来	大日経、金剛頂経、蘇悉地経、瑜祇経、要略念誦経、理趣経
	浄土系	融通念仏宗	良忍	平安	阿弥陀如来	華厳経、法華経、浄土三部経
		浄土宗	法然	平安		浄土三部経（無量寿経、阿弥陀経、観無量寿経）
		浄土真宗	親鸞	鎌倉		
		時宗	一遍	鎌倉		
	禅系	臨済宗	栄西	鎌倉	釈迦如来など	般若心経、観音経、など
		曹洞宗	道元	鎌倉		
		黄檗宗	隠元	江戸		陀羅尼、阿弥陀経、般若心経、など
	法華系	日蓮宗	日蓮	鎌倉	釈迦如来	法華経
上座部（テーラワーダ）仏教			仏陀	（明治）平成	－	原始仏典（パーリ聖典）

323

129. 最高のよりどころ：四聖諦と八正道
The Supreme Refuge : The Four Noble Truths and The Noble Eightfold Path

　マズローの欲求階層説 (→ 69) に見られるように、現代に生きる私たちは、さまざまな欲望——食欲、性欲、睡眠欲、快楽欲、所属や承認の欲、金銭欲、物欲、権力欲、支配欲、遊びへの欲、美への欲、神々への欲、など——を満たすことが幸せだと考えています。しかし、仏陀は、これらの欲望こそが、すべて苦しみの原因であると断言します。

　欲望は満たされないことが多いだけではなく、満たされたとしても、（人間界や天界も含めて）**世間 (Loka)** のものはすべて、変化し、やがて手放さざるを得ず、自分の思うとおりにはならないからです。**世間には揺るぎないよりどころはなにひとつない**ということです。世間のものはすべて**無常**であり（すべては変化して過ぎ去る）、一切の生じるものは（無常でありよりどころにはならないので）**苦しみ**であり、一切は**無我**（私の思い通りにはならない。なっても一時的。自分の身体さえやがて意に反して滅びる）なのです。**無常・苦・無我**（anicca, dukkha, anatta）を**三相** (Ti-Lakkhaṇa) または**三法印**といい、その看破が仏道の課題です。

　では、世間に存在し、欲望に支配されている私たちには、苦しみを脱する道がないのでしょうか。仏陀は、その道を明確に示したのです。

　たとえ貨幣の雨を降らすとも、欲望の満足されることはない。「快楽の味は短くて苦痛である」と知るのが賢者である。

　天上の快楽にさえもこころ楽しまない。正しく覚った人（仏）の弟子は妄執の消滅を楽しむ。

　人々は恐怖にかられて、山々、林、園、樹木、霊樹など多くのものにたよろうとする。

第12章　仏教心理学

　しかしこれは安らかなよりどころではない。これは最上のよりどころではない。それらのよりどころによってはあらゆる苦悩から免れることはできない。

　さとれる者（仏）と真理のことわり（法）と聖者の集い（僧）とに帰依する人は、正しい知慧をもって、四つの尊い真理を見る。すなわち(1) 苦しみと、(2) 苦しみの成り立ちと、(3) 苦しみの超克と、(4) 苦しみの終滅におもむく八つの尊い道（八聖道）とを見る。

　これは安らかなよりどころである。これは最上のよりどころである。このよりどころにたよってあらゆる苦悩から免れる。

(Dhammapada 185-192)

　仏陀は、**初転法輪** (→ 127) で、この**四聖諦**と**八正道**の教えを説きました。

　四聖諦（Catu Ariya sacca）とは、四つの聖なる真理です。

　第一の**苦諦**（Dukkha sacca）とは、生きる、老いる、病む、死ぬことなど、この世に生じることはすべて苦であると見きわめることです。

　第二の**集諦**（Samudaya sacca）とは、苦しみは、自らの**煩悩**（kilesa　貪り、怒り、無智などの心の汚れ）(→ 132) が招き集めていると知ることです。

　第三の**滅諦**（Nirodha sacca）とは、煩悩を滅尽すると、揺るぎない安穏の境地（涅槃 Nibbāna）に到達できるという真理です。

　第四の**道諦**（Magga sacca）とは、苦悩を滅する道が実際に存在するということです。

　仏陀は、苦悩を滅する道として、八正道（Arya Aṭṭaṅgika Magga）など、三十七の方法を示しました（**三十七菩提分法**）(→ 130)。

　八正道とは、正見、正思、正語、正業、正命、正精進、正念、正定 の八つの真理の道です (→ 130)。

　四聖諦と八正道を深く理解し、実践することが、仏陀の示した、涅槃へと至る正しい道なのです。

325

130. 三十七菩提分法
37 Factors of Enlightenment

　仏陀は、苦しみを滅し、煩悩を根元から取り去り、涅槃に至るための道として、七グループの三十七要素から成る**三十七菩提分法**（Sattatimsa Bodhipakkhiya Dhamma）を説きました。以下にその要点を紹介します。

①**四念処**（Cattāro Satipatthāna）念（mindfulness）をおくべき処です。
1. **身念処**（kāyānupassanā Satipatthāna）
　身体をあるがままに観察し、不浄であることを観ずる。（不浄観）
2. **受念処**（Vēdanānupassanā Satipatthāna）
　感受をあるがままに観察し、苦、楽、不苦不楽を観ずる。（一切皆苦）
3. **心念処**（Cittānupassanā Satipatthāna）
　心をあるがままに観察し、心の無常を観ずる。（諸行無常）
4. **法念処**（Dhammānupassanā Satipatthāna）
　一切の事象（法）は自分ではないことを観察し如実に知る。（諸法無我）

②**四正勤**（Cattāro Sammappadhānā）4つの努力すべきことです。
1. 未だ起きていない悪が生じないように努める。（律儀勤）
2. 既に起こった悪を断ち切るように努める。（断勤）
3. 未だ起きていない善が生じるように努める。（修勤）
4. 既に起こった善が増大するよう努める。（随護勤）

③**四神足**（四如意足）(Cattāro Iddhipāda）覚りを成就させる4つの徳です。
1. **欲神足**（Chanda）すぐれた瞑想を得ようと願う。
2. **精進神足**（Viriya）すぐれた瞑想を得ようと努力する。
3. **心神足**（Citta）すぐれた瞑想を得るために心を修める。
4. **思惟神足**（Vīmamsā）智慧を以て思惟・観察する。

第12章　仏教心理学

④⑤五根・五力（Pañca Indriya・Pañca Bala）瞑想と覚りをもたらす5つの基礎となる能力および力のことです。5つのバランスも大切です。5つが育つと、それぞれ無信、怠惰、放逸、掉挙、疑 (→ 132) を支配します。

1．信（Saddhā）、　2．精進（Viriya）、3．念（Sat）、
4．定（Samādhi）、5．慧（paññā）

⑥七覚支（Satta Bojjhaṅga）大いなる覚りを支える七つの要素です。
1．念覚支（Sati）　観察と自覚を深める。（→四念処）
2．択法覚支（Dhammavicaya）偽りを捨てて真理を選び取る。
3．精進覚支（Viriya）　ひたむきに努力する。（→四正勤）
4．喜覚支（Pīti）　真理を学び実行する喜びに住む。
5．軽安覚支（Passaddhi）　心身を軽やかにする。
6．定覚支（Samādhi）　精神統一の瞑想。(→ 135 ～ 136)　(→四神足)
7．捨覚支（Upekkhā）とらわれを捨てて平静に物事を観察する。

⑦八正道（Ariya Aṭṭaṇgika Magga）覚りに向かう八つの聖なる道です。
1．正見（sammā diṭṭhi）正しい見解：四聖諦、業、縁起、無常、苦、無我
2．正思（sammā saṅkappa）正しい考え：出離（離欲）、無瞋、無害
3．正語（sammā vācā）正しい言葉：妄語（嘘）、綺語（無駄話）、両舌（仲違いさせる言葉）、悪口（粗暴な言葉）を使わない。
4．正業（sammā kammanta）正しい行為：殺さず、盗まず、不倫せず。
5．正命（sammā ājīva）正しい生活：正しい仕事と暮らしをする。
6．正精進（sammā vāyāma）正しい努力：四正勤に励む。
7．正念（sammā sati）正しい念、気づき：身受心法にいつも目ざめる。
8．正定（sammā samādhi）正しい集中：禅定の習熟 (→ 135 ～ 136)。

131. 業と業果、縁起の法
The Spiritual Principle of Cause and Effect
and Dependent Origination

　仏陀は、深い**禅定**の後、**宿明通** (→ 127) によって、自らの百千の過去生の生涯や、幾多の宇宙の成立と破壊を詳細に思い起こしました。その後、**天眼通** (→ 127) によって、自分以外のもろもろの**有情**（命あるもの satta）の生まれ変わりを詳細に観察し、次のように語りました。

　　じつにこれらの有情は身の悪行をそなえ、ことばの悪行をそなえ、意の悪行をそなえ、聖者達を罵り、邪見をいだき、邪見による行為をそなえている。かれらは身が壊れて死後の苦界に、悪い行き先（悪趣）に、悪い落ち場所（堕処）に、地獄に再生した。（中略）
　　これらの有情は身の善行をそなえ、ことばの善行をそなえ、意の善行をそなえ、聖者達を罵ることなく、正しい見解を持ち、正見による行為をそなえている。かれらは身が壊れて死後によい行き先（善趣）に、天国に再生した。（中略）
　　　　　　　　　　　　　　　　　　　　　　　（『怖駭経』MN4）

　　悪いことをした人は、この世で憂え、来世でも憂え、ふたつのところで共に憂える。彼は自分の行為が汚れているのを見て、憂え、悩む。
　　善いことをした人は、この世で喜び、来世でも喜び、ふたつのところで共に喜ぶ。彼は自分の行為が浄らかなのを見て、喜び、楽しむ。
　　　　　　　　　　　　　　　　　　　　　（Dhammapada 15-16）

　仏陀はこのように、**神通力**によって自他の無数の生まれ変わりと運命を詳細に観察することによって、善い行為は善い結果をもたらし、悪い行為は悪い結果をもたらすという、**業**（行為、パーリ語で**カンマ** Kamma、サンスクリット語で**カルマ** karman）と**業果**（業の結果 Vipāka）の法則、いわゆる因果応報という法（真理 Dhamma）を確認したのです。

328

第 12 章　仏教心理学

　業は身体的な行為（身業 kāya-kamma）だけではなく、語った言葉（口業 vacī-kamma）、心で思ったこと（意業 mano-kamma）すべてが因となり（三業）、いつか必ず業果として現れるのです。仏陀は説きます。

　まだ悪の報いが熟しないあいだは、悪人でも幸運に遭うことがある。しかし悪の報いが熟したときには、悪人はわざわいに遭う。
　まだ善い報いが熟しないあいだは、善人でもわざわいに遭うことがある。しかし善の果報が熟したときには、善人はさいわいに遭う。
　「その報いは私には来ないだろう」とおもって、悪を軽んずるな。水が一滴ずつ滴りおちるならば、水瓶でも満たされるのである。愚かな者は、水を少しずつでも集めるように悪を積むならば、やがてわざわいに満たされる。
　「その報いは私には来ないであろう」とおもって、善を軽んずるな。水が一滴ずつ滴りおちるならば、水瓶でも満たされる。気をつけている人は、水を少しずつでも集めるように善を積むならば、やがて福徳に満たされる。
（Dhammapada 119-122）

　このように、業果はいずれ必ず熟すのですが、その時期は、明日、数年後、来世、あるいはそれ以後の来世……かもしれないのです。
　多くの業果は、直線的な因果関係のなかだけで熟すのではなく、諸々の条件が依りあって揃ったときに現れます。諸条件の依存関係のなかで生じることを縁起（paṭicca-samuppāda）といいます。
　たとえば、人を殺しても、周りに殺人を犯すような悪人がいなければ、業果は熟しません。しかし、殺人鬼のような悪人と縁ができたときに、業果として殺されるかもしれないのです。因果と縁起によってものごとが生じるので、これをあわせて因縁といいます。

329

132. 誰もがすべきではないこと：悪業と煩悩

What All Beings Should Not Do : Bad Actions and Destructive Emotions

　善因善果、悪因悪果のカンマの法則のなかで私たち有情（命あるもの satta）が生きているのだとすれば (→131)、次に問題となるのは、なにが善であり、なにが悪なのか、ということです。これについても、仏陀は明確に説明しています。まず第一に、必ず悪果を招くので、誰もが注意して避けるべきは次の**十悪業道**（Dasa Akusala Kammapatha）です。

①**殺生**（pāṇātipāta）：生きものを故意に殺すこと。
②**偸盗**（adinnādāna）：与えられていないものを盗むこと。
③**邪淫**（kāmesu micchācāra）：不道徳な性行為を行うこと。（不倫など）
④**妄語**（musāvāda）：嘘をつくこと。
⑤**綺語**（samphappalāpa）：無駄話をすること。（噂話、くだらない話など）
⑥**悪口**（pisuṇāvācā）：悪口を言うこと。（粗暴な言葉や傷つける言葉など）
⑦**両舌**（pharusāvācā）：仲違いさせることをいうこと。
⑧**慳貪**（abhijjhā）：過度に欲しがったり、物惜しみすること。
⑨**瞋恚**（vyāpāda）：怒りをもつこと。（他人に悪意を抱くなど）
⑩**邪見**（micchādiṭṭhi）：間違った考え。（業はない、聖者はいないなど）

　①〜③が**身業**、④〜⑦が**口業**、⑧〜⑩が**意業** (→131) に分類できます。

　十悪業道を避けられたとしても、見かけは善い行いをしていても、心のなかに**煩悩**（kilesa）が生じていたら、その煩悩は悪業になり、いずれ苦しみをもたらす悪果を熟してしまいます。

　では、悪果を招く、苦しみを招く煩悩とはどのようなものでしょうか。貪ること（**貪欲** Lobha）、怒ること（**瞋恚** Dosa）、愚かさ（**愚癡** Moha）が煩悩の代表で、**貪瞋痴**の**三毒**といいます。

330

第 12 章　仏教心理学

　もう少し煩悩を詳しく見てみましょう。論蔵では煩悩を 14 に分類しているので、それを表 132 にまとめました。私たちが自分に正直に内省すると、絶え間なく煩悩が渦巻いていることに気づくでしょう。その一つ一つに気づいて、よく観察し（**ヴィパッサナー瞑想**）、手放し、静まるのを待ちましょう。そうすると、心が清らかになり、楽になります。すべての苦しみの根本原因は自分の煩悩だからです（集諦）(→ 129)。

　ひとつ、注意をしておきます。煩悩が多い、消えない、手放せ・ないなどと、決して自分を責・め・な・い・で下さい。自分を責めることは、瞋恚や悪作という煩悩を新たに活性化することになるからです。心の現実をありのままに見つめ、決して責めることなく、反省をしてください。もうひとつ、煩悩があるといって他人を責・め・な・い・というのも大切な注意点です。

　すべての煩悩が完全に消え、二度と生起しなくなったら、それが**涅槃**（ニッバーナ Nibbāna）なのです。ニッバーナとは（煩悩が）「吹き消した状態」という意味です。涅槃への道のりは長くとも、諦めずに、めげずに、忍耐強く進みましょう。一歩がなければ百歩はないのです。

表132. 14の煩悩（不善心所：論蔵より）

区分		漢訳	読み方	パーリ語	内　容	チェック
貪グループ	1	貪	とん	Lobha	「これが好き」「これが欲しい」という愛着（渇愛）、執着、貪り。五感の快い感覚を求める欲（取）、他人に好かれたいなど。	
	2	見	けん	Diṭṭhi	先入観。曲解。誤った確信や考え。真理（ダンマ）や聖者への無関心など。	
	3	慢	まん	Māna	「私」にこだわる自意識過剰な心。高慢、自惚れ、特別扱いを求める、自他を比較する心。競争心。増上慢、同等慢、卑下慢。	
瞋グループ	4	瞋（瞋恚）	じん（しんに）	Dosa	対象を受け入れられない心。反感、怒り。憎しみ。悲しみ。憂うつ。自己破壊的感情。不安や恐れ（未来を受け入れられない）。	
	5	嫉	しつ	Issā	嫉妬。ねたみ。他人の成功や幸福に対する反感。	
	6	慳	けん	Macchariya	物惜しみ。けち。吝嗇。強欲。分かち合うことを嫌う。	
	7	悪作	あくさ	Kukkucca	後悔。嘆き。過去への拒絶や怒り。自責や呵責。	
痴グループ	8	痴（無明）	ち（むみょう）	Moha (avijjā)	無知、愚かさ。真理を知らない。盲目な心。本質を見抜けない。世界を歪めて観る。無常・苦・無我や業と業果が理解不能。	
	9	無慚	むざん	Ahirika	不善な行為に対する恥の感覚の欠如。傲慢な心。	
	10	無愧	むき	Anottappa	不善な行為に対する恐怖感の欠如。業と業果への畏怖の欠如。	
	11	掉挙	じょうこ	Uddhacca	ざわついた心。落ち着かず、混乱した心。不安定に変化する心。あるがままを観られない。ミスが多い。瞑想できない。	
その他	12	惛沈	こんじん	Thīna	やる気喪失。エネルギー枯渇。退屈。抑うつ。倦怠。耽溺。	
	13	睡眠	すいめん	Middha	眠気に襲われる。心が鈍くなり、機能しない。	
	14	疑	ぎ	Vicikicchā	論理や根拠がなく頑固に疑う（探求的・理性的な疑問は除く）。また優柔不断で確信を得られない。道理を理解できない。	

331

133. 誰もがなすべきこと：善業と波羅蜜
What All Beings Should Do :
Good Actions and Perfections

次に、善果（よいこと）を招くこと、善業とはなんでしょうか。

第一の善業は、**十善業道**（Dasa Akusala Kammapatha）です。これは**十悪業道**（→132）の反対です。すなわち、不殺生、不偸盗、不邪淫、不妄語、不綺語、不悪口、不両舌、不慳貪、不瞋恚、不邪見です（**十善戒**）。

次に、**波羅蜜**が重要です。波羅蜜とは、パーリ語のパーラミー（Pāramī）の音写で、もともとは「最上であること」「完全であること」という言葉ですが、**善なる功徳（善業）**という意味で使われるようになりました。波羅蜜をたくさん積むことによって、幸福や善果がもたらされ、修行が進み、やがては覚り、**涅槃、彼岸**に到達できるのです。

上座部仏教（→128）では、以下の**十波羅蜜**（Dasa Pāramī）が重視されます。

①**布施波羅蜜**（Dāna Pāramī）。執着を手放して喜び与えることです。財施（必要な人にお金や物を与える）、法施（求める人に真理 Dhamma を伝える）、眼施（優しいまなざし）、和顔施（笑顔）、愛語施（思いやりのある言葉）、身施（身体を使った奉仕）、心施（心を配る）、牀座施（席を譲る）、房舎施（寝る場所を与える）、などの布施があります。

②**戒波羅蜜**（Sīla Pāramī）。戒を守り、不放逸な（節度ある）生活を送り、禅定（→135～136）に励むことです。戒清浄といって、戒を守ることによって、心が浄まり、それによって禅定に達し、禅定によって真理（Dhamma）を見抜く**智慧**（Paññā）を得るのです（**戒・定・慧の三学**）、在家者は**五戒**（不殺生、不偸盗、不邪淫、不妄語、不飲酒）、出家者はおよそ二百五十の戒を守って修行します。

②**出離波羅蜜**（Nekkhamma Pāramī）。身も心も欲から遠ざかること

第12章　仏教心理学

です。輪廻する世界（欲界、色界、無色界の三界＝世間）が監獄であることに気づき、これに執着せず世間（Loka）からの出離を願います。刺激と欲貪からの遠離（viveka）。世間からの厭離（nibbidā）、離貪（virāga）、そして寸暇を惜しんで修行しようという逼迫感（Saṃvega）をもちます。

④智慧波羅蜜（Paññā Pāramī）。ものごとをあるがままに観察し、実相を如実に見通すことです。戒と禅定が智慧の基礎になります。智慧によって法を看破し、すべてが無常・苦・無我であることを、信じるのではなく、自ら確認して悟ります。大乗仏教では、般若波羅蜜といわれます。

⑤精進波羅蜜（Vīriya Pāramī）。わき道に逸れず、諦めることなく、一心不乱に八正道（あるいは三十七菩提分法（→130））を実践することです。

⑥忍辱波羅蜜（Khanti Pāramī）。好き嫌いを超えて、寛容に受け入れ、困難も堪え忍ぶことです。得意な状態にあっても驕らずに平静でいます。

⑦真実語波羅蜜（Sacca Pāramī）。真実と法（Dhamma）のみを語り、つねに正直でいることです。

⑧決意波羅蜜（Adhiṭṭhāhna Pāramī）。なすべきことを必ずなし遂げると心に決心することです。仏道成就、解脱（Vimutti）への決意です。

⑨慈波羅蜜（Mettā Pāramī）。生きとし生けるもの（一切有情 Sabbe Satta）の幸せを願うことです。敵も味方も分け隔て無く慈しむ心です。

⑩捨波羅蜜（Upekkhā Pāramī）。一切衆生に対して平等心をもち、平静な心であるがままに観察することです。快・不快、好き・嫌いの感覚を離れ、一切衆生は自らの業（Kamma）の相続人であると認識します。

　尚、大乗仏教（→128）では、布施、持戒、忍辱、精進、禅定（瞑想修行に励んで禅定を修める）（→135〜136）、智慧の六波羅蜜が重視されています。

333

134. 無上の幸せと四無量心
The Highest Blessing and The Four Sublime Attitudes

　私たちは誰もが幸せを望んでいますが、ある天人が仏陀に、「最上の喜ばしいこと（幸福）を説いてください」と請うたところ、仏陀は幸福を招く 38 の事柄を説きました（表134）。仏陀は、神に祈ったり、願を掛けたり、占い・呪文・呪術（まじない）によって幸せを招くとは言いません（これらをすべきではないと説いています）。幸せとは自らの行為（善業）の結果なのです。同様に、不幸も自らの行為（悪業）の結果なのです。これから幸せを招くためには、この 38 の事柄をどれだけ為せるかにかかっているのです。表134 をみて、幸せを招く 38 の善行為をどのように増やせるか、チェックして検討してみるとよいかもしれません。

　仏陀は次のようにも説いています。

　一切の生きとし生けるものは、幸せであれ。
　何ぴとも他人を欺いてはならない。たといどこにあっても他人を軽んじてはならない。悩まそうとして怒りの想いをいだいて互いに他人に苦痛を与えることを望んではならない。
　あたかも、母が己が独り子を命を賭けて護るように、そのように一切の生きとし生れるものどもに対しても、無量の慈しみの意を起すべし。
　また全世界に対して無量の慈しみの意を起こすべし。上に、下に、また横に、障害なく怨みなく敵意なき慈しみを行うべし。

（『慈経』Suttanipāta 147-150）

　自分や他人、そのほかのあらゆる有情（命あるもの satta）が幸せになって欲しいという慈しみの心（慈 Mettā）、苦しみを取り除いて助けてあげたいという憐れみの心（悲 Karuṇā）、幸せに生きるのを共に喜ぶ心（喜 Muditā）、平静な落ち着いた心で、愛情にも憎しみにも傾かずに、**業と業果の法** (→ 131) を他者に見る心（捨 Upekkhā）

第12章　仏教心理学

表134.　幸せを招く38のリスト（『吉祥経（Maṅgala sutta）』Suttanipata 258-269）

番号	内容	チェック	番号	内容	チェック
1	愚者に親しまない。		20	飲酒をつつしむ。	
2	賢者に親しむ。		21	徳のある行いを大切に行う。	
3	尊敬すべき人を尊敬する。		22	尊敬する。	
4	適当な場所に住む。		23	謙虚である。	
5	過去に功徳を積んでいる。		24	足るを知る（知足）。	
6	正しい誓願を起こしている。		25	恩を知る。	
7	深い学識がある。		26	適当な時に法（Dhamma）を聞く。	
8	技術を身につけている。		27	忍耐する。	
9	躾が身についている。		28	（忠告を）素直に聞き入れる。	
10	語る言葉が見事である。		29	出家修行者（沙門）に見習う。	
11	父母に孝行している。		30	適時に法（Dhamma）について語り合う。	
12	妻／夫への責任を果たす。		31	修行をすること。	
13	子への責任を果たす。		32	聖者に相応しい行為をすること。	
14	混乱のない仕事をする。		33	聖なる真理（聖諦）を観ること。	
15	布施をする。		34	涅槃をありありと覚る。	
16	法にかなった行為をする。		35	俗事に触れても心が動揺しない。	
17	親族への責任を果たす。		36	憂いがない。	
18	非難を受けることをしない。		37	心に汚れがない。	
19	悪を離れる。		38	安穏である。	

　を内側に養い育てれば、汚れがなく、清らかで、自然と功徳を積む幸せな生き方になるのです。このような**慈悲喜捨**の四つの心を**四無量心**（Appamaññā）または**四梵住**（Brahmavihāra）と呼びます。

　ブッダは、四十種の**サマタ瞑想**（止Samatha）(→113)を教えましたが、そのひとつに、「**慈悲の瞑想**」があります。慈悲の瞑想によって、四無量心を無限に育て、実践するとよいのです。慈悲の瞑想は、瞋恚（怒り）がとまらないときに鎮めるのにも効果的です。

335

135. 修行としての瞑想：禅定
Meditation As Ascetic Practices : Jhāna

　サマタ瞑想（止行 Samatha Bhāvanā）を行い、集中力が深まり安定してくると、同時に心身が深くリラックスし、**五根**（→130）が高まり、**三昧**（Samādhi）状態になります。深い三昧が継続している特別な状態が**禅定**（Jhāna）です。禅定に入ると（**入定**）、集中する対象（**業処** kammaṭṭhāna）以外には一切意識が向かなくなり、現象の本質を見抜く智慧（Paññā）が深まります。禅定の意識があると、瞬間瞬間（刹那ごと）に変化する現象の生滅を詳しく観察する**ヴィパッサナー瞑想**（観行 Vipassanā-bhāvanā）の力も飛躍的に伸びるのです。仏陀も、サマタ瞑想で**禅定**を極めた後に、**観行**を行い、**宿明通、天眼通、漏神通**を得て、**解脱**したのです（→127）。

　入定すると、定に入っている間だけですが、世間的な欲から離れ、煩悩の生起が治まり、歓喜に満たされます。**初禅**では、次の五つの支が現れます（**五禅支**）。言葉による精妙な思考（**尋** vitakka）、言葉によらない精妙な思考（**伺** vicāra）、三昧にある強烈な喜悦感（**喜** pīti）、自らの煩悩から解放された幸福感（**楽** sukha）、対象との一体感（**一境性** ekaggatā）です。五禅支の尋と伺が消えると**第二禅**に、喜が止むと**第三禅**に入ります。さらに、楽を手放し、不苦不楽の清らかな平安（**捨** Upekkā）に至ると**第四禅**に入り、より禅定が深まり、精妙になっていきます（表135）。

　瞑想をしていると、人によっては、神の声を聴いたり、いろいろなビジョンを見たり、不思議な**神秘体験**をすることもありますが、それらはたいていは禅定以前の、催眠のような変性意識状態（→39〜40）のときに起きています。それがたとえどんなに美しくとも、興味深くとも、**神秘体験にとらわれずに瞑想を続ける**ことが大切です。とらわれてしまうと、禅定に入ることはできず、修行が進まなくなってしまうからです。

　瞑想の道は、独りだけでやっていると、飽きてしまったり、勘

第12章　仏教心理学

違いをしたり、ときに恐ろしい体験をする場合もありますので、信頼のできる指導者のもとで実習するのが望ましいでしょう。

　表135にあるような禅定の諸段階に達するためには、出家をして、戒律を守り、本腰を入れて修行しなければ、ほとんど不可能かもしれません。しかし、そこまでいかなくとも、毎日瞑想に集中して励めば、仏陀の教え（仏教）が「なるほどそうか」と腑に落ちて理解できることが多いのです。仏教は、**禅定**（Jhāna）の意識を体験するか、卓越した**智慧**（Paññā）があるか、卓越した**信**（Saddhā）がなければ、なかなか本当のところを簡単には理解できないのです。

　諦めることなく仏道に励み続ければ、智慧が増し、慈悲心が増し、輪廻に結びつけている煩悩（結）が消えていき、それに応じてやがて聖者の流れに入り（**預流** Sotāpanna、**一来** Sakadāgāmin、**不還** Anāgāmi、**阿羅漢** Arahant と進みます）、最後には**解脱**できるのです。仏陀はその道筋を明確に説きました。文字だけで理解したり、頭から信じ込むのではなく、**修行を実践して、自ら智慧を持って観察し、法（Dhamma）をひとつずつ確認（証悟）していく**ことが、仏陀の道（仏道）なのです。

表135. 禅定の9段階（九次第）

段階	名　称	内　　容	区分		
1	初禅　Paṭhama Jhāna	尋・伺・喜・楽・一境性（五禅支）が現れる禅定	四色禅定	八禅定	九次第定
2	第二禅定　Dutiya Jhāna	初禅から尋・伺が消え、喜・楽・一境性がある禅定			
3	第三禅定　Tatiya Jhāna	第二禅定から喜が消え、楽・一境性がある禅定			
4	第四禅定　Catuttha Jhāna	第三禅定から楽が消え、一境性と捨がある禅定			
5	空無辺処定 Ākāsānañcāyatana	全宇宙空間が虚空であること（物質がないということ）を所縁（対象）とした禅定	四無色禅定		
6	識無辺処定 Viññāṇañcāyatana	意識が無限であることを所縁とした禅定			
7	無所有処定 Ākiñcaññāyatana	物質だけではなく意識さえないということを所縁とした禅定			
8	非想非非想処定 Nevasaññānāsaññāyatana	想念があるのでも想念がないのでもないという、意識の有無を超えた超極微細な禅定			
9	滅尽定 Nirodha Samāpatti	想と受が滅し、心が完全に滅した状態。	想受滅		

337

136. 呼吸の気づきの瞑想：出入息随念
Mindfulness of Breathing：Ānāpānasati

最後に、仏陀が伝えた瞑想法のひとつである、**出入息随念**（ānāpānasati）の（はじめの段階の）やり方を紹介します。出入息随念は、リラクセーションや心理療法としての瞑想の効果（→113）ももちろん望めますが、それに留まりません。集中力が非常に高まると、独特の感覚や兆候（**収相** Uggaha-nimitta から**似相** Paṭibhāga-nimitta へと変化します）が現れ、**近行定**（upacāra-samādhi）を経て**安止定**（Appanā samādhi）に移行し、**禅定**（→135）に到達します。禅定を得て次の段階に進むと、**身受心法（四念処）**（→130）の**観行（ヴィパッサナー瞑想）**（→135）を行い、止から観へと進み、止観を共に修習できる非常に優れた瞑想法です。

　仏陀は、「比丘たちよ、出入息随念を養成し、強化すれば、大きな効果があり、大きな利益がある」と説いています（『出入息観』MN118）。

【瞑想のやり方】

①誰にも邪魔されることのない、落ち着ける場所と時間を確保します。

②足を組み、背筋を軽くのばして、両手を膝の上に置くか下腹部で組み、目を軽く閉じ、身体の無駄な緊張を弛めて座ります。座布の端にお尻を載せると楽に足を組めます。足を組むのがきつければ、椅子に浅く腰掛け、もたれずに背筋を伸ばして座ってもよいでしょう。前後左右のバランスを取り、自然に安定する姿勢を見つけます（図136参照）。

③正しい姿勢で座れたら、出る息と入る息に、途切れることなく連綿と注意を向け続けます。そのとき、鼻孔の出入り口付近（鼻の

先端）に意識を固定し、そこで呼吸を感じ、集中して観察します。息と共に意識が外に行ったり、内に入ったりしないように注意します。呼吸はつねに鼻で行い、コントロールせず、自然な息にまかせます。意識がほかのところに移ったり、思考・感情・記憶などがやってきて邪魔されたと気づいたら（雑念）、すぐに呼吸に意識を戻し、出る息と入る息に集中します。

④呼吸を連綿と丁寧に感じ取れるようになると、微かな息でも非常にはっきりとその感覚を観察できるようになり、集中力が高まっていきます。そうなると、やがて一息一息がとてもおもしろく、楽しく感じられるようになるでしょう。さらに集中力が高まると、呼吸以外にはまったく意識が奪われない状態が続くようになり、三昧へと近づいていきます。

⑤はじめは 15 分程度から始めるのがよいでしょう。それも難しければ、3 分、5 分からはじめても結構です。集中できるようになったら、20 分、30 分、40 分、60 分、……と時間を延ばしていき、集中の質も高めていきます。それを毎日続けます。

図 136. 瞑想の座り方

第 12 章　仏教心理学の主要文献

◎　『**原始仏典Ⅰ**』（全 7 巻）（中村元監訳）大蔵出版、2003-2005 年
◎　『**原始仏典Ⅱ**』（全 6 巻）（中村元監訳）大蔵出版、2003-2011 年
◎　『**ブッダのことば：スッタニパータ**』（中村元訳）岩波書店、1958 年
◎　『**ブッダの真理のことば、感興のことば**』（中村元訳）岩波書店、1978 年
◎　『**ブッダ最後の旅：大パリニッバーナ経**』（中村元訳）岩波書店、1980 年
◎　井上ウィマラ・葛西賢太・加藤博己編『**仏教心理学キーワード事典**』春秋社、2012 年
◎　バンテ・グナラタナ『**マインドフルネス：気づきの瞑想**』（出村佳子訳）サンガ、2012 年

付録

スピリチュアル心理学における重要人物東西年代比較

西

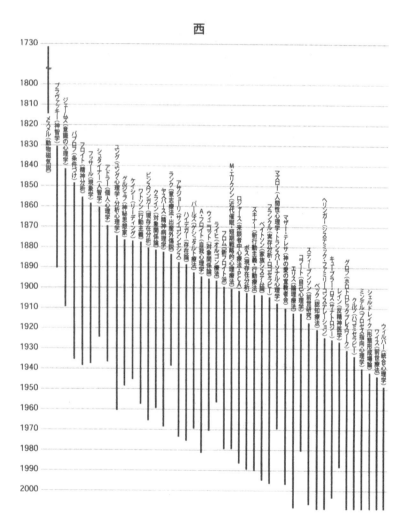

付録　スピリチュアル心理学における重要人物東西年代比較

東

1730
1800
1810
1820
1830
1840
1850
1860
1870
1880
1890
1900
1910
1920
1930
1940
1950
1960
1970
1980
1990
2000

- ラーマクリシュナ（ベンガルの聖者）
- ヴィヴェーカーナンダ（ラーマクリシュナミッション）
- 白井寿男（霊気）
- 鈴木大拙（禅・哲学者）
- オーロビンド（哲学者・ヨーガ）
- 森田正馬（森田療法）
- シヴァーナンダ（医師・リシケーシの聖者）
- ラマナマハリシ（南インドの聖者）
- 久松真一（禅・哲学者）
- パラマハンサヨガナンダ（ヨーガ行者）
- クリシュナムルティ（瞑想家）
- 古沢平作（精神分析）
- 佐保田鶴治（インド哲学・ヨーガ）
- 鈴木俊隆（禅・老師）
- 野口晴哉（整体）
- マハリシマヘーシュヨーギー（超越瞑想）
- 吉本伊信（内観療法）
- 霜山徳爾（人間学派）
- 成瀬悟策（臨床動作法）
- 土居健郎（精神分析）
- 本山　博（宗教心理学・超心理学）
- 河合隼雄（ユング心理学）
- 湯浅泰雄（身体論）
- 木村敏（現象学的精神病理学）
- 帯津良一（ホリスティック医学）
- ダライ・ラマ法王十四世（チベット仏教）
- マーター・アムリターナンダマイー（抱きしめる聖者）
- シュリ・シュリ・ラビ・シャンカール（南インドの宗教家）

【著者】 石川勇一（いしかわ ゆういち）

相模女子大学教授。日本トランスパーソナル心理学／精神医学会会長。法喜楽庵・法喜楽堂代表。臨床心理士。公認心理師。行者。

1971年神奈川県相模原市生まれ。現在山梨県南都留郡山中湖村在住。

早稲田大学人間科学部卒・早稲田大学大学院人間科学研究科卒。

専門は臨床心理学。関心分野は、瞑想や修行の実践（初期仏教、修験道）。ダンマに生きる道。

主な著作に『心を救うことはできるのか：心理学・スピリチュアリティ・原始仏教からの探求』(サンガ)、『スピリット・センタード・セラピー：瞑想意識による援助と悟り』(せせらぎ出版、2014年)、『心理療法とスピリチュアリティ』(勁草書房、2011年)、『自己実現と心理療法』(実務教育出版、1998年) など。その他学術論文等多数。

修験道修行（熊野）、ネオ・シャーマニズム（ブラジル奥アマゾン）、短期出家修行（ミャンマー）等の体験を経て、スピリット・センタード・セラピーを提唱。瞑想会、瞑想リトリート、山巡礼、ヒーリング等のワークショップを行っている。

カウンセリング、ヒーリング、瞑想指導等の個人セッションを行う「法喜楽庵」（東京都町田市）および瞑想リトリート＆山巡礼道場「法喜楽堂」を開設（山中湖村）。詳しくは法喜楽庵 HP 参照

URL http://houkiraku.com

『新・臨床心理学事典―心の諸問題・治療と修養法・霊性―』

© 2016　著者　石川勇一

2016年2月20日　　第1刷発行
2019年3月28日　　第2刷発行

発行所	㈲コスモス・ライブラリー
発行者	大野純一
	〒113-0033　東京都文京区本郷 3-23-5　ハイシティ本郷 204
	電話：03-3813-8726　Fax：03-5684-8705
	郵便振替：00110-1-112214
	E-mail：kosmos-aeon@tcn-catv.ne.jp
	http://www.kosmos-lby.com/
カバー挿画	永野真理香（イラストレーター）
発売所	㈱星雲社
	〒112-0015　東京都文京区水道 1-3-30
	電話：03-3868-3275　Fax：03-3868-6588
印刷／製本	シナノ印刷㈱

ISBN978-4-434-21686-2 C0011

定価はカバー等に表示してあります。

「コスモス・ライブラリー」のめざすもの

古代ギリシャのピュタゴラス学派にとって〈コスモス KOSMOS〉とは、現代人が思い浮かべるようなたんなる物理的宇宙（cosmos）ではなく、物質から心および神にまで至る存在の全領域が豊かに織り込まれた〈全体〉を意味していた。が、物質還元主義の科学とそれが生み出した技術と対応した産業主義の急速な発達とともに、もっぱら五官に隷属するものだけが重視され、人間のかけがえのない一半を形づくる精神界は悲惨なまでに忘却されようとしている。しかし、自然の無限の浄化力と無尽蔵の資源という、ありえない仮定の上に営まれてきた産業主義は、いま社会主義経済も自由主義経済もともに、当然ながら深刻な環境破壊と精神・心の荒廃というつけを負わされ、それを克服する本当の意味で「持続可能な」社会のビジョンを提示できぬまま、立ちすくんでいるかに見える。

環境問題だけをとっても、真の解決には、科学技術的な取組みだけではなく、それを内面から支える新たな環境倫理の確立が急務であり、それには、環境・自然と人間との深い一体感、環境を破壊することは自分自身を破壊することにほかならないことを、観念ではなく実感として把握しうる精神性、真の宗教性、さらに言えば〈霊性〉が不可欠である。が、そうした深い内面的変容は、これまでごく限られた宗教者、覚者、賢者たちにおいて実現されるにとどまり、また文化や宗教の枠に阻まれて、人類全体の進路を決める大きな潮流をなすには至っていない。

「コスモス・ライブラリー」の創設には、東西・新旧の知恵の書の紹介を通じて、失われた〈コスモス〉の自覚を回復したい、様々な英知の合流した大きな潮流の形成に寄与したいという切実な願いがこめられている。そのような思いの実現は、いうまでもなく心ある読者の幅広い支援なしにはありえない。来るべき世紀に向け、破壊と暗黒ではなく、英知と洞察と深い慈愛に満ちた世界が実現されることを願って、「コスモス・ライブラリー」は読者と共に歩み続けたい。